本书获得

国家自然科学基金青年项目"基于影子银行视角的中国货币政策传导问题研究：
来自委托贷款的理论分析与经验证据"（批准号：71803053）

国家自然科学基金面上项目"基于企业间委托贷款的非正规金融研究：
制度环境、运作机理和经济效应"（批准号：71473091）

华中科技大学文科双一流建设项目

基金资助

现／代／经／济／金／融／理／论／与／方／法／前／沿／研／究／丛／书／

A STUDY ON TRANSMISSION OF MONETARY POLICY
IN CHINA FROM PERSPECTIVE OF SHADOW BANKING:
Empirical Evidence from Entrusted Loan

基于影子银行视角的
中国货币政策传导有效性研究
——来自委托贷款数据的经验证据

杜 立／著

中国财经出版传媒集团
经济科学出版社
Economic Science Press

图书在版编目（CIP）数据

基于影子银行视角的中国货币政策传导有效性研究：来自委托贷款数据的经验证据/杜立著．—北京：经济科学出版社，2019.9

现代经济金融理论与方法前沿研究丛书

ISBN 978 - 7 - 5218 - 0745 - 5

Ⅰ. ①基… Ⅱ. ①杜… Ⅲ. ①货币政策 - 研究 - 中国 Ⅳ. ①F822.0

中国版本图书馆 CIP 数据核字（2019）第 168582 号

责任编辑：孙丽丽　纪小小
责任校对：靳玉环
责任印制：李　鹏

基于影子银行视角的中国货币政策传导有效性研究
——来自委托贷款数据的经验证据

杜　立　著

经济科学出版社出版、发行　新华书店经销

社址：北京市海淀区阜成路甲 28 号　邮编：100142

总编部电话：010 - 88191217　发行部电话：010 - 88191522

网址：www. esp. com. cn

电子邮件：esp@ esp. com. cn

天猫网店：经济科学出版社旗舰店

网址：http://jjkxcbs. tmall. com

北京季蜂印刷有限公司印装

710 × 1000　16 开　12.75 印张　210000 字

2019 年 9 月第 1 版　2019 年 9 月第 1 次印刷

ISBN 978 - 7 - 5218 - 0745 - 5　定价：46.00 元

（图书出现印装问题，本社负责调换。电话：010 - 88191510）

（版权所有　侵权必究　打击盗版　举报热线：010 - 88191661

QQ：2242791300　营销中心电话：010 - 88191537

电子邮箱：dbts@ esp. com. cn）

前　言

作为宏观调控的重要手段之一，货币政策是否以及如何作用于实体经济，即货币政策传导机制问题在学术界受到广泛关注。然而，与西方发达经济体已具备健全的市场经济体系不同，我国正处于经济转轨时期，货币政策传导机制错综复杂。一方面，伴随着市场化改革的全面推进和经济进入"新常态"阶段的新要求，货币政策开始由数量调控向价格调控转型；另一方面，以委托贷款为代表的影子银行近年来蓬勃发展，其在规避金融管制的同时为企业提供了重新配置资本的渠道。在此背景下，货币政策利率传导是否以及如何发挥作用、影子银行发展对货币政策信贷传导产生什么影响等问题亟待解答。

本书首先回顾了已有关于货币政策传导机制的相关研究，细致梳理了近年来我国货币政策的具体实践，以及委托贷款这一创新性影子银行机制产生的背景、发展现状和运作特点，阐明了使用委托贷款数据考察货币政策传导有效性问题的独特之处。在此基础上，本书从"货币政策对委托贷款利率的影响""货币政策对委托贷款规模的影响"和"货币政策对委托贷款抵押担保和期限的影响"三个方面展开实证研究，考察我国货币政策传导有效性问题。

其一，本书在构建理论模型分析利率传导机制的基础上，运用手工搜集整理的上市公司委托贷款公告数据，实证分析了我国货币政策利率传导有效性问题。研究结果显示，整体上看，货币政策对企业借款利率施加了显著影响，存在以 Shibor 为中介变量的显著中介效应。进一步研究发现，在融资歧视背景下，我国货币政策利率传导表现出显著的体制内外差异。一方面，对国有企业等享有融资优待的借款者而言，其借款利率对货币政策变化十分敏感；另一方面，民营企业等体制外企业的借款价格长期处于高位，宽松货币政策并不能降低其借款利率。这些经验结果表明，为进一步提高我国货币政策利率传导有效性，需要继续深化金融体制改革，加快推进利率市场化，大力发展面向中小民营企业的金融机构。

其二，以委托贷款这一典型的影子银行机制为研究对象，本书进一步实证考察了我国货币政策信贷传导有效性问题。研究结果发现，货币政策显著影响了委托贷款规模：一方面，基于社会融资规模数据的经验分析表明，当货币政策紧缩时，与银行信贷显著下降不同，委托贷款规模显著增加；另一方面，基于上市公司委托贷款公告数据的实证检验表明，货币政策紧缩不仅在广延边际上提高了企业发放委托贷款的概率，而且在集约边际上促使其发放的委托贷款规模增加。这表明以委托贷款为代表的影子银行削弱了货币政策信贷传导有效性。进一步研究发现，在货币政策紧缩时期，与国有企业等体制内企业相比，民营企业等体制外企业通过委托贷款向上市公司融资的概率和规模都相对更大，这意味着影子银行对货币政策信贷传导的削弱作用机制在于，受到融资歧视的体制外企业更多地通过影子银行进行机制融资。因而，为了提高货币政策信贷传导有效性，货币当局可尝试将影子银行纳入货币政策中间目标。

其三，利用手工搜集整理的上市公司委托贷款公告数据，本书还实证考察了货币政策对企业借贷抵押担保、期限等条款设计的影响。实证结果显示，货币政策会对抵押担保、贷款期限等借贷条款施加显著影响：一方面，紧缩的货币政策会提高借款企业提供抵押担保的概率，并且，随着货币政策持续紧缩，债权人对抵押担保的要求也会更加严苛；另一方面，货币政策紧缩显著降低了委托贷款期限。进一步研究发现，货币政策对借贷条款的影响在企业特征维度表现出显著的差异性：与股权关联、国有和信息不对称程度较低的借款企业相比，货币政策紧缩对非股权关联、民营和信息不对称程度较大借款企业提供抵押担保的概率、贷款期限的作用力度更大。上述研究表明，除了降低信贷供给和资金价格以外，紧缩的货币政策还可以通过提高抵押担保要求或缩短借贷期限对企业行为施加影响，这为货币政策广义信贷传导机制提供了企业微观层面的新鲜证据。

最后，本书对主要研究结论进行总结，提出了相关政策建议。同时，阐明了本书研究的不足之处，并对未来研究进行了展望。

目　录

第 **1** 章
绪　论

1.1　选题背景及研究意义

1.1.1　选题背景

学术界有关货币政策传导的研究由来已久。对正处于转轨时期的中国而言，伴随着市场经济制度的建立和逐步完善，货币政策调控方式不断调整，这使得对我国货币政策传导机制的考察历久弥新。实际上，与发达经济体在完善的市场经济制度下已形成较稳定的货币政策操作框架不同[①]，我国金融市场化改革尚未完成，金融抑制和市场分割现象严重，利率、汇率等资金价格管制仍在发挥作用，这些因素使得我国货币政策实施环境和传导机制错综复杂。在此背景下，货币政策调整是否以及如何影响企业行为、如何提高货币政策作用效果等问题受到学术界、实业界和政府部门的广泛关注。

现阶段，我国货币政策环境及其具体实践表现出以下两个鲜明特征。

其一，我国货币政策正处于由数量型调控向价格型调控转变的阶段。自 1998 年宣布取消商业银行信贷规模控制、实现货币政策由直接调控向间

[①]　发达经济体的货币政策操作框架可以概括为：在独立的中央银行制度下，以通货膨胀为货币政策目标，将短期基准利率作为货币政策操作工具，参考泰勒规则进行调节（潘敏，2016）。

接调控转变以来，中国人民银行（以下简称"央行"）综合运用数量工具和价格工具，为我国经济快速平稳发展提供了良好的货币金融环境。近年来，伴随着经济市场化建设的日臻完善和金融市场化改革的全面推进，价格调控的优势不断显现，主张货币政策由数量调控向价格调控转型的呼声愈发强烈。[①] 然而，由于我国利率市场化改革尚未完成[②]，金融市场结构仍有待进一步完善，特别是 2008 年金融危机爆发以来，为应对流动性紧缺冲击，同时有效控制通货膨胀，央行不得不倚重数量工具。

其二，近年来，以影子银行为主的金融创新如雨后春笋般在我国快速增长。根据孙国峰和贾君怡（2015）的测算，我国影子银行规模从 2006 年初的约 5 万亿元开始不断扩大，特别是 2011 年 10 月以来，影子银行业务量快速攀升，到 2014 年末已达到 28. 35 万亿元，在货币总量中占比高达 20. 43%。与此同时，穆迪发布的统计数据也显示，我国广义影子银行规模在 2015 年底已超过人民币 53 万亿元，相当于当年国内生产总值（GDP）的 79%。[③] 需要指出的是，与西方国家以资产证券化和金融衍生品为特点的影子银行不同，我国影子银行本质上与商业银行功能类似，在规避金融管制的同时为企业提供了重新配置资本的渠道（李波和武戈，2011；陆晓明，2014；胡利琴等，2016）。

在此背景下，我国货币政策传导机制仍存在很多重大问题，需要规范的经验研究予以系统地考察。具体来说，一方面，在货币政策由数量调控向价格调控转型的过程中，货币政策价格工具还无法充分发挥其调控能力，价格管制导致的扭曲不得不通过数量工具予以纠正。学者们在诟病数量型工具负面作用的同时，也对货币政策利率渠道是否具有健全的微观机制提出质疑（黄宪和王旭东，2015）。货币政策利率传导是否开始发挥作

---

① 例如，近年来，中国人民银行在《中国货币政策执行报告》中多次提出"要引导货币政策向价格型调控转变，畅通货币政策传导渠道和机制，完善宏观审慎政策框架"。再比如，《金融业发展和改革"十二五"规划》也将"充分发挥价格机制的作用，推进价格型货币政策转型"列为重要的改革方向之一。

② 虽然中央银行分别于 2013 年 7 月和 2015 年 10 月宣布完全放开存贷款利率有形管制，但是，信贷市场上的隐性担保和刚性兑付还未完全消除，中央银行的窗口指导也将继续，这意味着利率市场化改革仍有很多工作要做，还将进一步深入。

③ 相关数据来自穆迪中国发布的《2016 年第一季度中国影子银行季度监测报告》。

用？特别是"货币政策→货币市场利率→信贷和金融市场利率"这一关键
环节是否畅通？货币政策信贷传导机制是否仍有效？处于什么地位？对这
些问题的考察具有重要的理论和现实意义。另一方面，伴随着金融市场创
新工具的不断涌现以及微观主体金融参与程度的提高，影子银行的信用创
造功能不仅会给央行监测和调控货币供应量增加难度，而且，作为创新性
融资机制，影子银行拓宽了企业投融资渠道，改变了微观经济主体的行为
模式。特别地，在构建审慎监管体系的过程中，央行已将金融稳定纳入政
策目标体系，影子银行无疑是关注的重点对象之一。影子银行发展是否以
及如何影响货币政策信贷传导有效性？货币政策如何影响企业参与影子银
行的行为决策？如何防控影子银行发展可能引发的系统性金融风险？这些
问题已成为当下学术界探讨的新课题。

　　然而，受到数据可得性的限制，现有文献要么以宏观时间序列数据为
样本直接考察货币政策与实体经济变量之间的相互关系（蒋瑛琨，2005；
盛松成和吴培新，2008；周建和况明，2015）；要么利用银行或企业层面
的数据考察货币政策对信贷规模或企业投融资决策的影响（饶品贵和姜国
华，2013a；2013b；战明华和应诚炜，2015；宋全云等，2016）。上述研究不
仅缺乏对货币政策调控转型背景下利率传导微观机制的考察，而且对影子
银行如何影响货币政策有效性的关注也还不够。

　　庆幸的是，近十年来，我国出现了委托贷款这一规避金融管制的创新
性影子银行机制。委托贷款是指由政府部门、企业、事业单位等委托人提
供资金，委托商业银行等金融机构根据委托人确定的贷款对象、规模、利
率、期限、用途等条件代为发放、监督使用并协助收回的贷款业务。由于
能够灵活地在经济主体之间调配资金，企业、政府部门和商业银行等金融
机构广泛参与，委托贷款在我国迅速发展。一方面，根据中国人民银行发
布的社会融资规模数据显示，委托贷款规模已由 2002 年的 175 亿元增长到
2015 年末的 15.91 万亿元，在社会融资规模中占比高达 10.4%。可见，委
托贷款已经成为一种被广泛使用的资本配置方式。另一方面，在证监会信
息披露的要求下，上市公司从 2004 年开始发布公告披露其涉及的委托贷款
业务。其不仅明确了借贷双方主体，还涵括了借贷利率、规模、期限、抵
押担保等细致的微观条款数据。这为本书以委托贷款为对象的实证研究提

供了数据支持。

基于此，本书以手工搜集整理的上市公司委托贷款公告这一独特数据为研究对象，在货币政策调控模式转型和金融创新不断涌现的背景下，从企业微观视角切入，实证考察了中国货币政策传导有效性。具体来说，本书将回答以下问题：货币政策是否以及在多大程度上通过货币市场利率而对企业借款价格施加影响？货币政策是否以及如何影响委托贷款规模？货币政策对委托贷款抵押担保、期限施加了什么影响？货币政策对委托贷款价格、规模、期限和抵押担保等借贷条款的影响在企业特征维度表现出何种差异性？

1.1.2 研究意义

伴随着汇率和利率市场化、人民币国际化、投融资体制改革、构建审慎管理统一协调的金融监管体系等一系列金融体制改革措施的全面推进，货币政策进入由数量型调控向价格型调控转变的阶段。与此同时，近年来中国影子银行规模增长迅猛，参与主体和运作形式也呈现多样化趋势，其发展对货币政策调控提出新的挑战。在未来很长一段时间内，我国货币政策传导会表现出信贷渠道、利率渠道和汇率渠道等多种机制并存的复杂局面。因此，本书以委托贷款这一典型的影子银行机制为研究对象，在货币政策调控转型和金融创新环境下考察货币政策传导有效性问题，具有重要的现实意义。

第一，在我国货币政策由数量型调控向价格型调控转变的过程中，货币政策利率传导是否发挥效果，特别地，货币市场利率是否衔接了货币政策和信贷市场利率这一问题显得尤为重要。然而，囿于数据可得性限制，现有考察货币政策利率传导机制的文献主要运用宏观数据进行研究，因而未能考察"货币政策通过影响货币市场利率进而作用于信贷和金融市场利率"这一重要环节。本书在理论分析的基础上，利用委托贷款数据进行的实证研究揭示出，货币政策显著影响了企业借款利率，并存在以 Shibor 为中介变量的显著中介效应。这不仅拓展了现有关于货币政策利率传导机制的相关研究，还为货币政策向价格型调控转变提供直接的经验证据。

第二，虽然影子银行的迅速发展引起广泛关注，但是从影子银行视角出发考察我国货币政策传导机制的经验研究还很缺乏。本书以委托贷款这一典型影子银行数据为对象的实证研究表明，当货币政策趋紧时，伴随着银行信贷下滑，委托贷款规模呈现上升趋势。这意味着，我国货币政策虽然能有效调控银行信贷规模，但以委托贷款为代表的影子银行机制在一定程度上削弱了货币政策的信贷传导有效性。这加深了我们对金融创新背景下我国货币政策信贷传导机制的认识和理解，对货币当局如何进一步提高货币政策执行效果提供重要参考。

第三，本书实证检验还显示，货币政策对委托贷款利率、规模、期限和抵押担保等借贷条款施加的影响在企业特征维度表现出显著的差异性。这表明，从企业微观层面来看，现阶段我国同时存在货币政策利率传导渠道和信贷传导渠道。但是，一方面，货币政策利率传导渠道仍有待进一步疏通，对民营企业等体制外企业而言，货币政策利率传导机制效果不佳；另一方面，除了影响信贷价格和规模，货币政策还可以通过影响抵押担保要求和贷款期限进而作用于企业行为。这些研究结果增进了对我国特定制度背景下货币政策传导机制的认识和理解，对央行完善货币政策调控方式、疏通货币政策传导渠道具有重要的借鉴意义。

另外，影子银行的相关问题近年来受到学术界的广泛关注，现有文献已经在梳理我国影子银行发展、定性分析影子银行运作机制、识别影子银行活动和测算影子银行规模等方面展开大量研究（周莉萍，2012；林晶和张昆，2013；李建军和薛莹，2014；王永钦等，2015；于建忠等，2016）。而本书以委托贷款这一典型的影子银行机制为对象实证考察了货币政策对企业借贷条款的影响，这不仅有助于深入认识和理解委托贷款这一典型影子银行机制的运作，而且对影子银行的监管和相关金融风险防控等问题具有重要的借鉴意义。

除了上述现实意义之外，本书还有重要的理论意义。货币政策传导的新古典价格机制从名义工资和价格刚性出发，考察了货币政策如何通过调控短期基准利率对实体经济施加作用，而对非新古典数量机制强调的信息不对称、市场分割等金融市场不完美因素关注的不够。本书构建了一个边际成本定价模型，尝试将非新古典数量机制强调的金融市场不完美因素引入新古典价格机制，从理论层面剖析了信息不对称、融资歧视等对货币政策利率传导的影响。这在边际上拓展了对我国货币政策传导机制的理论研究。

1.2 文献综述

对货币政策传导机制的考察一直以来都是货币政策相关研究中最重要的课题之一。从凯恩斯（Keynes，1936）发表《就业、利息和货币通论》否定古典学派"货币中性"观点开创现代货币政策传导机制的研究至今，相关研究一直充满争议并不断发展。货币政策传导机制是指中央银行运用货币政策工具对中介目标施加作用，进而影响企业和家户等经济个体的行为，并最终表现为真实国内生产总值（GDP）和通货膨胀的变化，实现预期货币政策目标的过程（Modigliani and Papademos，1987；Taylor，1995；黄达，2000）。现有文献基于不同经济制度背景对货币政策制定、货币政策工具和中介目标选择、货币政策执行效果等问题进行了大量研究。总体来说，货币政策传导机制理论主要分为"货币观"和"信用观"。

货币政策传导机制的"货币观"理论在完全信息的金融市场假设下，将与债券类似的资产引入 IS–LM 框架中并指出，由于不同资产之间具有替代性，货币政策通过影响利率，进而改变不同金融资产的价格，并最终作用于投资和产出。根据关注的资产类型差异，该理论主要包括利率传导渠道、资产价格传导渠道和汇率传导渠道。

货币政策传导机制的"信用观"理论在金融市场不完美假设下，关注金融机构和市场参与者异质性对货币政策传导的影响。一方面，货币政策通过改变银行可贷资金，进而影响实体经济，这形成了银行贷款渠道；另一方面，货币政策导致影响借款人财务状况的金融因素发生变化，进而影响企业面临的外部融资成本，改变其投融资决策，最终影响实体经济，这形成了资产负债表渠道。

本书研究以委托贷款这一创新性融资机制为研究对象，在货币政策由数量调控向价格调控转型和金融创新不断涌现的背景下，实证分析了我国货币政策传导有效性问题，重点关注了货币政策利率传导机制和信贷传导机制。因而，本节回顾了现有关于货币政策利率传导机制和信贷传导机制的相关文献。

1.2.1　货币政策利率传导机制相关文献回顾

货币政策利率传导机制是凯恩斯模型中主要的货币政策传导机制。在凯恩斯分析框架的基础上，希克斯（Hicks，1937）和汉森（Hansen，1953）提出了经典的 IS – LM 模型并指出，货币政策利率传导机制包括以下环节："货币政策变化→货币市场利率调整→信贷市场和金融市场变化→企业投资和家户消费调整→实际产出变化"（Bernanke and Blinder，1992；Taylor，1993），这奠定了货币政策利率传导机制理论的基础。

随着市场经济不断发展，经济主体的行为日益多样化，开始有学者将更多的因素纳入模型之中。例如，泰勒（Taylor，1995）将对住房和耐用品的投资决策引入模型中并指出，货币政策会通过影响经济主体对固定资产、住房、耐用品等的投资进而作用于实际产出。埃尔斯、阿尔贝托和莫伊翁（Els，Alberto and Mojon，2003）利用跨期模型分析表明，货币政策导致实际利率变化不仅影响消费者当期消费和未来消费的机会成本，还会影响借贷的边际成本，这直接影响了当前经济活动。克拉里达、盖里和格特勒（Clarida，Gali and Gertler，2000）基于前瞻性预期理论考察了沃尔克—格林斯潘时期（Volcker – Greenspan period）货币政策利率传导机制的有效性。

有关货币政策利率传导机制的实证研究主要集中在以下两个方面。

其一，实证考察利率与各宏观经济变量之间的相互关系。例如，库克和哈恩（Cook and Hahn，1989）对美国联邦基金利率与长期实际利率之间的相关性分析指出，随着期限增加，两者之间的相关关系虽然减弱但并不会消失，从而证实了利率传导渠道的存在。

伯南克和布林德（Bernanke and Blinder，1992）以美国 1959 ~ 1989 年的时间序列数据为样本，利用 VAR 模型、格兰杰因果检验等方法的实证研究表明，与 M_1、M_2 相比，联邦基金利率对工业产值、就业率、消费、个人收入等实际经济变量的解释和预测能力更强。费勒和摩尔（Fuhrer and Moore，1995）以美国 1965 ~ 1994 年的季度数据为样本的相关性分析发现，短期名义利率与真实产出之间是显著负相关关系，进一步证实了货币政策利率传导渠道。

其二，检验利率是否能作为货币政策传导的中介目标。例如，弗里德曼和库特纳（Friedman and Kuttner，1992）利用 VAR 模型比较分析了货币总量、商业票据利率和三个月国库券利差三者对真实收入的预测能力，研究指出，商业票据和三个月国库券对真实收入具有较好的解释和预测能力，这表明包含长短利率信息的收益率曲线可以作为货币政策中介目标。埃斯特雷亚和米什金（Estrella and Mishkin，1996）的研究也指出，与货币供应量相比，联邦基金利率与货币政策最终目标的相关性更强。

泰勒（1993）在对美国、加拿大、德国、法国、日本、意大利和英国七国货币政策实践的研究中发现，真实利率与物价水平和产出之间保持长期稳定的关系，并据此提出了著名的"泰勒规则"：它描述了在给定通货膨胀目标和潜在产出水平的条件下，短期利率应该如何根据通货膨胀率和实际产出变化进行调整的规则。这成为各国中央银行货币政策制定的重要参考依据。沿着这一思路，大量学者基于不同的经济制度背景对"泰勒规则"进行检验和拓展（Davig and Leeper，2007；Farmer et al.，2010；陈创练等，2016）。

改革开放以来，我国持续推进并不断完善市场经济建设，但是金融市场化改革却相对滞后，这使得在很长一段时间内有关我国货币政策利率传导机制的研究都持否定结论。例如：曹龙骐和郑建明（2000）、邹运（2000）、王召（2001）等研究指出，由于长期利率管制形成的利率结构刚性，虽然利率政策受到央行直接调控，但其低弹性的特征使其无法有效地影响实体经济。

谢平和袁沁敔（2003）、方先明和熊鹏（2005）对我国利率政策时滞效应的研究表明，不仅利率政策的效果不明显，而且利率传导过程中存在显著的时滞效应，我国货币政策利率传导渠道还不畅通。

麦罗特拉（Mehrotra，2007）利用结构 VAR 模型比较我国的利率传导渠道和汇率传导渠道发现，利率提高虽然导致产出下降，但这一作用效果还不稳健仅能持续7周，而且利率与价格水平之间的关系仍很微弱。

柯伊夫（Koivu, 2009）利用VECM模型对我国1998～2007年相关数据的实证研究发现，随着时间的推移，贷款利率与信贷存量之间的关系由弱正相关关系变为较显著的负相关关系。虽然利率的作用不断加强，但是其对贷款需求的解释仍不足，在我国经济实践中，货币政策利率传导渠道还很微弱。

我国自1996年发布《关于取消同业拆借利率上限管理的通知》正式启动利率市场化改革以来，按照"先外币后本币、先贷款后存款、先长期大额后短期小额"的思路不断推进利率市场化改革，不仅培育了Shibor利率，而且逐步放开各种金融市场利率，并于2015年10月完全放开存贷款利率管制。特别地，近年来央行积极促进市场利率体系构建，推动货币政策工具由数量型向价格型转变。在此背景下，有关我国货币政策利率传导机制的研究开启了新的篇章。

彭方平和王少平（2007a）以上市公司财务数据为对象，通过构建非线性光滑转换面板模型的实证研究表明，货币政策通过利率传导渠道影响资本使用成本进而作用于企业投资，当公司利润率低于－12%（亏损）或高于25%（高利润）时，货币政策利率传导渠道效应最强。该研究结论表明利率调控的优势更加明显。

姜再勇和钟正生（2011）运用MS-VAR模型考察了在我国利率市场化改革背景下的货币政策利率传导机制。研究指出，我国货币政策利率传导渠道应该分为管制利率渠道（存贷款利率→信贷市场→实体经济）和市场利率渠道（公开市场操作→货币市场→实体经济）。并且，得益于利率市场化改革的持续推进，在1978～2009年管制利率渠道发生两次体制转化，使得管制利率渠道效应不断减弱，而市场利率渠道效应日益增强。

马俊和王红林（2014）、马俊等（2016）通过构建一个包含居民、厂商、商业银行和中央银行四部门的理论模型，刻画了在银行主导的金融体系下，货币政策由政策利率向市场利率传导并最终作用于实体经济的过程。通过模型分析指出，现阶段央行对存贷比、贷款数量的限制和较高的存款准备金率都会降低货币政策利率传导效率。

孙国峰和段志明（2016）从我国商业银行内部存在"资产负债部"和

"金融市场部"两个独立利润中心的现实背景出发，通过构建商业银行两部门决策模型，考察了金融市场不完美条件下中期利率政策在贷款市场、存款市场、货币市场和债券市场的传导机制。研究结果显示，央行的中期利率政策对引导商业银行贷款数量和价格作用显著。这进一步证实了我国存在货币政策利率传导渠道。

通过对已有文献的梳理可以发现，对我国货币政策利率传导机制的实证研究除了为数不多的几篇文献利用上市公司微观数据外，现有文献大多以宏观加总数据为研究对象并利用 VAR 模型等方法展开实证分析，这增进了对中国这一新兴市场国家货币政策传导机制的认识和理解。但值得指出的是，一方面，以宏观总量数据为样本的研究虽然证实了"货币政策→货币市场利率→实体经济"这一货币政策利率传导机制，但却无法清晰地描述货币政策微观传导机制（Ogawa，2002），忽略了"货币市场利率变化导致信贷和金融市场利率调整"这一关键环节；另一方面，利用企业微观数据的实证研究仅仅考察了货币政策变动对企业投融资决策的影响，从侧面证实了"货币市场利率→信贷和金融市场利率"这一环节，仍缺乏直接的经验证据。

1.2.2 货币政策信贷传导机制相关文献回顾

20 世纪 70 年代以来，信息经济学的发展和广泛应用为打开货币政策传导"黑箱"提供了新思路。在托宾和布雷纳德（Tobin and Brainard，1963）、布雷纳德（1964）等研究的基础上，伯南克和布林德（1988）对 IS‒LM 模型进行修正提出 CC‒LM 模型，CC 曲线是指信贷市场和商品市场同时出清时的利率和收入组合。该模型分析指出，由于信息不对称和金融摩擦的存在，货币政策通过作用于信贷供给对借款人造成不能以其他融资方式弥补的冲击，并最终影响企业的投资行为。他们还将货币政策信贷传导机制划分为银行贷款渠道和资产负债表渠道。此后，有大量学者沿着这一思路展开对货币政策信贷传导机制的研究。

在模型构建上，一方面，有学者进一步拓展 CC‒LM 模型至包含更多资产种类和开放经济条件下的情况，并通过数值模拟的方法验证了信贷供给变化对产出的影响，进一步证实了货币政策信贷传导机制（Edwards and Vegh，1997；Wu，1997；Ramítez，2004）。

另一方面，伯南克等（1996）提出金融加速器理论，阐述了在金融市场不完美条件下，经济冲击由于信贷市场状况恶化而被放大的作用机理，解释了"小冲击，大波动"（small shocks，large cycles）这一经济现象。伯南克等（1999）进一步地将信贷市场不完美因素引入动态新凯恩斯模型（DNK）分析框架，考察了金融加速器效应在经济周期中的作用，构建了BGG模型，进一步推动了货币政策信贷传导机制的发展。这一理论得到了大量研究者的支持。（Kiyotaki and Moore，1997；Azariadis and Smith，1998；Christensen and Dib，2008）。

在实证研究上，由于考察的经济制度背景、样本时期等方面的差异，研究结果并不完全一致。雷米（Ramey，1993）以美国宏观经济月度数据为研究对象，利用向量误差修正模型（VECM）和格兰杰因果检验等方法的实证研究指出，与信贷变量相比，货币变量不仅对产出预测更加准确，而且对货币政策冲击的反映更加灵敏，因而提出信贷渠道对货币政策传导的影响微不足道。其他经济学者也得到类似的结论（Romer and Romer，1990；Morris and Sellon，1995；Dell'Ariccia and Garibaldi，1998）。然而，更多的研究指出信贷传导占据货币政策传导相当重要的地位。

例如，卡什亚普等（Kashyap et al.，1993）在对美国短期融资融券的实证考察中发现，当货币政策紧缩时，伴随着银行信贷下降，短期融资融券的规模显著上升，这从侧面佐证了货币政策信贷传导机制的存在。卢德维格松（Ludvigson，1998）利用VAR模型以美国1965～1994年月度数据为样本的研究指出，紧缩的货币政策先通过降低银行消费贷款的供给进而导致实际消费下降，直接证实了货币政策信贷传导机制。格特勒等（2007）在BGG模型的基础上，通过构建动态随机一般均衡模型（DSGE）的实证研究表明，在美国经济中存在金融加速器效应。

随着微观数据可得性的不断提高，对货币政策信贷传导机制的研究开始向银行、企业层面的数据拓展。卡什亚普和斯坦因（Stein，1995）最早使用美国商业银行数据进行实证研究，他们分析指出，当美国联邦储备系统实施紧缩的货币政策时，那些小规模商业银行会更多地减少信贷供给。

尼尔森（Nilsen，2002）利用不受限的 VAR 模型（unrestricted VARs）对美国制造业企业季度财务报表（QFR）中商业信用的实证检验指出，当货币政策紧缩、银行信贷紧缩时，企业的商业信用规模会显著增加，间接说明货币政策信贷传导机制的存在。卡什亚普和斯坦因（2000）提供了更为直接的经验证据，他们以美国 1976～1993 年商业银行面板数据为对象的实证研究指出，那些资产规模较小的银行、流动性较差的银行对货币政策冲击的反映更加灵敏。基尚和奥佩拉（Kishan and Opiela，2000；2006）利用美国商业银行的资产负债表数据研究发现，货币政策对不同流动性、资本充足率等各种异质性银行的影响存在差异，进一步证实了货币政策信贷传导机制。其他经济学者利用欧洲、荷兰和意大利商业银行数据的实证研究也得到了类似的结论（Altunbaş et al. ，2002；Haan，2003；Gambacorta，2005）。

格特勒和吉尔克里斯特（Gilchrist，1994）利用美国制造业面板数据的实证研究指出，不同规模企业对货币政策的反应存在差异，货币政策信贷传导的资产负债表渠道在小规模企业样本中更加明显。奥利纳和鲁德布施（Oliner and Rudebusch，1995；1996）同样指出，与大规模企业相比，货币政策紧缩对规模较小企业银行信贷的降低作用力度更大。伯希斯等（Bougheas et al. ，2006）以英国制造业企业为对象实证考察了货币政策对企业信贷的影响。研究发现，货币政策对企业贷款可得性的作用受到企业规模、可提供的抵押担保资产、风险、年龄、盈利能力等众多企业特征因素的影响。这表明货币政策传导存在资产负债表渠道。

作为新兴转轨经济体，利率管制在很长一段时间内是我国金融市场的主要特征，虽然利率市场化改革的不断深入使得我国货币政策利率传导渠道逐步疏通，但货币政策信贷传导机制仍发挥重要作用。综合来看，除了为数不多的学者以企业微观数据为研究对象，通过考察货币政策对企业银行信贷、商业信用、投融资决策等的影响探究货币政策信贷传导机制，现有文献大多以宏观总量数据为研究对象，运用格兰杰因果检验、VAR 模型等方法的实证研究发现，信贷传导机制仍占据我国货币政策传导的主要地位。

周英章和蒋振声（2002）以我国 1993～2001 年货币供应量（M_1、

M_2）、金融机构各项贷款余额和 GDP 季度数据为对象，使用时间序列分析方法的实证研究表明，虽然货币政策同时通过货币渠道和信贷渠道影响实体经济，但是信用渠道仍是我国货币政策传导的主要渠道。

谢平（2004）在梳理 1998～2002 年我国货币政策实践的基础上，运用格兰杰因果检验、VAR 模型和 VECM 模型的实证研究表明，货币供应量只能在短期影响实际产出，长期来看，两者之间不存在相关关系，货币是中性的。研究还指出，利率变动与储蓄、消费、投资增长的宏观变量均不相关，利率还不能作为我国货币政策的操作目标。

盛朝晖（2006）对 1994～2004 年我国信贷传导渠道、货币供应量传导、利率传导渠道、资本市场传导和汇率传导渠道进行比较分析发现，信贷和信用渠道在货币政策传导中占有主导地位，利率传导渠道有一定显现，资本传导和汇率传导作用并不明显。

盛松成和吴培新（2008）利用我国 1998～2006 年的相关宏观经济金融数据，在构建 VAR 模型的基础上，运用格兰杰因果检验、方差分解、协整检验等方法对我国货币政策中介目标和传导渠道进行实证检验，提出了"两个中介目标（信贷规模和 M_2），两个调控对象（实体经济和金融市场）"的货币政策传导模式，认为在我国基本不存在货币传导渠道，主要的传导渠道是银行贷款。

姚余栋和李宏瑾（2013）利用中国短期融资券和短期贷款数据的经验分析表明，当货币政策趋紧时，由信息不对称所导致的信贷配给使得银行信贷可得性下降，企业转而使用直接融资或内部融资，银行贷款在企业融资中的占比显著下降。这证实了我国存在货币政策信贷传导机制。

在利用微观数据的实证研究方面，饶品贵和姜国华（2013a）利用我国上市公司资产负债表数据的实证研究发现，在货币政策紧缩时期，虽然与国有企业相比，非国有企业银行信贷受到的负面冲击更大，但是企业将商业信用作为银行贷款的替代性融资方式以弥补融资缺口。黄志忠和谢军（2013）以 2002～2010 年上市公司投资支出的季度数据为研究对象，发现宽松的货币政策提高了企业投资，并通过降低企业内部现金流敏感性以缓解企业融资约束。战明华和应诚炜（2015）以我国 1997～2007 年非上市公司为对象，考察了货币政策对企业投资和内部现金流敏感度的影响。研究发现，紧缩的货币政策会通过资产负债表渠道对实体经济产生金融加速器效应。这些研究提供了我国货币政策传导机制的微观经验证据。

值得指出的是，2008 年国际金融危机爆发以来，影子银行体系的快速发展及其影响受到广泛讨论，这为研究货币政策信贷传导提供了新的视角。维罗纳等（Verona et al.，2011）、米克斯等（Meeks et al.，2012）将影子银行作为独立的金融中介部门纳入宏观经济模型之中，分析其对货币政策传导有效性及宏观经济的影响。他们研究发现，作为一种金融中介活动，影子银行在西方国家表现出顺周期特点，并且，伯南克（1983；1989）、格特勒（1989）等提出的货币政策信贷传导机制同样作用于影子银行体系。

借鉴国外已有研究，国内学者也开始关注近年来蓬勃发展的中国影子银行业务对货币政策传导有效性的影响。然而，与西方国家以证券化和金融衍生品为特点的影子银行不同，由于我国金融衍生品市场发展还不完善，国内影子银行本质上与商业银行功能类似，是能够提供信用转化、期限转化和流动性转化的金融中介（周小川，2011；陆晓明，2014）。因此，我国影子银行对货币政策传导的影响有其特殊性。例如，李波、伍戈（2011）从我国影子银行的运作机理出发，定性分析了其信用创造功能对货币政策传导的影响，指出影子银行体系对货币政策调控目标、货币政策工具效力等产生直接冲击。裘翔、周强龙（2014）利用 DSGE 模型的分析指出，我国影子银行呈现显著的逆周期特征，虽然对传统间接融资体系形成补充，但削弱了货币政策的有效性。

通过对已有文献的梳理可以发现，已有文献对我国货币政策信贷传导机制的经验分析存在以下几点不足：其一，现有实证研究基本支持货币政策信贷传导机制占重要地位的结论。然而，随着我国市场化改革的不断推进和货币政策调控方式的转变，央行有意将货币政策从准备金总量调控向利率调控转变，旨在疏通和发挥货币政策利率传导渠道，货币政策信贷传导机制是否仍然有效，特别是其微观作用机制还有待进一步探讨。

其二，与西方发达国家以证券化和金融衍生品为特点的影子银行不同，我国影子银行产生的主要动机是在规避金融监管或行政管制的前提下提供替代性的融资渠道。这样一来，虽然我国影子银行业务快速发展，但是对其相关数据的掌握却相当有限。因而，有关影子银行体系对我国货币政策传导的研究主要以定性和理论模型分析为主，缺乏规范的实证研究。

另外，值得指出的是，囿于数据可得性，现有使用银行层面或企业层面数据研究货币政策传导机制的相关文献，主要是考察货币政策对贷款规模、投融资规模、资本成本等的影响。由于无法获得具体的借贷条款信息，因而无法考察货币政策是否以及如何对规模和价格之外其他条款的影响。

本书使用手工搜集整理的上市公司委托贷款公告这一独特数据，实证考察了中国货币政策传导有效性问题。一方面，委托贷款公告数据不仅明确了借贷双方主体，而且还披露了利率、规模、期限、抵押担保等细致的借贷条款信息，这为我们考察货币政策利率传导和信贷传导的微观机制提供了研究素材；另一方面，作为一种典型的影子银行机制，以委托贷款为对象的实证研究，还为中国影子银行业务如何影响货币政策传导提供了直接的规范经验证据。

1.3　研究思路与结构安排

1.3.1　研究思路和主要内容

通过对已有货币政策传导机制相关文献的回顾可以发现，现有研究对货币政策由数量调控向价格调控转型和金融创新不断涌现背景下货币政策传导机制有效性问题的考察还很欠缺。基于此，本书在梳理近年来我国货币政策操作演变历程和委托贷款发展现状的基础上，以上市公司委托贷款公告这一独特的数据为研究对象，实证考察了我国货币政策传导有效性问题。研究思路如图 1 - 1 所示。

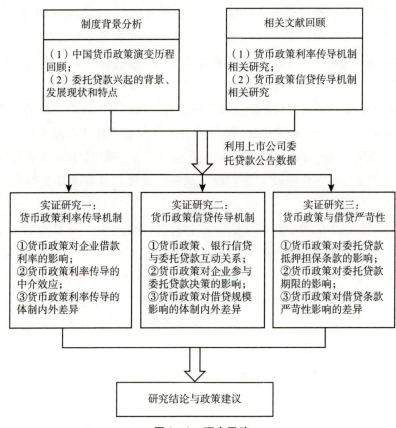

图 1 - 1　研究思路

具体而言，本书研究从以下几个方面展开：

首先，作为研究的出发点，本书总结了现有研究的不足之处，提出本书研究需要解答的相关问题。进一步地，本书梳理了近年来我国货币政策执行的具体实践，重点关注了近年来中国人民银行的货币政策工具选择及市场利率体系构建，这为后文实证研究中有关货币政策代理变量的选取提供了参考。与此同时，由于本书实证研究使用的数据具有一定的独特性，因而本书还详细阐述了委托贷款这一创新性融资机制在我国产生的制度背景、发展现状及运作特点，这为后文的实证研究打下基础。

其次，利用上市公司委托贷款公告这一独特数据，从企业微观视角出发，实证考察我国货币政策传导有效性。这是本书研究的主体，主要从"货币政策对委托贷款利率的影响""货币政策对委托贷款规模的影响"和

"货币政策对委托贷款抵押担保和期限的影响"三个方面逐一展开实证检验。

　　本书第一部分实证研究在构建理论模型分析货币政策利率传导的基础上，以上市公司委托贷款公告数据为研究对象，从"货币政策变化→货币市场利率调整→信贷市场和金融市场利率变化"这一重要环节切入考察货币政策变动如何影响企业借款利率。通过实证检验，本章刻画了"货币市场利率变化导致信贷和金融市场上的利率调整"这一货币政策利率传导关键链条，并进一步分析了货币政策利率传导机制在企业特征维度表现出的差异性。

　　第二部分实证研究将中国人民银行公布的社会融资规模、银行信贷等宏观数据和手工搜集整理的上市公司委托贷款公告数据结合起来，从影子银行视角切入考察了我国货币政策信贷传导有效性问题。通过实证检验，本章发现虽然货币政策能有效调控银行信贷规模，但是以委托贷款为代表的影子银行在一定程度上削弱了货币政策信贷传导的有效性，并且这一削弱机制主要在于受到融资约束的体制外企业通过委托贷款机制融通资金。

　　第一部分和第二部分实证研究表明，现阶段我国同时存在货币政策利率传导渠道和货币政策信贷传导渠道，但是，随着影子银行的蓬勃发展，金融市场化程度不断提高，利率渠道发挥的作用愈发显著。与以往研究通常只能考察货币政策对资金成本和规模的影响不同，利用上市公司委托贷款公告这一独特数据，第三部分实证进一步考察了货币政策对委托贷款抵押担保、期限等借贷条款严苛性的影响及其在企业特征维度的差异性。

　　这三个部分的实证研究充分利用委托贷款这一独特数据，全面考察了货币政策对委托贷款利率、规模、期限和抵押担保的影响及其在企业特征维度表现出的差异性，从而刻画了货币政策利率传导和货币政策信贷传导在企业微观层面的作用机制。

　　最后，综合上述三部分的实证研究对本书主要研究结论进行总结，据此提出相关政策建议，并阐明了本书研究存在的不足之处以及未来研究的方向。

1.3.2　本书结构

本书共分为6章，各章的主要内容如下。

第1章为绪论。首先，阐述了本书的选题背景和研究意义；其次，梳理了有关货币政策利率传导机制、货币政策信贷传导机制的文献，指出现有文献存在的不足之处，并说明本书研究对已有货币政策传导相关文献在边际上的推进；再次，介绍了本书研究的思路和主要内容，概述了本书主要结构；最后，说明本书研究的创新和贡献。

第2章为制度背景分析。本章首先回顾了我国货币政策演变历程。其次，细致梳理了委托贷款在我国产生的制度背景、发展现状以及运作特点。最后，阐述了使用委托贷款数据来研究我国货币政策传导有效性问题的独特之处。

第3章主要考察了我国货币政策利率传导有效性问题。利用手工搜集整理的上市公司委托贷款公告数据实证检验了货币政策对企业借款利率的影响及中介效应。进一步地，从借款企业特征视角出发，考察了货币政策利率传导在体制内外维度表现出的差异性。

第4章主要考察了我国货币政策信贷传导有效性问题。本章首先运用中国人民银行发布的社会融资规模和银行信贷等宏观数据，初步检验了货币政策对委托贷款规模和银行信贷的影响。其次，利用上市公司委托贷款公告数据实证考察了货币政策对企业放贷规模在广延边际和集约边际两个方面的影响。进一步地，从借款企业特征视角出发，考察了货币政策对上市公司委托贷款发放及规模的影响在体制内外维度表现出的差异性。

第5章主要考察货币政策对委托贷款抵押担保、期限等借贷条款严苛性的影响。利用上市公司委托贷款公告这一独特数据，本章首先对抵押担保属性进行细致划分，在此基础上，实证检验了货币政策对借款企业是否提供抵押担保及其严苛性的影响。同时，从借款企业特征维度出发，考察了货币政策对抵押担保的影响在体制内外维度表现出的差异性。接下来，本章还考察了货币政策对委托贷款期限的影响，以及该影响在借款企业特征维度的差异性。

第 6 章为研究结论与展望。本章首先对全书的主要研究结论进行总结；然后提出相关政策建议；最后指出了本书研究存在的不足之处及未来研究的方向。

1.4　研究创新与贡献

与已有研究相比，本书的主要创新和贡献之处在于研究方法和研究内容方面。具体来说，在研究方法方面，本书首次以手工搜集整理的上市公司委托贷款公告这一独特数据为对象，采用了普通最小二乘法、面板 Logit 模型、面板 Tobit 模型等方法考察了货币政策变动对委托贷款利率、规模、期限和抵押担保的影响，以刻画货币政策利率传导和货币政策信贷传导在企业微观层面的作用机制。

在研究内容方面，本书的主要创新和贡献表现在：

（1）从理论层面来看，货币政策传导的新古典价格机制从名义工资和价格刚性出发，考察货币政策如何通过调控短期利率对投资、消费等实体经济活动施加作用，而对非新古典数量机制所强调的信息不对称、市场分割等金融市场不完美因素关注得不够（Boivin et al.，2010；Gertler and Karadi，2013）。而本书以中国新兴转轨经济为背景，从借款企业特征维度切入，考察了信息不对称、融资歧视等金融市场不完美因素对货币政策传导的影响。本书研究是将非新古典数量机制与新古典价格机制相结合的有益尝试。这在边际上拓展了有关中国货币政策传导有效性的相关研究。

（2）本书经验分析表明，当货币政策趋紧时，与银行信贷显著下降不同，上市公司发放委托贷款的概率和规模均显著增加，这导致社会融资中委托贷款的规模呈现上升趋势。这意味着，我国货币政策虽然能有效调控银行信贷，但以委托贷款为代表的影子银行在一定程度上削弱了货币政策的信贷传导有效性。因而，为了提高货币政策作用力度，央行有必要重视日益蓬勃的影子银行系统，可以尝试扩展货币政策中间目标，将委托贷款等影子银行涵括在内。

（3）本书实证研究还表明，货币政策对委托贷款借贷条款的影响在企业特征维度表现出差异性：一方面，货币政策会显著影响国有企业等体制内企业的借款利率，而对民营企业等体制外企业而言，其借款利率长期处于高位，货币政策利率传导机制失效；另一方面，与体制内企业相比，货币政策对体制外企业委托贷款期限和抵押担保施加影响（缩短贷款期限，提高抵押担保要求）的作用力度更大。这种体制内外差异表明，为了在有效调控宏观经济的同时促进民营企业等受到融资歧视的体制外企业健康发展，有必要实施差异性的货币政策，中期借贷便利等针对"三农"和中小企业的定向调控工具可能更有效。

（4）另外，本书以委托贷款为对象的实证研究揭示出，一方面，委托贷款定价、抵押担保、期限等契约设计不仅受到货币政策、地区金融市场化程度等宏观因素的影响，还受到企业所有制属性、关联关系、年龄、风险等企业特征的影响；另一方面，当货币政策紧缩、银行信贷下滑时，受到融资歧视的体制外企业更多地选择通过委托贷款这一影子银行机制获得资金。这表明，在关注影子银行可能引发的系统性金融风险等问题的同时，也要充分发挥其在信息甄别、风险控制等方面的优势，切实有效利用委托贷款这类影子银行机制对正规金融机制的补充作用，以有效缓解民营企业等体制外企业所面临的融资约束。

第 2 章
制度背景分析

改革开放以来，随着我国市场经济制度逐步建立并不断完善，货币政策也随之动态调整；同时，本书实证研究所使用的数据较为独特，是上市公司委托贷款公告披露的企业间借贷数据。基于此，本章从近年来我国货币政策演变历程和委托贷款实践现状两个方面进行制度背景分析。

2.1 中国货币政策演变历程回顾

自 1984 年中国人民银行专门行使中央银行职能以来，我国货币政策随着市场经济体制的建立和完善而不断调整。1998 年 1 月 1 日，中国人民银行宣布将原有对商业银行"指令性"的贷款规模控制改为"指导性"计划，开始推行"计划指导、自求平衡、比例管理、间接调控"的信贷资金管理体制。此后，央行在持续推进利率市场化改革的同时，不断提高货币政策操作工具的多样性，促进货币政策由直接调控向间接调控转变，并逐步确立了由最终目标、中间目标和货币政策工具等构成的货币政策框架。然而，与成熟市场经济国家相比，我国金融市场化改革还未完成，金融抑制和市场分割现象严重，利率、汇率等资金价格管制政策仍在发挥作用，这些因素使得我国货币政策的实施环境和传导机制错综复杂。

总的来说，一方面，与西方发达国家一般以利率为中介目标[①]不同，我国货币政策中介目标随着经济体制演化而不断调整。1998 年以前，央行直接通过调控银行信贷规模调节经济，之后货币政策传导表现出兼具货币供应量和信贷规模双重中介目标的特点（盛松成和吴培新，2008），近年来才逐渐关注货币政策冲击对利率的影响。另一方面，为了有效调控经济，在我国复杂经济制度环境下，数量型和价格型货币政策工具并存。然而，随着我国市场经济不断完善，数量型工具的局限性不断显现，货币政策开始从准备金总量调控向利率调控转变。

具体来说，由于本书主要关注的是近年来我国货币政策传导有效性问题，参考杨丽（2004）等的研究文献和历年《货币政策执行报告》[②]，本节对 1998 年以来的货币政策操作进行回顾。大致来看，近年来我国货币政策具体实践可以划分为五个阶段：第一阶段是 1998～2003 年，扩张性货币政策时期；第二阶段是 2004～2007 年，"双稳健"货币政策时期；第三阶段是 2008 年，紧缩的货币政策时期；第四阶段是 2009～2010 年，适度宽松的货币政策时期；第五阶段是 2011 年至今，稳健的货币政策时期。

（1）扩张性货币政策时期（1998～2003 年）。

1997 年亚洲金融危机爆发，虽然并未直接冲击我国金融市场，但是以出口为导向的经济增长模式仍使我国经济间接受到危机的负面影响，外部需求不足导致我国经济增速下滑，并出现了通货紧缩的情况，消费物价指数（CPI）在 1998 年下降到 99.2，并持续下降到 1999 年的 98.6。

为了有效抑制通货紧缩，提高经济增长动力，1998 年国家调整宏观经济政策方向为"积极的财政政策和稳健的货币政策"。一方面，降低利率，扩大贷款利率浮动区间。1997 年 10 月到 2002 年 2 月连续 6 次下调存贷款利率，1 年期存款利率由 7.47% 下降到 1.98%，1 年期贷款利率由 10.08% 下降到 5.31%；到 2002 年农村试点信用社贷款利率最大可浮动达 100%，

---

① 例如，美国是典型的以利率为货币政策中介目标的国家。1994 年 7 月，美联储主席格林斯潘（Alan Greenspan）在向国会提交经济状况报告时指出，"联储将放弃以货币供应量的增减对经济实行宏观调控的做法，今后将以调控实际利率作为经济调控的主要手段"，这标志着美国货币政策中介目标向利率的转变。

② 中国人民银行从 2001 年开始定期发布《货币政策执行报告》。2001 年以前的货币政策操作根据相关文献整理得到。

存款利率上浮可达 50%。

另一方面，恢复公开市场操作，仅 2008 年一年实施公开市场操作 36 次，净投放基础货币 701 亿元；1999 年进一步加大投放力度，净投放基础货币 1920 亿元；为控制商业银行流动性，2000 年 8 月启动正回购业务，净回笼基础货币 822 亿元；2001 年净投放基础货币 276 亿元；2002 年为对冲外汇占款的增长，净回笼基础货币 1021 亿元。

（2）"双稳健"货币政策时期（2004～2007 年）。

2003 年虽然通货紧缩的现象得以改善，但我国也出现局部经济过热的现象。2004 年初开始，投资过热问题凸显，信贷增长加快，CPI 全年上涨近 4%，通货膨胀压力显现。于是，在 2004 年第四季度召开的中央经济工作会议上提出了宏观调控进入"双稳健"时期，即稳健的财政政策和稳健的货币政策并行。货币政策的主要任务由抑制通货紧缩转变为防止经济发展过热，控制通货膨胀。这一阶段，公开市场操作和存款准备金率被央行频繁使用。

其一，2003 年中央银行票据发行启动，发行额度逐年上涨，由 2003 年的 0.72 万亿元增加至 2007 年的 4.07 万亿元，成为公开市场操作的重要工具之一。其二，除了 2005 年存款准备金率未发生变动外，2004～2007 年各年调整次数分别为 1 次、3 次和 10 次，共上调存款准备金率 7.5 个百分点。其三，存贷款利率不断上调，特别是 2007 年一年就调整了 6 次之多。其中，一年期存款基准利率总体上调 1.62 个百分点，从 2.52% 上升至 4.14%；一年期贷款基准利率从 6.12% 上升到 7.47%，总体增加了 1.35 个百分点。

（3）紧缩的货币政策时期（2008 年）。

2007～2008 年我国经济出现"高经济增长、高物价、高资产价格"的"三高"现象。除了 2008 年下半年，2007 年四个季度和 2008 年前两个季度 GDP 增长率均在 10% 以上；CPI 从 2007 年第一季度的 2.7% 持续上升到 2008 年末的 5.9%，通胀压力进一步加大；深证综合指数和上证综合指数分别于 2007 年 10 月 10 日、10 月 16 日达到最高值 19600.03 点和 6124.04 点，中国股市呈现狂热状态；与此同时，房地产价格屡创新高。

在此背景下，中国人民银行执行了从紧的货币政策。2008 年上半年在维持已有利率政策稳定的基础上，央行 5 次提高存款准备金率共计 3 个百分点对冲多余的流动性；公开市场操作仍以央票发行为基础，并加大了正回购力度。值得指出的是，在加强窗口指导和信贷政策引导的基础上，2008 年央行还重新启动了信贷规模控制的政策，以加强货币政策效果。直到 2008 年下半年美国次贷危机对我国经济产生明显影响，紧缩的货币政策才得以终止。

（4）适度宽松的货币政策时期（2009～2010 年）。

2007 年美国次贷危机爆发并持续蔓延，最终引发全球性金融危机，世界经济陷入低迷。在我国出口和投资为导向的经济发展模式下，外需收缩导致我国出口受挫，经济增长减缓，加之 2008 年开始我国货币政策紧缩，宏观经济下行压力进一步增大。2009 年第一季度我国 GDP 增长率由平均10% 左右急剧下降至 6.4%，与此同时，CPI 持续下跌，2009 年 2 月到 10月连续 9 个月低于 100，时隔十年我国经济再次出现通货紧缩。

在此背景下，一系列刺激经济的政策出台。2008 年 11 月，中国政府推出进一步扩大内需、促进经济平稳较快增长的十项措施（即"四万亿计划"）。2008 年 9 月开始，央行不断放松银根，多次下调存贷款基准利率（5 次）和存款准备金率（4 次），并明确取消了对金融机构信贷规划的硬约束；为配合积极的财政政策，向"四万亿计划"提供资金支持，2009 年利率政策保持稳定，存贷款利率维持在较低水平，货币政策正式由从紧转变为适度宽松；2010 年，为增强中央银行流动性管理的主动性，6 次上调存款准备金率各 0.5 个百分点，累计上调 3 个百分点。

（5）稳健的货币政策时期（2011 年至今）。

随着世界经济逐渐走出金融危机的阴霾，我国宏观经济呈现稳中有进的良好态势，适度宽松的货币政策由 2011 年开始转为稳健的货币政策，稳定物价成为宏观经济调控的主要目标。

2011 年面对通货膨胀压力不断加大，央行不断上调存款准备金率共 3个百分点（6 次），上调存贷款基准利率共 0.75 个百分点（3 次）；根据国内经济增长放缓、物价涨幅回落，2011 年 10 月央行下调存款准备金率 0.5个百分点，此后又两次下调存款准备金率各 0.5 个百分点，并两次下调贷款基准利率。

2013 年之后的货币政策以预调微调为主。一方面，通过公开市场操作、短期流动性调节工具、常备借贷便利等货币政策工具调节流动性的同时，创设中期借贷便利（MLF）和抵押补充贷款工具（PSL）引导资金流动；另一方面，在差别准备金要求制度下，实施定向降准，促进金融资源流向小微企业、"三农"等国民经济重点领域和薄弱环节。

2.2 中国委托贷款实践现状分析

根据金融稳定理事会（Financial Stability Board，FSB）的定义，影子银行体系是指"游离于正规银行体系外、可能引发系统性金融风险和监管套利风险等问题的信用中介"。显然，本书研究使用的委托贷款是一种典型的影子银行机制。[①] 作为中国的创新性融资工具，本节主要从委托贷款的兴起背景、发展现状和运作特点三个方面详细阐述委托贷款在我国具体实践的现状。

2.2.1 委托贷款兴起的制度背景

改革开放以来，虽然我国市场经济体制初步建立并逐渐完善，但是在此过程中，政府在金融资源的配置中一直起到关键性作用（方军雄，2007；张敏等，2010；白俊和连立帅，2012）。一方面，国有商业银行主导的银行体系和股票市场等正式金融制度向国有经济倾斜，忽视民营经济，大量金融资源流向低效率的国有企业，而快速发展的民营经济面临着信贷不足的困境（La Porta et al.，2002；Brandt and Li，2003；Allen et al.，2005；鲁晓东，2008）；另一方面，无论是股票市场、债券市场等直接融资渠道，还是商业银行实施的间接融资手段，都青睐大型企业，而对中小企业关注不够，导致广大中小企业的发展一直受到融资难问题的困扰（郑

---

① 需要指出的是，民间借贷、银行理财产品、信托贷款、P2P等都属于影子银行。而本书选择使用委托贷款为研究对象的原因主要有两个：其一，其他影子银行机制并没披露交易主体和借贷条款的详细信息，而上市公司参与的委托贷款业务通过公告披露了细致信息；其二，委托贷款近年来规模不断增加，已成为我国影子银行的重要组成部分。

曙光，2012；郭娜，2013；姚耀军和董钢锋，2015；钱雪松等，2013）。

简而言之，与大型企业（国有企业）享有融资便利、拥有大量富余现金流量不同，广大中小企业（民营企业）的正常融资需求得不到满足。此时，企业之间就存在私下调剂资本的诉求。然而，金融管制限制了非金融企业之间的直接借贷。一方面，从间接融资机制来看，我国《贷款通则》明确规定只有合法金融机构才能发放贷款；另一方面，从直接融资机制来看，企业债门槛很高，大量需要资金的企业很难通过发行债券融通资金。这样一来，委托贷款就应运而生。

首次明确定义委托贷款概念的是中国人民银行在 1996 年颁布的《贷款通则》，其第七条指出："委托贷款，系指由政府部门、企事业单位及个人等委托人提供资金，由贷款人（即受托人）根据委托人确定的贷款对象、用途、金额、期限、利率代为发放、监督使用并协助收回的贷款。贷款人（受托人）只收手续费，不承担贷款风险。"作为创新性金融工具，委托贷款在为受托人（商业银行、财务公司等）增强盈利能力的同时，不仅提高了资金富余企业的资本利用率，还能有效缓解资金短缺企业面临的融资约束。正是由于能够实现借贷双方和金融中介等经济主体各自的利益诉求，委托贷款在我国蓬勃发展。

2.2.2 委托贷款的发展现状

近年来，以委托贷款为代表的影子银行业务在我国呈现爆发式增长态势。根据穆迪发布的《中国影子银行季度监测报告》显示，一方面，我国影子银行规模已从 2013 年的 37.7 万亿元（占当年 GDP 的 66%）上升至 2015 年末的 53 万亿元（占当年 GDP 的 80% 以上），年均增长率高达 20%；另一方面，在广义影子银行①各个组成部分中，委托贷款不仅占比最大而且增长稳定。

具体来说，表 2 - 1 展示了各类影子银行业务的规模以及其占银行总资

---

① 穆迪发布的报告中将委托贷款、信托贷款、未贴现银行承兑汇票、银行表外业务、证券公司理财产品、财务公司贷款、民间借贷和其他八类归纳为广义影子银行。

产的比例。数据表明，其一，在 2011～2015 年委托贷款规模从 4.4 万亿元增加至 10.9 万亿元，年均增长率约为 37%；其二，委托贷款占银行总资产的比例由 2011 年的 4.0% 逐年上升至 2015 年的 5.6%；其三，与其他影子银行业务相比，委托贷款不管是业务规模还是占银行总资产的比例都排名第一。

表 2－1　　　广义影子银行组成成分规模及占银行总资产比例（2011～2015 年）

Panel A：规模（单位：万亿元人民币）

	2015 年	2014 年	2013 年	2012 年	2011 年
委托贷款	10.9	9.3	7.2	5.2	4.4
信托贷款	5.4	5.3	4.9	3.0	1.7
未贴现银行承兑汇票	5.9	6.8	6.9	6.1	5.1
银行表外业务	12.4	6.0	3.5	2.8	—
证券公司理财产品	9.2	4.9	3.2	1.2	—
财务公司贷款	2.5	2.4	2.2	1.0	0.9
民间借贷	3.4	3.4	3.4	3.4	3.4
其他	3.8	2.8	1.8	1.3	0.8
合计	53.4	40.8	33.1	23.9	19.2

Panel B：占银行总资产比例（单位：%）

	2015 年	2014 年	2013 年	2012 年	2011 年
委托贷款	5.6	5.5	4.9	3.9	4.0
信托贷款	2.8	3.1	3.3	2.3	1.6
未贴现银行承兑汇票	3.0	4.0	4.6	4.7	4.5
银行表外业务	6.4	3.6	2.4	2.1	—
证券公司理财产品	4.7	2.9	2.1	0.9	—
财务公司贷款	1.3	1.4	1.5	0.8	0.8
民间借贷	1.7	2.0	2.3	2.6	3.0
其他①	2.0	1.6	1.2	1.0	0.8
合计	27.5	24.3	22.3	18.2	17.2

资料来源：穆迪：《中国影子银行季度监测报告》，2016 年 4 月。

---

① 其他主要包括：金融租赁、小额贷款、典当行贷款、P2P 网络贷款、资产支持证券以及消费金融公司。

进一步地，在图 2-1 中给出了委托贷款、信托贷款和未贴现银行承兑汇票等核心影子银行业务 2009 年第四季度到 2016 年第一季度的同比增长率，可以发现，核心影子银行业务的增长率在 2010 年第二季度达到顶峰超过 80%，然后逐年下降，到 2012 年第二季度降至 17% 的最低值并开始缓慢回升，之后略有下降并趋于平稳。值得指出的是，与其他业务相比，委托贷款近年来增长稳健，到 2015 年第一季度之后，仅有委托贷款增长率还保持在 17% 以上的较高水平，信托贷款和未贴现银行承兑汇票的增长率已经为零或负值。

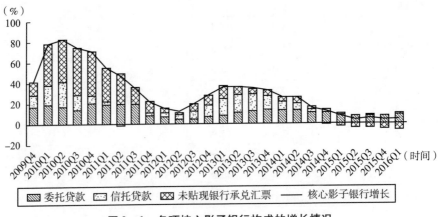

图 2-1　各项核心影子银行构成的增长情况

资料来源：穆迪：《中国影子银行季度监测报告》，2016 年 4 月。

此外，根据中国人民银行公布的社会融资规模数据，本书还绘制了 2007 年第一季度到 2015 年第四季度委托贷款增量规模图（见图 2-2）和 2007～2015 年社会融资规模和委托贷款规模增量对比图（见图 2-3）。由图可知，其一，委托贷款从无到有，规模已从最初的 175 亿元增长到 2015 年末的 15.91 万亿元，虽然委托贷款的增长有所波动，但是整体来看呈现显著的上升趋势，特别是 2012 年之后，委托贷款增长较快，平均增速高达 40% 左右；其二，委托贷款在社会融资规模中所占的比例也逐年上升，已经达到 15.27%。

这些结果表明，作为一种广义影子银行机制，委托贷款已经成为我国正式金融制度安排之外的重要资本配置方式。

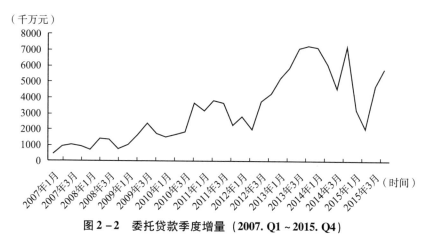

图 2 - 2   委托贷款季度增量（2007. Q1 ~ 2015. Q4）

资料来源：由作者根据历年中国人民银行公布的社会融资规模数据整理得到。

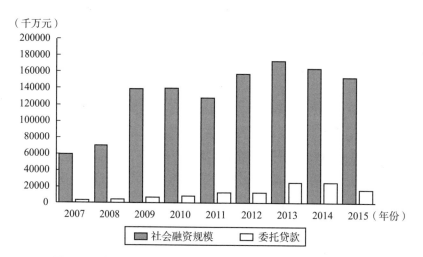

图 2 - 3   中国社会融资规模和委托贷款增量（2007 ~ 2015 年）

资料来源：由作者根据历年中国人民银行公布的社会融资规模数据整理得到。

2.2.3   委托贷款的运作特点

　　作为我国的创新性融资工具，在委托贷款的实践中，商业银行等金融机构并不直接参与具体条款的定制，委托贷款的利率、金额、期限等借贷条款是由借贷双方根据自身特点和宏观经济环境等实际情况协商决定。因而，与受到管制的银行信贷相比，委托贷款是一种更加市场化的借贷行为。以 2004～2015 年手工搜集整理的上市公司委托贷款公告数据为例，表 2-2 给出了主要借贷条款（包括利率、金额、期限和抵押担保）的描述性统计。

表 2-2   主要委托贷款借贷条款描述性统计

	利率（%）	金额（万元）	期限（年）	抵押担保	
均值	7.554	182.021	1.430	0.359	
方差	3.627	311.872	1.204	0.480	
最小值	0	0.01	0.08	存在抵押担保条款的样本数	579
10 分位数	4.8	15	0.5		
25 分位数	5.6	39	1		
50 分位数	6.42	93.845	1	不存在抵押担保条款的样本数	1033
75 分位数	8.21	200	1.418		
最大值	24	4084	15		

可以发现，委托贷款实践表现出以下特点：第一，从利率决定维度来看，与银行贷款利率受到央行贷款利率管制①不同的是，由于规避了金融监管，委托贷款利率由借贷双方自由协商决定，因而市场化程度较高。具体来说，在委托贷款交易中，贷款者根据资金供求、借款企业风险等因素综合自主地决定委托贷款利率，其利率水平往往突破了当时央行针对借贷利率变化幅度的相关规定。以本书手工搜集整理的上市公司委托贷款公告数据为例，借贷利率均值为 7.554%，是 2004～2015 年银行短期贷款（6 个月到 1 年）基准利率均值（约为 5.91%）的 1.28 倍，分布在 0% 到 24.0% 的较大范围内，3.63% 的标准差说明利率波动幅度也较大。

第二，从贷款数量维度看，作为一种影子银行机制，委托贷款是企业难以通过银行、股票及债券市场等正规金融渠道获得资金的替代性融资选择，这不仅导致委托贷款规模由借款者的实际资金需求和放贷者的资金供给能力共同决定，基本不会存在过度放贷的可能，还使得借款企

---

① 需要指出的，虽然贷款有形管制已经放开，但是信贷市场上的隐性担保和刚性兑付还未完全消除，央行的窗口指导仍在继续，对于银行贷款利率仍存在实质性地管制。

业对委托贷款资金的需求十分缺乏价格弹性。具体而言，一方面，对股权关联企业之间的委托贷款交易而言，当受到融资约束的企业向其股权关联企业借款时，出于共同利益考虑，放贷企业不仅会降低借款利率（钱雪松等，2013），而且会促使贷款企业根据借款企业的实际资金需求决定贷款数据。此时，委托贷款额度主要取决于借款企业运营过程中的资金缺口及放贷企业的资金供给能力，而委托贷款利率对贷款数额的影响不大。

另一方面，对非股权关联企业之间的委托贷款交易而言，在不能从正规金融渠道获得资金及市场化委托贷款利率非常高的背景下，企业选择通过委托贷款向非关联企业借款本身就能反映出其融资需求具有很强的刚性，这样一来，不仅借款者通过委托贷款获得的资金会小于或等于其实际资金需求，而且委托贷款额度往往表现出十分缺乏价格弹性。例如，在我国房地产行业的具体实践中，存在很多高息委托贷款现象（徐锐，2008；谢静，2011）。具体地，当房地产企业由于市场不景气而需要大量资金时，货币政策紧缩或行政性管制等原因使其难以从银行信贷等正规金融渠道满足融资需求，此背景下，尽管委托贷款利率较高，为了保证房地产项目顺利进行，房地产企业无奈之下仍通过委托贷款融资以弥补既定的资金缺口。实际上，实践中贷款企业通过发放高利率委托贷款获取高额利润就是一个例证（仇子明，2011；唐曜华，2012）。

第三，从风险控制维度来看，作为一种市场化程度较高的借贷行为，放贷企业可以通过缩短委托贷款期限、增加发放委托贷款的轮数、要求一定的抵押担保等方法控制可能存在的违约风险。具体来说，一方面，为了控制可能存在的风险，放贷企业会要求借款者以其自有资产提供抵押或者质押、由第三方提供抵押或者质押、由第三方提供担保等形式多样的抵押担保条款。以本书使用的上市公司委托贷款样本为例，在 1612 个有效样本中，有 579 个样本观测值（约占总样本量的 35.92%）包含抵押担保条款。

另一方面，委托贷款以 1 年期以内的短期借款为主，由表 2 - 2 可知，委托贷款期限分布在 1 个月到 15 年的较大范围内，均值为 1.43 年，有 50% 以上的样本委托贷款期限在 1 年期以内。进一步地，我们筛选得到 2004 ~ 2015 年到期的共 1139 个样本观测值，其中，明确发布公告说明展期或者续借的样本共 102 笔，还有 82 笔委托贷款出现隐性续借的情况，即在某一笔委托贷款到期时提供方给借款方提供了一笔相同金额、相同抵押担保要求、相同用途的委托贷款。总的来说，有约 16% 的样本出现了以多次短期贷款置换长期借款的情况。

另外，以 2007~2015 年到期的委托贷款样本为例，表 2-3 展示了我国商业银行不良贷款率[①]和委托贷款逾期率[②]的比较。结果显示，我国商业银行不良贷款率均值为 2.0%，而同期委托贷款逾期率均值为 2.3%，它们之间不存在显著的差异（t 检验 P 值 >0.10）。这表明，与正规金融机制相比，委托贷款这一创新性影子银行机制的风险在可控范围之内。

表 2-3　商业银行不良贷款率与委托贷款逾期率（2007~2014 年）　　单位：%

	商业银行不良贷款率	委托贷款逾期率	difference
2007 年	6.7	11.1	
2008 年	2.4	0	mean（diff）= -0.30
2009 年	1.6	1.3	
2010 年	1.1	0.8	
2011 年	1.0	0	P 值 =0.6848
2012 年	1.0	1.6	
2013 年	1.0	1.6	
2014 年	1.2	1.9	H0：mean（diff）=0
均值	2.0	2.3	

2.3　本章小结

本章首先概述了中国人民银行发展的历史沿革，在此基础上，回顾了我国 1998 年以来货币政策操作历程。可以发现，伴随着中央银行制度的建立和不断完善，货币政策已经成为我国宏观经济调控的重要手段。一方

①　资料来源：《中国银行业监督管理委员会 2014 年报告》。
②　上市公司会对逾期的委托贷款交易发布公告，逾期样本是由其相关公告整理得到。

面，我国的货币政策工具从简单的信贷规模控制向公开市场操作、利率、存款准备金率、再贴现、再贷款等间接调控手段转变，并发展出常备借贷便利、中期借贷便利、抵押补充贷款工具等符合我国经济运行特点、具有中国特色的创新性调控手段；另一方面，经过 40 余年的改革开放，市场经济体制不断完善，经济运行日益复杂，我国货币政策传导机制也从单一的信贷传导渠道转变为多种传导渠道并存的现状。

现阶段，回答货币政策是否影响实体经济，及其在企业微观层面的作用机制等问题，不仅关系到货币政策能否顺利由数量型调控向价格型调控转变，还关系到货币政策如何有效调控宏观经济。这意味着，对我国货币政策传导有效性问题的考察仍具有重要的现实意义。

由于本书实证部分使用的数据较为独特，本章还从委托贷款的兴起背景、发展现状和运作特点三个方面对这一创新性融资工具进行全面介绍。作为一种典型的影子银行机制，委托贷款在具体经济实践中被广泛应用。并且，得益于中央银行对社会融资规模的统计和上市公司发布的委托贷款公告，以委托贷款为研究对象，不仅可以获得借贷双方主体的特征信息，还能得到借贷条款信息，这为本书从企业微观层面考察货币政策传导有效性问题提供可能。

第 ③ 章
货币政策对企业借贷利率的影响：
中介效应和体制内外差异

3.1 引言

  货币政策如何影响实体经济是经济政策的核心问题。在利率市场化改革持续推进的背景下，我国货币政策利率传导机制是否有效及其运作机理问题受到学术界、实务界和政府的密切关注。特别地，近年来我国中小企业融资难和融资贵的现象十分普遍，货币政策调整（特别是宽松货币政策）能否有效降低企业借款利率的问题也亟须回答。

  实际上，学术界对货币政策传导机制的研究由来已久。虽然 20 世纪 90 年代以来一些经济学家指出，货币政策通过银行贷款渠道、资产负债表渠道等非古典的数量机制对实体经济施加作用（Taylor，1995；Bernanke and Gertler，1995；Kashyap and Stein，2000），但传统上经济学家更加强调货币政策通过调控短期利率来影响实体经济的新古典价格机制（Jorgenson，1963；Tobin，1969），例如，传统的凯恩斯 IS - LM 模型认为，经典的利率传导机制涵括以下环节："货币政策变化→货币市场利率调整→信贷市场和金融市场利率变化→企业投资和家户消费调整→实际产出变化"（Bernanke and Blinder，1992；Taylor，1993）。特别地，2008 年爆发金融危机之后，美国等发达经济体也面临着短端利率向银行贷款利率等长端利率传导不畅的困境，这激发了学术界对货币政策利率传导机制的兴趣（Gertler and Karadi，2013；Illes and Lombardi，2013）。

近年来，随着利率市场化改革不断推进和货币政策调控方式调整优化，对我国货币政策利率传导机制的研究也不断涌现。除了为数不多的几篇文献利用上市公司微观数据实证研究了货币政策通过利率渠道对企业投资施加了非线性影响之外①，现有文献大多运用格兰杰因果检验、VAR 模型等计量方法从宏观加总数据切入，实证考察我国货币政策的利率传导机制，得到的结论并不一致。一部分学者认为，在中国经济实践中，利率渠道仍不畅通，利率调整对实体经济影响效果微弱（Mehrotra，2007；Koivu，2009），中国货币政策主要通过信贷和信用渠道对实体经济施加作用（周英章和蒋振声，2002；盛朝晖，2006；盛松成和吴培新，2008）。另一部分学者认为，随着我国利率市场化不断推进，货币政策利率传导渠道发生了体制转换，银行同业拆借利率等货币市场利率对产出、物价等经济变量的解释力度不断增强（姜再勇和钟正生，2010；张辉和黄泽华，2011）。

这些基于中国宏观数据的经验文献考察货币政策变化是否通过利率渠道对投资、消费等宏观加总变量施加了影响②，增进了对中国这一新兴市场经济货币政策传导机制的理解。但需要指出的是，受到宏观加总数据特点的限制，上述研究直接考察货币政策冲击如何通过货币市场利率变化影响投资、消费、GDP 等宏观经济变量，忽略了货币政策利率传导链条上的关键环节：货币市场利率变化导致信贷和金融市场上的利率调整。

一般而言，考察货币政策利率传导机制的一个自然选择应该是银行贷款数据。但是，由于我国利率市场化尚未完成，银行存贷款利率的自由调整受到不同程度的制约，商业银行更多地通过改变信贷规模来应对货币政策冲击，这样一来，运用银行贷款数据的实证分析可能不利于发现我国经

---

① 彭方平和王少平（2007a；2007b）利用上市公司微观数据研究发现，货币政策利率渠道以非线性的方式作用于企业投资，并且随着利率市场化推进，利率调控的优势愈发明显。

② 需要指出的是，我国的宏观总量数据样本容量偏小，运用 VAR 模型对中国货币政策传导机制的实证研究存在缺陷，其无法清晰地描述货币政策的微观传导机制，学术界对其计量结果可信度存在争议（Ogawa，2002；彭方平和王少平，2007a；2007b）。

济中已经存在的货币政策利率传导机制。① 庆幸的是，近十年来，在证监会要求下我国上市公司发布公告披露了其涉及的委托贷款交易②，其中涵括了利率、期限、金额等丰富的借贷条款信息。而且，作为一种规避金融监管的创新性金融工具，在委托贷款交易中，贷款者根据资金供求、借款企业风险等因素综合决定委托贷款利率，其利率水平往往突破了当时中央银行针对借贷利率变化幅度的相关规定。在手工搜集整理的委托贷款样本中，借贷利率分布在 0 到 21.6% 的较大范围内，均值为 7.855%，利率波动幅度也较大（标准差为 3.89%）。显然，与受到价格管制的银行信贷相比，委托贷款是一种利率市场化程度较高的借贷交易。这为本章从企业借贷行为这一微观视角考察货币政策利率传导机制提供了很好的素材。

基于此，本章以委托贷款为研究对象，构建理论模型剖析货币政策利率传导机制，强调了信息不对称这一金融市场不完美因素的作用，并结合我国制度环境因素探讨了货币政策利率传导的体制内外差异。在此基础上，通过手工搜集整理的我国 2007～2013 年上市公司委托贷款公告以获得企业借贷数据，并利用上市公司年报、企业网页等多种渠道搜集了所有制属性、企业年龄等借款企业特征信息，然后，运用这一独特数据从"货币政策变化→货币市场利率变化→信贷市场和金融市场利率调整"切入实证考察中国货币政策利率传导机制。具体地，本章将回答以下问题：第一，货币政策松紧程度是否对企业借款利率产生影响？第二，货币政策松紧程度对企业借款利率的作用是否存在中介效应：在多大程度上货币政策通过影响货币市场利率而对企业借款利率施加作用？第三，货币政策松紧状态对借款利率的影响是否因为企业特征而表现出差异？

本章实证检验结果表明，货币政策松紧程度会显著影响企业借款利率。一方面，法定存款准备金率与企业借款利率呈显著正相关；另一方

---

① 需要指出的是，即使要考察货币政策变化如何传导到银行贷款利率，银行贷款微观数据的可得性也构成了实证研究的障碍。具体地，银行不会披露借贷利率、期限等细致借贷条款信息。虽然上市公司披露了其银行借款信息，但其往往在借贷利率等信息上存在较严重的缺失，而且，该数据都是上市公司的借款数据。因而，难以运用银行贷款数据考察本书关注的货币政策利率传导中介效应及体制内外差异问题。

② 委托贷款是指由政府部门、企事业单位等委托人提供资金，委托业务银行根据委托人确定的贷款对象、用途、金额、期限、利率等代为发放、监督使用并协助收回的贷款业务。

面，央行票据发行利率上升 1 个基点，企业借款利率平均会上升 0.68 个基点。同时，本章通过中介效应检验揭示出货币政策通过上海银行同业拆借利率（Shibor）对企业借款利率施加影响，以 Shibor 为中介变量的中介效应占货币政策总效应的比重高达 83%。

而且，进一步的研究发现，货币政策对借款利率的影响因借款企业是否处于体制内而表现出显著差异。其一，对民营企业而言，委托贷款借款利率往往处于较高水平，货币政策松紧与否未能对其施加作用，与之形成鲜明对比的是，国有企业借款利率对货币政策松紧状况的反应十分灵敏，货币政策对国有企业借款利率的作用存在显著的以 Shibor 为中介变量的中介效应；其二，对非关联型委托贷款而言，企业借款利率一直处于高位运行状态，货币政策未能对其产生影响，与之不同的是，当借款企业与发放贷款的上市公司存在股权关联关系时，企业借款利率与货币政策紧缩程度显著正相关，货币政策对其借贷利率的影响在一定程度上通过货币市场利率 Shibor 传导。

本章的贡献主要有两个：

第一，由于我国银行存贷款利率自由调整受到制约、涵括借贷条款信息的微观数据难以获得等原因，现有考察货币政策利率传导机制的文献主要运用宏观数据进行研究，因而未能考察"货币政策变化→货币市场利率调整→信贷市场和金融市场利率变化"这一重要环节。值得强调的是，考虑到我国尚处于利率市场化进程、金融市场体系动态演化等现实因素，货币市场利率是否衔接了货币政策和信贷市场利率这一问题显得尤为重要。本章在理论分析基础上，利用手工搜集整理的上市公司委托贷款公告这一独特数据进行实证检验，不仅能揭示出货币政策如何通过影响货币市场利率而对企业借款利率施加作用，在边际上拓展了对中国货币政策利率传导的相关研究，而且还有助于进一步认识和理解货币政策如何影响委托贷款这一重要影子银行机制，对影子银行监管及相关的金融风险问题有重要的借鉴意义。

第二，货币政策传导的新古典价格机制从名义工资和价格刚性出发，考察货币政策如何通过调控短期利率对投资、消费等实体经济活动施加作用，而对非新古典数量机制强调的信息不对称、市场分割等金融市场不完美因素关注得不够，这可能是学术界难以解释次贷危机以来发达国家遭遇"货币市场利率向银行贷款利率传导不畅"困境的原因之一（Boivin et al.，2010；Gertler and Karadi，2013）。本章以中国新兴转轨经济为背景，从借款企业所有制属性及其是否与放贷的上市公司存在股权关联两个视角切入，考察了信息不对称、融资歧视等金融市场不完美因素对货币政策利率传导的影响。本章研究是将金融市场不完美因素引入新古典价格机制的一个有益尝试。理论分析和经验结果表明，与宽松货币政策显著降低体制内企业借款利率不同，对体制外企业而言，其借款利率长期处于高位，货币政策的利率传导机制失效。这不仅增进了对我国特定制度背景下货币政策利率传导机制的认识和理解，而且对思考次贷危机以来发达国家的货币政策利率传导问题具有一定启发意义。

另外，除了上述贡献，本章还有重要的现实意义。一直以来，我国金融体系都因为广大中小企业融资难、融资成本高等问题而饱受诟病，近年来，我国政府希望通过调整货币政策以降低其融资成本。然而，本书经验分析表明，从委托贷款这一影子银行机制的实践看，趋于宽松的货币政策虽然能降低国有企业等体制内企业的借贷利率，但却未有效解决民营企业等体制外企业借贷利率居高不下的问题。

货币政策利率传导机制的这种体制内外差异具有重要的政策含义。一方面，全面降准等货币供给总量调整措施并不会降低体制外企业的借款利率，差异性货币政策对降低体制外企业融资成本十分必要，中期借贷便利等针对"三农"和中小企业的定向调控工具可能更有效。另一方面，要想切实提高货币政策对体制外企业借贷利率的作用，必须进一步推进和深化金融改革以缓解融资歧视、信息不对称等金融市场不完美因素的负面影响，比如放宽金融市场准入，发展面向体制外企业的中小银行、民营银行等金融机构，加快利率市场化改革，以夯实货币政策利率传导机制的微观基础。

本章其余部分的结构如下：第二部分是对我国货币政策利率传导机制的理论分析；第三部分是实证研究设计；第四部分是实证检验结果及分析；第五部分从体制内外维度实证考察货币政策利率传导机制的差异性；第六部分是本章小结。

3.2　货币政策利率传导机制的理论分析

在经济制度环境不断演化、货币政策动态调整的背景下，中国货币政策利率传导机制错综复杂。为厘清我国货币政策利率传导机制，本节从理论层面展开分析，具体思路如下。首先，在梳理我国货币政策利率传导路径的基础上，构建一个分析我国利率传导的理论模型；其次，分析完美市场条件下的货币政策利率传导，并进一步剖析信息不对称这一金融市场不完美因素对货币政策利率传导的影响；最后，结合我国制度环境因素，运用理论模型分析我国货币政策利率传导的体制内外差异。

3.2.1　理论模型构建

货币政策传导的新古典价格机制认为，货币政策影响企业借款利率的经典路径由以下环节组成（Boivin et al.，2010）：第一，货币当局通过政策工具影响短期货币市场利率；第二，短期市场利率通过债券市场上的跨期套利机制对债券市场的长期利率施加影响；第三，债券市场的长期利率通过跨市场套利机制与信贷市场的长期利率产生联动关系。

然而，值得强调的是，与发达国家存在成熟完善的债券市场不同，很多新兴市场国家金融市场不发达，债券收益率的期限结构并未建立，这会导致从货币市场利率到债券市场长期利率的传导不畅，此时，新兴市场国家的货币政策利率传导表现出由货币市场利率直接影响信贷市场利率的特点（Sander and Kleimeier，2004；Gopalan and Rajan，2015）。

特别地，作为新兴市场国家，中国债券市场发展滞后。一方面，企业债市场发展不足，公开发行和交易规模较小；另一方面，国债市场的培育起步较晚，国债期限品种结构不健全①，而且银行间国债市场和交易所国

---

①　我国国债以中期国债为主，1 年、3 年、5 年、7 年和 10 年五个关键期限品种占定期、滚动发行记账式国债的 70%，长期（10 年以上）和短期国债（1 年以内）仍很缺乏。

债市场相互分割，国债流动性低。这些缺陷导致我国国债利率期限结构表现出与成熟国债市场显著不同的特点，不仅即期利率变动不连续，而且长期利率波动较大（康书隆和王志强，2010）。考虑到这一现实因素，在借鉴相关研究的基础上，本章以"货币政策变化→货币市场利率调整→信贷市场利率变化"的路径切入考察我国货币政策利率传导。[①]

在构建理论模型之前，需要强调的是，正如前面指出的那样，作为一种影子银行机制，委托贷款是企业难以通过银行、股票及债券市场等正规金融渠道获得资金的替代性融资选择，这导致借款企业对委托贷款资金的需求十分缺乏价格弹性。这就使得贷款企业在确定借贷利率过程中具有一定的市场垄断力量。此背景下，与撒克等（Thakor et al.，1981）、鲁特贝里和兰茨克勒纳（Ruthenberg and Landskroner，2008）等研究揭示的银行贷款利率决定机制类似，贷款企业索取的贷款利率将由以下部分组成：（1）贷款企业获取资金时支付的边际成本（或自有资金的机会成本）；（2）为补偿借款企业风险需要的溢价；（3）垄断力量使企业能够索取的利率溢价。

考虑到这一现实因素，在借鉴罗西斯（Rousseas，1985）、德波特（De Bondt，2002）等考察货币政策影响银行贷款利率理论文献的基础上，本节构建了委托贷款的边际成本定价模型[②]，以细致剖析货币政策的利率传导，模型如下所示：

$$i = \alpha + \beta f(mr) \tag{3.1}$$

---

① 值得指出的是，我国货币政策利率传导过程中批发利率和零售利率之间可能存在双向因果。但近年来，我国货币政策逐步从数量调控向利率调控转变，金融市场化改革也不断推进，这些因素将在很大程度上削弱货币政策利率传导过程中"零售利率影响批发利率"的反向机制。而且，本章使用的是企业间委托贷款数据，一方面，委托贷款交易并不会对商业银行的资金供求产生直接影响；另一方面，作为一种规避管制的创新工具，委托贷款这一影子银行机制的定价和规模在一定程度上都难以被央行监控，此时货币当局难以根据委托贷款实practice来实施有针对性的货币政策，从而导致在委托贷款利率与政策利率之间并不存在反向影响机制。由此可知，由于运用委托贷款这一影子银行数据考察货币政策利率传导机制，本章研究在很大程度上能避免批发利率与零售利率之间双向因果问题的干扰。

② 需要指出的是，上述模型最早被用于考察存在信息不对称、垄断竞争等因素作用下欧盟地区的银行定价与利率政策传导效应问题（De Bondt，2002；Coricelli et al.，2006）。与欧盟一样，我国也是以银行为主导的金融体系，银行对利率的定价行为在货币政策传导中发挥关键作用，同时，也存在经济发展的区域差别较大且其市场化进程并不统一等情况，这使得上述模型同样适用于分析我国货币政策传导。

其中，i 是委托贷款利率；α 是贷款定价时的加成项，它测度贷款企业
索取的利率溢价，具体由借款企业风险溢价、市场力量引致的利率溢价等
部分组成，其大小取决于借款者风险状况、市场力量、借贷双方关系等因
素；mr 是货币市场利率，f(mr) 表示贷款企业获取资金时支付的边际成本
（或自有资金的机会成本）。当货币政策趋紧促使 mr 升高时，金融市场上
资金供给趋紧，对委托贷款交易中的贷款企业而言，其外部融资成本和自
有资金的机会成本会提高，这导致企业贷款的边际成本上升（即 $\partial f / \partial mr > 0$），进而促使最大化自身利益的贷款企业提高委托贷款利率。简言之，mr
作为中介变量将货币政策变化和委托贷款利率连接起来。β 是测度货币市
场向企业借贷市场传导的系数，β 越大表明货币政策利率传导效率越高。

3.2.2　货币政策利率传导机制的一般分析

首先，分析完美市场条件下的货币政策利率传导。实际上，在完全竞
争、信息完备的完美市场条件下，贷款利率等于其边际成本，而且贷款利
率对边际成本的导数等于 1，此时货币政策调整导致的货币市场利率变化
会完全传导到企业借款利率。

为了给下文理论分析提供一个比较基准，本节运用边际成本定价模型
阐释完美市场条件下的利率传导。与（3.1）式类似，在完美市场条件下，
贷款利率的表达式如下：

$$i_{perfect} = \alpha_{perfect} + \beta_{perfect} f(mr) \tag{3.2}$$

其中，$i_{perfect}$ 为贷款利率，$\alpha_{perfect}$ 为贷款企业索取的利率溢价，$\beta_{perfect}$ 是
测度货币市场向企业借贷市场传导的系数，mr 为货币市场利率。必须说明
的是，（3.2）式是站在贷款人（lender）角度所给出的利率定价公式，这
是以下推理的基础。

其一，完美市场条件下 $\alpha_{perfect} = 0$。首先需要指出的是，尽管借款者
自身所具有的异质性风险不会凭空消失，但在完美市场条件下，贷款者
不仅可以构建与借款者异质性风险相关的阿罗—德布鲁状态证券抵消这
一异质性风险，还可以构造出一种全市场贷款组合完全消除借款者的异
质性风险。在此背景下，如果贷款者针对借款者异质性风险索取不同的

风险溢价，那么，完备市场条件下就会出现利用这一风险溢价差异的套利机会，完全竞争市场会耗尽此种套利机会，因而，在完美市场条件下，对所有贷款者而言，他们索取的风险溢价应该相等。进一步地，如果贷款者索取的相同风险溢价大于0，由于完备市场条件下总有贷款者能够索取相对更低的风险溢价，那么，在完全竞争市场的竞争压力下，为了避免被挤出市场，索取零风险溢价是所有贷款者的最优策略。综合以上分析可知：$\alpha_{perfect} = 0$。

其二，完美市场条件下 $\beta_{perfect} = 1$。信息完备情形下信贷市场上的理性预期和无成本套利机制会使利率期限结果的预期理论成立，此时长期利率是未来短期利率预期的加权平均值。这样一来，当央行"舞动"利率的短端，必然改变市场对未来短期利率的预期，从而引发长期利率的被动调整。而且，此时不是某个单一短期利率预期会发生改变，而是所有的短期利率预期均会改变，这会导致央行所主导的货币市场短期利率变动能完全传导到长端利率上，即 $\beta_{perfect} = 1$。基于以上分析，给出完美市场情形下货币政策利率传导的命题1。

命题1：在信息完备和完全竞争的完美市场条件下，$\alpha_{perfect} = 0$，$\beta_{perfect} = 1$，货币市场利率完全传导到企业借款利率。

命题1表明，在完美市场条件下，货币市场利率变化会完全传导到企业借款利率。但经济实践中存在信息不对称等金融市场不完美因素，这将如何影响货币利率传导呢？

实际上，斯蒂格利茨和韦斯（Stiglitz and Weiss，1981）等的研究早就指出，在信贷市场存在信息不对称的背景下，贷款者提高利率不仅会因为逆向选择问题降低借款申请者的质量，而且会引发借款者事后的道德风险问题而加剧贷款风险。如果用 $p(i)$ 表示借款企业不能按期还款付息的违约概率，那么 $\partial p(i)/\partial i > 0$。此时，当货币政策趋紧促使 mr 提高而导致资金成本上升时，追求盈利的贷款企业本应该提高委托贷款利率，但提高利率会因为信息不对称引发的逆向选择和道德风险问题而降低贷款企业的期望收入，因而贷款企业会权衡利弊审慎考虑是否提高利率或降低利率提高幅度。基于此，可以用命题2刻画信息不对称情形下的货币政策利率传导。

命题 2：在信息不对称情形下，对于需求十分缺乏价格弹性的委托贷款而言，如果 $\left[1-p(i)-i\dfrac{\partial p}{\partial i}\right]<0$，那么 $\beta<1$，货币政策利率部分传导到企业借款利率。

证明：贷款企业的期望收入为 $[1-p(i)]iQ(i)$，其中借款利率为 $i=\alpha+\beta f(mr)$，借款数量为 $Q(i)$。将贷款企业期望收入对 β 求导得到：

$$\frac{\partial\{[1-p(i)]iQ(i)\}}{\partial\beta}=\left[1-p(i)-i\frac{\partial p}{\partial i}\right]Q(i)f(mr)+[1-p(i)]i\frac{\partial Q}{\partial i}f(mr)$$

$$(3.3)$$

由于 $f(mr)>0$，（3.3）式符号取决于 $\left[1-p(i)-i\dfrac{\partial p}{\partial i}\right]Q+[1-p(i)]i\dfrac{\partial Q}{\partial i}$ 的符号。需要强调的是，借款企业对委托贷款的需求十分缺乏价格弹性，即 $\partial Q/\partial i$ 取值很小。下面先给出 $\partial Q/\partial i=0$ 情形下的证明，然后放松该限定进行论证。

当 $\partial Q/\partial i=0$ 时，$\dfrac{\partial\{[1-p(i)]iQ(i)\}}{\partial\beta}$ 的符号取决于 $\left[1-p(i)-i\dfrac{\partial p}{\partial i}\right]Q$。由于 $Q>0$，因而，如果 $\left[1-p(i)-i\dfrac{\partial p}{\partial i}\right]<0$，那么（3.3）式小于 0，此时，为了最大化期望贷款收益，贷款企业会降低 β，这样一来，$\dfrac{\partial i}{\partial mr}=\beta\dfrac{\partial f}{\partial mr}$ 会因为 β 下降而降低。

实际上，在放松 $\partial Q/\partial i=0$ 这一严格假设的条件下，上述结论仍可以成立。具体地，在 $\left[1-p(i)-i\dfrac{\partial p}{\partial i}\right]Q<0$ 的前提下，（3.3）式第一项为负，第二项为正，只要 $\partial Q/\partial i$ 较小使得第二项绝对值小于第一项绝对值，那么（3.3）式就小于 0，此时，β 会下降进而降低货币政策利率传导效率。证明完毕。

命题 2 表明，与完美市场情形下利率完全传导不同，在一定条件下，借贷市场的信息不对称使得货币政策利率变化只能部分传导到企业借款利率。

接下来，在信息不对称阻碍货币政策利率完全传导的前提下，本节从信息不对称程度大小和借贷利率高低两个方面切入，进一步剖析货币政策利率传导受阻程度的差异。为简化分析，在下文阐述中，假设企业对委托贷款的需求完全缺乏价格弹性（即 $\partial Q / \partial i = 0$）[①]。

其一，借贷双方之间的信息不对称程度往往不同。与信息不对称较小情形相比，当借贷双方之间的信息不对称程度较大时，信息不对称诱发的逆向选择和道德风险问题将更加严重，不仅 $p(i)$ 较大，而且提高利率导致违约概率提高得更多，即 $\partial p / \partial i$ 将相对更大。由最大化期望贷款收益的一阶条件

$$\frac{\partial [1 - p(i)] i}{\partial \beta} = \left[1 - p(i) - i \frac{\partial p}{\partial i} \right] f(mr) = 0 \text{ 可知，} \beta^* = \frac{\frac{[1 - p(i)]}{\partial p / \partial i} - \alpha}{f(mr)}。$$ 这样

一来，信息不对称程度增加会通过提高 $p(i)$ 和 $\partial p / \partial i$ 而降低利率传导系数 β，由此得到推论 1。

推论 1：在信息不对称阻碍货币政策利率传导的前提下，信息不对称程度越大，β 越小，货币政策利率传导效率越低。

其二，借贷利率大小差异也会影响货币政策利率传导效率。具体而言，当 i 已经处于较高水平时，不仅 $p(i)$ 较大，而且进一步提高 i 使得信息不对称诱发的逆向选择和道德风险问题愈加严重，这会导致 $\partial p / \partial i$ 也越

大，此时，由 $\beta^* = \dfrac{\dfrac{[1 - p(i)]}{\partial p / \partial i} - \alpha}{f(mr)}$ 可知，随着借贷利率 i 不断上升，β 会

表现出下降趋势。由此得到推论 2。

推论 2：在信息不对称阻碍货币政策利率传导的前提下，随着借贷利率不断上升，β 会表现出下降趋势。

3.2.3 货币政策利率传导的体制内外差异分析

作为新兴转轨经济，我国市场经济体制还不完善，金融领域存在普遍的融资歧视现象，银行、证券市场等正规金融制度对体制内外企业施加了不平等的系统性融资差异（Allen et al.，2005）。在我国金融体制不完善背

[①] 下文推论并不需要这一严格假设，只要需求价格弹性较小即可。

景下，与享受融资优待的体制内企业（如国有企业、与政府和银行关系紧密的民营企业等）相比，受到正规金融制度冷落的体制外企业不仅融资难度更大，而且面临更高的融资成本。这种体制内外差异可能会扭曲货币政策利率传导。下面从借款企业是否与贷款企业存在股权关联、借款企业所有制属性两个维度展开分析。

（1）基于借贷双方是否存在股权关联关系视角的分析。

在政府主导的集团发展战略、国企重组以及民营企业买壳上市等因素的作用下，我国形成了大量企业集团组织形式，它们通过集团财务公司等渠道实施内部资本配置活动，其重要形式是股权关联企业之间的委托贷款交易[①]；同时，我国制度环境下上市公司享有融资优待，它们不仅更容易获得银行贷款，而且还能通过增发、配股、企业债等直接融资渠道获得资金。在此背景下，当上市公司向其股权关联企业发放委托贷款时，上市公司享有的融资优待会给其股权关联借款企业带来好处。一方面，股权关联企业内部资本市场运作可以缓解关联企业融资约束（李增泉，2008；黎来芳等，2009）；另一方面，股权关联企业间的委托贷款交易可能由于利益输送或"隧道效应"而降低借贷利率（邵军和刘志远，2007；张祥建等，2007）。

基于此，将与贷款企业存在股权关联关系的借款企业界定为体制内企业，将非股权关联借款企业界定为体制外企业。为方便阐述，股权关联企业间的委托贷款利率表达式记为：$i_r = \alpha_r + \beta_r f(mr)$，非关联企业之间借款利率表达式记为：$i_{ur} = \alpha_{ur} + \beta_{ur} f(mr)$。

此时，体制内外企业在委托贷款交易中存在两个差异。其一，与非关联企业之间的委托贷款交易相比，股权关联企业间借贷时具有一定的信息优势。具体而言，作为参股方或控股方，企业一般会向其关联企业派出管理人员，股权关联企业之间往往因为产业链分布而存在经济业务往来，因而贷款企业对其股权关联借款企业具有信息优势。在此背景下，由命题2和推论1可知，由于非股权关联借贷双方之间的信息不对称问题相对更严

---

① 在本书搜集整理的上市公司委托贷款公告数据中，借贷双方间存在股权关联关系的样本有 571 个。

重，因而，在其他条件不变前提下 β_r 倾向于大于 β_{ur}。

其二，贷款企业发放委托贷款的动机差异导致体制内外企业的借款利率不同。具体地，对于非关联企业之间的委托贷款而言，以盈利为目标的贷款企业会尽量索取较高利率，而且，非关联委托贷款往往是借款者无法通过银行信贷获得融资的替代性选择，借款者对委托贷款的需求一般缺乏弹性，这使借款企业在协商委托贷款利率时处于较为弱势地位，因而贷款定价加成项 α_{ur} 处于较高水平；与之不同，当向股权关联企业发放委托贷款时，虽然贷款企业也会考虑放贷收益，但出于共同利益关系，其索取的 α_r 较小。这样一来 $\alpha_{ur} > \alpha_r$，进而使得 $i_{ur} > i_r$[①]，此时，由命题 2 和推论 2 可知，在其他条件不变前提下，$i_{ur} > i_r$ 使得 β_r 倾向于大于 β_{ur}。

综合以上分析可以得到以下研究假设：

假设 1：$\beta_r > \beta_{ur}$，与货币政策变化能有效传导到股权关联企业间委托贷款利率不同，对于非关联企业而言，其借款利率对货币政策冲击的反应不敏感。

（2）基于借款企业所有制差异视角的分析。

融资的所有制差异是我国经济实践中的特有现象。一方面，从金融制度维度看，以四大国有商业银行为主体的银行体系将扶持国有经济部门转型和发展当作首要任务，对民营经济实行所有制歧视（La Porta et al.，2002；林毅夫和李志赟，2005），国家通过市场准入等机制把股票市场塑造成帮助国有企业解决困难的工具，债券市场等直接融资机制也会向国有企业倾斜，大多数民营企业直接融资渠道不畅（祝继高和陆正飞，2012；钱雪松，2013）；而且，政府对国有企业提供的隐性担保在很大程度上降低了其借款风险（Park and Shen，2003；袁淳等，2010；谭劲松等，2012）。

----

① 需要指出的是，借款利率等于利率溢价 α 和贷款成本 $\beta f(mr)$ 之和，当 $\alpha_{ur} > \alpha_r$ 使 $i_{ur} > i_r$ 进而导致 $\beta_r > \beta_{ur}$ 时，$\beta_r > \beta_{ur}$ 会通过 $\beta f(mr)$ 对 i_{ur} 和 i_r 的相对大小产生一个相反效应。但只要利率溢价差异在委托贷款利率定价过程中占主导，即 $|\alpha_{ur} - \alpha_r| > |(\beta_{ur} - \beta_r)f(mr)|$，此处推理就成立。实际上，从我国委托贷款实践看，与股权关联企业间委托贷款利率（平均值为 6.60%，方差为 2.44%）相比，非关联企业间委托贷款交易的借贷利率（平均值为 12.01%，方差为 4.82%）要高许多，这支持了本节的论断。此处说明也适用于下面所有制差异视角的讨论，下文就不再赘述。

另一方面，经过数轮国有企业改革，特别是在"抓大放小"改革之后，企业禀赋存在显著的所有制差异，无论从资产规模、债务担保能力维度（方军雄，2007；余明桂和潘红波，2008；白俊和连立帅，2012 等），还是从信息透明度方面（林毅夫和李永军，2001；Haselmann et al.，2010等），国有企业均优于民营企业。这种不同所有制企业的禀赋差异也会导致融资表现出所有制差异。

因而，将国有企业界定为体制内企业，将民营企业界定为体制外企业。为方便阐述，将国有企业和民营企业的借款利率表达式分别记为：$i_s = \alpha_s + \beta_s f(mr)$、$i_p = \alpha_p + \beta_p f(mr)$。

显然，由上述分析可知，所有制差异使得国有企业借款时利率溢价 α_s 低于民营企业借款时的利率溢价 α_p，这会使得 $i_p > i_s$。由命题 2 及推论 2 可知，在其他条件不变前提下，$i_p > i_s$ 使得 β_s 倾向于大于 β_p。

同时，值得强调的是，如上文指出的那样，国有企业在规模、债务担保能力、信息透明度等禀赋方面优于民营企业，因而，与国有企业相比，民营企业借款时将面临相对更严重的信息不对称问题。由命题 2 以及推论 1 可知，这也会使 β_s 倾向于大于 β_p。

综合以上分析可以得到以下研究假设：

假设 2：$\beta_s > \beta_p$，与国有企业借款利率对货币政策变化的反应十分灵敏相比，货币政策冲击向民营企业委托贷款利率的传导不畅。

3.3　实证研究设计

3.3.1　研究样本和数据来源

本章选择 2007 ~ 2013 年我国深沪交易所 A 股上市公司披露的委托贷款交易作为研究样本。这样选择主要基于以下方面的考虑：其一，上市公司自 2004 年开始向公众披露委托贷款公告，2004 ~ 2006 年的委托贷款样本较少[1]；其二，实证研究中运用的主要变量之一是上海银行间同业拆放利率，而 Shibor 从 2007 年 1 月开始正式运营。因而，为保证研究可行性，选取 2007～2013 年作为研究期间。在剔除数据和信息披露不详的样本后，得到 279 家上市公司共 744 个样本观测值。

本章所使用的数据包括委托贷款交易条款、上海银行间同业拆放利率、货币政策代理变量、企业特征变量和金融市场化程度等。其中，委托贷款利率、期限，是否存在抵押担保条款和交易双方是否存在股权关联等数据来自上市公司发布的委托贷款公告；借款企业所处行业、所有制属性和年龄等企业特征数据是通过上市公司公告、年报、网络等多渠道搜集整理获得；Shibor 来自上海银行间同业拆放利率网站（http：//www.shibor.org）；央行票据发行利率和法定准备金率等来自中国人民银行网站（http：//www.pbc.gov.cn）；金融市场化程度来自樊纲等（2011）编制的《中国金融市场化指数－各地区市场化相对进程 2011 年报告》；地区国内生产总值增长率来自国家统计局网站（http：//www.ststs.gov.cn/）。

3.3.2 方程设定和变量定义

为实证考察货币政策利率传导机制，本章构造了以下两个实证模型。其一，为考察货币政策松紧程度是否以及如何对企业借款利率施加影响，在控制借款企业特征、金融市场条件、年度等变量的基础上，检验货币政策测度变量与企业借款利率之间的关系，如（3.4）式所示。

$$Interestrate = C + \beta_1 Monetary + \beta_2 Chara + \beta_3 Control + \varepsilon \qquad (3.4)$$

其二，为了进一步研究货币政策变化是否通过 Shibor 这一重要货币市场基准利率而对企业借款价格施加作用，本章运用中介效应检验方法来考察。需要指出的是，中介效应的检验方法众多，在统计检验错误和检验功效方面各有优劣，单一方法的适用性较低（Mackinnon et al.，2002）。温忠麟等（2004）结合已有相关研究提出的不同检验方法，进一步构造了一

---

[1] 在手工搜集整理的委托贷款样本中，2004 年、2005 年和 2006 年分别有 4 笔、7 笔和 10 笔委托贷款交易。此后，上市公司披露的委托贷款交易不断增加，从 2007 年的数十笔增长至 2013 年的 313 笔。

个综合的中介效应检验程序，能在较高统计功效的基础上控制第一类和第二类错误的概率（Judd and Kenny，1981；Sobel，1982；Baron and Kenny，1986）。因此，本章将采用该检验程序进行中介效应检验。具体而言，方程如（3.5）式~（3.7）式所示，检验程序参见图 3-1。

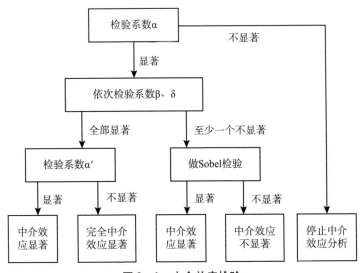

图 3-1 中介效应检验

$$Interest\ rate = C + \alpha Monetary + \beta_2 Chara + \beta_3 Control + \mu_1 \qquad (3.5)$$

$$Shibor = C + \beta Monetary + \mu_2 \qquad (3.6)$$

$$Interestrate = C + \alpha' Monetary + \delta Shibor + \beta_2 Chara + \beta_3 Control + \mu_3 \quad (3.7)$$

其中，中介效应由 $\beta \times \delta = \alpha - \alpha'$ 来衡量，Sobel 检验统计量为 $Z = \hat{\beta}\hat{\delta} / S_{\beta\delta}$（$\hat{\beta}$、$\hat{\delta}$ 分别是 β 和 δ 的估计量，$S_{\beta\delta} = \sqrt{\hat{\beta}^2 S_\delta^2 + \hat{\delta}^2 S_\beta^2}$，$S_\beta$ 和 S_δ 分别是 $\hat{\beta}$ 和 $\hat{\delta}$ 的标准误），而且，由于 Sobel 检验统计量与标准正态分布不同，其在 5% 显著性水平上的临界值为 0.97 左右。

在方程（3.4）~方程（3.7）中，Interest rate 表示委托贷款利率，通过将委托贷款公告中披露的贷款利率转化为年利率得到；C 为常数项；Monetary 为货币政策松紧程度测度变量；Shibor 为上海银行间同业拆放利率；Chara 为借款企业特征变量；Control 为金融市场化程度、地区 GDP 等其他控制变量，具体定义如下所示。

（1）货币政策测度变量。

考虑到 2007 年以来我国货币政策实践现状，本章主要运用法定准备金率（Rrr）和央行票据发行利率（Cp）来测度货币政策松紧程度。

首先，作为传统的三大货币政策工具之一，法定准备金率是我国近十年来非常倚重的货币政策工具。具体而言，2002 年以来中国人民银行频繁调整法定准备金率，除 2005 年和 2009 年法定准备金率未发生变动外，2006~2012 年各年调整次数分别为 3 次、10 次、9 次、6 次、7 次和 2 次，法定准备金率在 6%~21.5% 之间波动。虽然 2014 年以来我国货币当局逐渐采用中短期借贷便利替代法定准备金率调整，但是考虑到研究样本期间为 2007~2013 年，而且一些研究也发现：法定准备金率变动对货币市场短期利率和中长期债券利率都产生了显著影响（张雪莹，2012），因而本章选取法定准备金率作为我国货币政策松紧程度的测度变量。

其次，自从 2003 年 4 月中国人民银行首次正式发行央行票据以来，央票发行及其正回购交易成为我国货币当局通过公开市场操作调节流动性的重要工具。央行票据发行有数量招标和价格招标两种。数量招标的具体做法是：央行先确定利率，然后以数量为标的进行招标，从而向市场明确表达央行的利率导向意图；价格招标的具体做法是：先给定一个询价区间，然后在确定数量的基础上由市场发现价格。需要强调的是，在实际价格招标过程中，央行往往会在市场波动加大时缩小报价区间，并对交易商进行一定的指导，使得利率报价基本符合央行的政策要求（郑振龙和莫天瑜，2011）。因而，无论采用何种招标方式，央行票据发行利率都被认为是传达央行货币政策意图的重要途径（叶永刚和陈勃特，2012）。实践中央行票据共有 3 个月、6 个月、1 年期和 3 年期四个品种，其中 3 个月和 1 年期央票运用得最为频繁，考虑到委托贷款期限大多介于 6 个月至 1 年之间，本章选择 1 年期央行票据发行利率来测度货币政策松紧程度。

（2）上海银行间同业拆放利率（Shibor）。

考虑到我国货币市场利率培育和实践现状，本章选择上海银行间同业拆放利率作为货币市场基准利率。具体地，上海银行间同业拆放利率是由报价团自主报出的人民币同业拆放利率计算出来的算术平均利率，其中报价团由信用等级较高的银行组成。Shibor 于 2007 年 1 月 4 日正式运用，目前对社会公布的 Shibor 品种因其期限不同而各异，包含隔夜、1 周、2 周、1 个月、3 个月、6 个月、9 个月和 1 年 8 个类别。自 Shibor 推出以来，大量学者不仅从定性角度提出 Shibor 作为基准利率的可能性（易纲，2008；2009），而且运用格兰杰因果检验、VAR 模型等计量方法的实证研究也表明，Shibor 能及时准确地反映货币市场信息，可以作为基准利率（李良松和柳永明，2009；方意和方明，2012）。因而，研究选择 Shibor 作为货币市场基准利率。同时，考虑到委托贷款期限一般较短，大部分委托贷款期限在半年至 1 年之间，在实证研究中，Shibor 值选取委托贷款交易发生之前最近的 6 个月 20 日均值。

（3）借款企业特征变量。

借款企业特征涵括所有制属性、借款企业风险、是否与贷款企业有股权关联关系、企业年龄等变量。Ownership 是测度企业所有制属性的虚拟变量，如果借款企业为国有企业，取值为 1，否则为 0。

Relate 是表示委托贷款交易双方是否存在股权关联的虚拟变量。本章中股权关联是指委托贷款借贷双方中有一方持有另一方股权并能对其经营决策施加影响①，如果借贷双方存在股权关联则取 1 否则取 0。由于研究样本所涉及的委托贷款交易参与企业中存在大量非上市公司，其持股的具体信息无法获得，只能从委托贷款公告中获悉交易双方控股、参股等信息，因而，为减少信息缺失导致的样本损失，使用虚拟变量而不是具体的持股比例测度股权关联。

Risk 是反映借款企业风险的变量，用委托贷款交易中是否包含抵押担保条款来测度。具体地，如果涵括抵押担保条款，其值取 1，表明借款企业具有较大风险；如果不包含抵押担保条款，其值取 0，表明风险较小。这样处理基于以下两个原因。其一，由于委托贷款交易中借款企业大多为非上市公司，难以获得信用评级等评估其风险状况的数据，因而，只能在可得的相关数据中选择合适的测度指标；其二，在借贷双方间信息不对称可能导致逆向选择和道德风险问题的背景下，理论分析表明，一方面，抵

---

① 需要指出的是，在本章样本中，有些交易双方并没有直接持股，但它们同时与一家企业存在股权关联关系，例如，交易双方均是同一家企业的控股子公司。Relate 将此种间接股权关联也涵括在内。

押担保可作为信号传递高质量借款者信息，此时其与风险负相关（Chan and Kanatas，1985；Chan and Thakor，1987）；另一方面，抵押担保也可作为贷款者防控放贷风险的工具（Manove and Padilla，1999；Menkhoff et al.，2006），此时其与风险正相关。但值得强调的是，在对中国信贷市场的考察中，平新乔和杨慕云（2009）、尹志超和甘犁（2011）等都指出道德风险模型更符合中国的实际情况，简言之，抵押担保与借款企业风险正相关。

Age 是测度借款企业年龄的变量。首先通过委托贷款公告、公司年报等渠道查找借款企业的注册时间；然后用委托贷款交易发生时间减去注册时间得到借款企业年龄；最后将计算得到的原始年龄加 1 后取自然对数，以得到测度借款企业年龄的变量。由于企业年龄越大，关于企业经营的信息越丰富，因而，在借鉴已有相关研究的基础上，将企业年龄作为对信息不对称程度的衡量（Petersen et al.，1994；Berger et al.，2001；Ortiz - Molina et al.，2008）。

（4）控制变量。

Fin 是委托贷款接收方所在地金融市场化程度的虚拟变量。[①] 根据樊纲等（2011）的指数编制方法，Fin 值越高说明金融市场化程度越高。当样本公司所在省份当年的金融市场化指数得分在全国前十，则 Fin 取值为 1，否则取 0。一般而言，地区金融发展状况不仅会影响委托贷款交易中借款企业的数量和质量（钱雪松等，2013），还会影响地区资本配置效率降低资本错配的可能性和程度（余明桂和潘洪波，2008），进而作用于委托贷款供给推高委托贷款利率。

鉴于行业特征可能会影响企业借贷的抵押担保要求，在回归模型中进一步引入 Industry 变量来控制可能存在的行业效应。具体而言，参照中国证监会 2012 年公布的《上市公司行业分类指引》，将行业划分为公共事业、房地产、综合、工业、金融业及商业六类。具体赋值方法如下所述。

---

① 樊纲等（2011）的市场化指数只涵盖到 2009 年，而本书的样本区间包含 2007～2013 年，对于 2010 年及以后的金融市场化指数，本书以 2009 年的数据替代。实际上，2007～2009 年各地区金融市场化程度的排名相对稳定。余明桂等（2010）、钱雪松等（2013）也采取了类似的处理方法。

以房地产行业为例，如果借款企业主营业务属于房地产行业，那么其相应的行业虚拟变量取值为 1，否则为 0。其他行业做了类似处理。

另外，为了控制各地区经济发展过程中资金需求可能对企业借款利率施加的影响，在回归模型中引入滞后一期的地区国内生产总值增长率（GDP）作为控制变量；另外，考虑到贷款期限对贷款价格的影响，在模型中还引入了委托贷款期限（Maturity）作为控制变量。

3.3.3 描述性统计

表 3-1 给出了主要变量的描述性统计特征。数据显示，其一，从货币政策实践看，在本书考察的 2007~2013 年，法定准备金率在 11.5% 和 19.75% 期间波动，央行票据发行利率均值为 3.11%，标准差为 0.691%；同时，作为一种货币市场基准利率，Shibor 在 1.470% 和 5.483% 之间变化。这表明我国货币政策松紧程度变化大，这为考察货币政策利率传导提供了可能。

表 3-1　　　　　　　　　　主要变量描述性统计

Panel A：整体样本

变量名	均值	标准差	最小值	最大值
委托贷款年利率（%）	7.855	3.894	0.000	21.600
央行票据发行利率（%）	3.110	0.691	1.595	4.058
法定准备金率（%）	17.431	1.799	11.500	19.750
Shibor（%）	3.895	1.168	1.470	5.483
企业年龄（年）	9.843	7.320	0.080	59.580
委托贷款期限（年）	1.433	1.265	0.080	15.000
金融市场化程度	10.784	1.273	5.760	12.840
地区 GDP 增长率（%）	11.719	2.172	5.400	19.100
	计数=0		计数=1	
是否为股权关联	173		571	
是否有抵押担保	484		260	
是否为国有企业	315		429	

Panel B：主要变量 Pearson 相关系数矩阵

	Interest	Relate	Risk	Ownership	Age	Maturity	Fin	GDP
Relate	-0.588 *** (0.000)							
Risk	0.462 *** (0.000)	-0.638 *** (0.000)						
Ownership	-0.407 *** (0.000)	0.449 *** (0.000)	-0.433 *** (0.000)					
Age	-0.061 * (0.097)	0.0004 (0.991)	-0.068 * (0.065)	0.060 (0.102)				
Maturity	-0.153 *** (0.000)	0.148 *** (0.000)	-0.136 *** (0.000)	0.193 *** (0.000)	-0.031 (0.394)			
Fin	0.169 *** (0.000)	-0.172 *** (0.000)	0.188 *** (0.000)	-0.181 *** (0.000)	0.121 *** (0.000)	-0.020 (0.582)		
GDP	0.0003 (0.994)	0.113 *** (0.000)	-0.061 * (0.096)	0.076 ** (0.040)	-0.106 *** (0.004)	0.042 (0.249)	-0.117 *** (0.001)	
Cp	0.134 *** (0.000)	-0.024 (0.514)	0.055 (0.135)	0.011 (0.760)	-0.043 (0.241)	-0.078 ** (0.033)	-0.037 (0.315)	0.181 *** (0.000)
Rrr	0.071 * (0.055)	0.035 (0.338)	0.047 (0.201)	0.053 (0.145)	-0.053 (0.146)	-0.043 (0.237)	-0.059 (0.109)	0.053 (0.152)
Shibor	0.104 *** (0.000)	0.030 (0.417)	0.052 (0.154)	0.026 (0.484)	-0.055 (0.1432)	-0.094 ** (0.011)	-0.014 (0.704)	0.203 *** (0.000)

注：括号里为 P 值；*、**、*** 分别表示在 10%、5% 和 1% 的水平上显著。

其二，从委托贷款实践看，委托贷款利率分布在 0 ~ 21.6% 的范围内，标准差为 3.894%，均值为 7.86%，显著高于同期银行贷款基准利率，最高利率达 21.6%，是同期银行贷款基准利率的 3 倍多。这表明，委托贷款利率不仅整体水平较高，波动区间也较大。这为本章从企业微观层面厘清当前我国货币政策利率传导机制的途径和效果提供了很好的研究素材。

其三，对借款企业而言，其在所有制属性、是否存在股权关联关系等方面表现出丰富的差异性，这有利于深入探讨货币政策利率传导机制是否存在体制内外差异。

其四，主要变量的 Pearson 相关系数矩阵表明，Cp、Rrr 等货币政策变量与委托贷款利率显著正相关，Shibor 也在 1% 的显著性水平上与委托贷款利率正相关，这些结果初步表明货币政策松紧程度和基准利率对借贷利率产生了影响。同时，Relate、Ownership、Age 等借款企业特征与委托贷款利率显著负相关，Risk、Fin 等变量与借贷利率显著正相关，这一方面表明在探究货币政策利率传导机制时需要控制相关变量，另一方面，也为考察货币政策影响不同企业借款利率的差异性提供了可能。

3.4 实证检验结果及分析

本章的实证检验顺序是，首先，在控制企业特征及其他相关变量的基础上，考察货币政策对企业借款利率的影响；其次，利用温忠麟等（2004）提出的中介效应检验方法，检验货币政策是否通过影响基准利率而对企业借款利率施加了作用；最后，通过改变货币政策代理变量测度的方式进行稳健性检验。

3.4.1 货币政策对企业借款利率的影响

为了考察货币政策对企业借款利率的影响，将 Cp 和 Rrr 作为货币政策松紧程度测度变量，分别检验它们与委托贷款利率的关系，结果如表 3 - 2 所示。

表 3 - 2 第（1）列的单变量回归结果显示，Cp 与企业借款利率在 1% 的水平上显著正相关；第（2）列和第（3）列的结果显示，不管是加入 Relate、Ownership、Risk 和 Age 等企业特征变量，还是控制了 Maturity、Fin、GDP 和 Industry 等影响因素，Cp 的系数在 1% 的水平上显著为正，央行票据发行利率每上升 1 个基点，企业借款利率上升约 0.68 个基点。

类似地，表 3 - 2 第（4）~（6）列结果显示，不管是单变量回归，还是控制了企业微观特征及其他相关变量的回归，Rrr 都与企业借款利率在

1% 的水平上显著正相关，法定准备金率每上升 1 个基点，企业借款利率上升约 0.27 个基点。

这些结果表明，央行货币政策松紧程度会对企业借款利率产生显著影响。实际上，当央行上调法定准备金率紧缩银根时，银行可贷资金下降，这会改变委托贷款供求关系从而促使企业借款利率提高。一方面，银行贷款供给下降使得一些企业转而通过委托贷款融通资金；另一方面，整体经济资金趋紧会增大委托贷款发放企业资金的机会成本，促使其审慎放贷。这都促使借款价格上升。类似地，当货币当局提高央票发行利率时，Cp 会向商业银行传递资金价格上升的信号，从而改变银行发放贷款时对资金成本的考量，最终推动借贷价格上扬。

同时，表 3-2 回归结果揭示出，借款企业特征也对企业借款价格施加了显著影响。其一，Relate 与企业借款利率在 1% 的水平上显著负相关，这表明与非股权关联借款企业相比，借款企业向其股权关联企业借款时支付的借款利率显著下降。其二，Ownership 系数在 1% 的水平上显著为负，这表明与民营企业相比，国有企业的借款利率较低。另外，Risk 的系数为正，Age 系数为负，都接近于 10% 的显著性，这也符合经济直觉。一方面，借款企业风险越大，其借款价格越高；另一方面，借款企业年龄越大，其相关信息越多，借贷双方之间的信息不对称程度越小，从而促使企业借款利率下降。

表 3-2　　　　　　　货币政策对企业借款利率的影响

	(1)	(2)	(3)	(4)	(5)	(6)
C	6.830 *** (0.000)	8.656 *** (0.000)	7.793 *** (0.000)	4.383 *** (0.001)	6.253 *** (0.000)	4.949 *** (0.000)
Cp	0.841 *** (0.000)	0.747 *** (0.000)	0.675 *** (0.000)			
Rrr				0.294 *** (0.000)	0.277 *** (0.000)	0.268 *** (0.000)
Relate		-3.731 *** (0.000)	-3.740 *** (0.000)		-3.798 *** (0.000)	-3.813 *** (0.000)

续表

	（1）	（2）	（3）	（4）	（5）	（6）
Ownership		− 1. 064 ***	− 1. 000 ***		− 1. 085 ***	− 1. 021 ***
		（0. 000）	（0. 000）		（0. 000）	（0. 000）
Risk		0. 464	0. 431		0. 399	0. 357
		（0. 114）	（0. 143）		（0. 176）	（0. 225）
Age		− 0. 224	− 0. 220		− 0. 218	− 0. 204
		（0. 123）	（0. 135）		（0. 134）	（0. 164）
Maturity			− 0. 141 *			− 0. 152 *
			（0. 095）			（0. 072）
Fin			0. 175			0. 193
			（0. 478）			（0. 434）
GDP			0. 100 ***			0. 132 ***
			（0. 045）			（0. 007）
Industry	Yes	Yes	Yes	Yes	Yes	Yes
Obs.	744	744	744	744	744	744
Adj. R^2	0. 2621	0. 4668	0. 4696	0. 2576	0. 4649	0. 4704

注：括号里为 P 值；* 、** 、*** 分别表示在 10% 、5% 和 1% 的水平上显著。

3.4.2　货币政策通过基准利率影响企业借款利率的中介效应检验

为了考察货币政策是否通过影响货币市场基准利率而对企业借款利率施加作用，进一步选取 Shibor 作为中介变量进行中介效应检验，结果如表 3 - 3 所示。

表 3 - 3　　货币政策通过基准利率影响企业借款利率的中介效应

	Panel A：Cp			Panel B：Rrr		
	（1）	（2）	（3）	（4）	（5）	（6）
被解释变量	Interest	Shibor	Interest	Interest	Shibor	Interest
C	7. 793 ***	− 0. 826 ***	8. 234 ***	4. 949 ***	− 6. 318 ***	7. 487 ***
	（0. 966）	（0. 087）	（0. 992）	（1. 351）	（0. 191）	（2. 055）

续表

	Panel A：Cp			Panel B：Rrr		
	（1）	（2）	（3）	（4）	（5）	（6）
Cp	0.675 *** (0.155)	1.518 *** (0.027)	0.081 (0.350)			
Rrr				0.268 *** (0.060)	0.586 *** (0.011)	0.063 (0.138)
Shibor			0.396 * (0.210)			0.352 (0.215)
Character①	Yes	No	Yes	Yes	No	Yes
Control②	Yes	No	Yes	Yes	No	Yes
Obs.	744	744	744	744	744	744
Adj. R^2	0.4696	0.8066	0.4715	0.4704	0.7962	0.4716
Sobel 检验	Z = 1.8879 > 0.97，中介效应显著			Z = 1.6360 > 0.97，中介效应显著		
中介效应	中介效应 = 0.6011 中介效应/总效应 = 89.06%			中介效应 = 0.2063 中介效应/总效应 = 76.97%		

注：括号中是估计系数的标准差；＊、＊＊、＊＊＊分别表示在10%、5%和1%的水平上显著。

表3－3中Panel A的回归结果显示，在中国人民银行调控央票发行利率以影响企业借款利率过程中，Sobel 检验中的 Z 统计量为1.8879，大于5%显著性水平上的临界值0.97，因而存在以 Shibor 为中介变量的中介效应，该中介效应在总效应中所占比例为89%。类似地，表3－3中Panel B的回归结果显示，在中央银行调整法定准备金率影响企业借款利率的过程中，也存在以 Shibor 为中介变量的中介效应，其占总效应的比例达到77%。

这些结果表明，在货币政策松紧程度对企业借款利率施加影响的过程中，Shibor 这一货币市场基准利率发挥了重要作用。具体而言，如果货币当局调高法定准备金率或央票发行利率，货币政策将趋紧，此时货币市场

① Character 表示 Relate、Ownership、Risk 和 Age 等企业特征变量，这些变量并非计算中介效应所需要的主要变量，故省略。下表同。
② Control 表示 Maturity、Fin、GDP 和 Industry 等控制变量，这些变量并非计算中介效应所需要的主要变量，故省略。下表同。

利率 Shibor 会因之而上升。在此基础上，贷款者发放贷款时会参照 Shibor，根据借款者风险状况等因素综合决定借贷价格，因而，企业借贷利率也会随 Shibor 升高而上升。

综合来看，基于中介效应的计量检验清晰地揭示出，我国货币政策利率传导过程中存在"货币政策变化→货币市场利率变化→信贷市场和金融市场利率调整"环节。同时，以 Shibor 为中介变量的中介效应作用效果显著，说明 Shibor 作为基准利率已发挥重要作用，这与方意和方明（2012）、项卫星和李宏瑾（2014）等的研究结果一致。

3.4.3 稳健性检验

为保证回归结果不受到货币政策测度变量选取的影响，选取货币政策感受指数（Sentiment）作为货币政策的代理变量进行稳健性检验。Sentiment 指标来自中国人民银行和国家统计局共同完成的《银行家问卷调查》，其是接受调查的银行家中判断货币政策适度的银行家所占的比例。该指数越大，表明银行家认为货币政策越宽松，资金较为充裕。表 3 - 4 和表 3 - 5 汇报了运用此指标测度货币政策松紧程度重新进行上述检验的结果，回归结果与前面一致。

表 3 - 4   稳健性检验——货币政策对企业借款利率的影响

	（1）	（2）	（3）
C	11.072 *** (0.000)	12.345 *** (0.000)	10944 *** (0.000)
Sentiment	− 2.336 *** (0.004)	− 2.024 *** (0.000)	− 1.364 * (0.078)
Relate		− 3.823 *** (0.000)	− 3.799 *** (0.000)
Ownership		− 0.921 *** (0.000)	− 0.892 *** (0.000)
Risk		0.522 * (0.078)	0.495 * (0.095)

续表

	（1）	（2）	（3）
Age		−0.242* (0.099)	−0.235 (0.115)
Maturity			−0.163* (0.056)
Fin			0.106 (0.672)
GDP			0.096* (0.082)
Industry	Yes	Yes	Yes
Obs.	744	744	744
Adj. R^2	0.2484	0.4556	0.4581

注：括号里为 P 值；*、**、*** 分别表示在 10%、5% 和 1% 的水平上显著。

表3−5　　稳健性检验——货币政策通过基准利率影响企业借款利率的中介效应

	（1）	（2）	（3）
被解释变量	Interest	Shibor	Interest
C	10.944*** (1.182)	4.540*** (0.170)	9.503*** (1.206)
Sentiment	−1.364* (0.772)	−1.071*** (0.274)	−1.139 (0.763)
Shibor			0.431*** (0.092)
Character	Yes	No	Yes
Control	Yes	No	Yes
Obs.	744	744	744
Adj. R^2	0.4581	0.0189	0.4731
Sobel 检验	−2.9973 < −0.97，中介效应显著		
中介效应	中介效应 = −0.4616 中介效应 ÷ 总效应 =33.84%		

注：括号中是估计系数的标准差；*、**、*** 分别表示在 10%、5% 和 1% 的水平上显著。

3.5 货币政策利率传导机制的扩展性检验：基于体制内外差异视角

为了考察货币政策对企业借款价格的影响是否因为体制内外因素而表现出差异，分别以是否与发放贷款的上市公司存在股权关联关系、所有制属性为依据将借款企业划分为体制内企业和体制外企业，在此基础上进行分组回归，检验结果如表 3-6 和表 3-7 所示。

表 3-6　货币政策对企业借款利率影响的差异分析——关联与非关联

	关联企业		非关联企业	
	（1）	（2）	（3）	（4）
C	3.284 *** （0.001）	−1.403 （0.245）	8.919 *** （0.006）	11.751 ** （0.017）
Cp	1.042 *** （0.000）		−0.145 （0.810）	
Rrr		0.421 *** （0.000）		−0.181 （0.422）
Ownership	−0.698 *** （0.000）	−0.722 *** （0.000）	−2.416 *** （0.020）	−2.290 *** （0.027）
Risk	0.292 （0.189）	0.180 （0.419）	1.171 （0.335）	1.209 （0.319）
Age	−0.410 *** （0.001）	−0.358 *** （0.002）	0.275 （0.573）	0.234 （0.623）
Maturity	−0.042 （0.504）	−0.059 （0.337）	−0.912 （0.042）	−0.903 （0.042）
Fin	0.361 * （0.053）	0.363 ** （0.050）	−0.836 （0.463）	−0.890 （0.445）
GDP	0.064 * （0.100）	0.101 *** （0.009）	0.271 （0.139）	0.262 （0.126）

续表

	关联企业		非关联企业	
	（1）	（2）	（3）	（4）
Industry	Yes	Yes	Yes	Yes
Obs.	571	571	173	173
Adj. R²	0.3465	0.3557	0.1146	0.1178

注：括号里为 P 值；＊、＊＊、＊＊＊分别表示在 10%、5% 和 1% 的水平上显著。

表 3 – 7　　货币政策对企业借款利率影响的差异分析——国有与民营

	国有企业		民营企业	
	（1）	（2）	（3）	（4）
C	5.154 *** （0.000）	1.403 （0.227）	8.262 *** （0.000）	6.347 *** （0.018）
Cp	1.050 *** （0.000）		0.325 （0.317）	
Rrr		0.393 *** （0.000）		0.155 （0.207）
Relate	− 2.367 *** （0.000）	− 2.497 *** （0.000）	− 3.875 *** （0.000）	− 3.291 *** （0.000）
Risk	0.983 *** （0.000）	0.835 *** （0.001）	0.269 （0.639）	0.224 （0.697）
Age	− 0.413 *** （0.001）	− 0.368 *** （0.003）	− 0.026 （0.929）	− 0.024 （0.936）
Maturity	− 0.081 （0.147）	− 0.102 * （0.048）	− 0.374 （0.225）	− 0.378 （0.221）
Fin	0.059 （0.747）	0.079 （0.668）	0.595 （0.322）	0.610 （0.307）
GDP	0.085 ** （0.036）	0.109 *** （0.008）	0.161 （0.132）	0.185 * （0.067）
Industry	Yes	Yes	Yes	Yes
Obs.	429	429	315	315
Adj. R²	0.4317	0.4271	0.3691	0.3703

注：括号里为 P 值；＊、＊＊、＊＊＊分别表示在 10%、5% 和 1% 的水平上显著。

表 3 - 6 的结果显示，对于关联企业间委托贷款而言，在控制企业特征和其他控制变量的基础上，Cp 和 Rrr 等货币政策代理变量都与借款利率在 1% 的水平上显著正相关；与之形成鲜明对比的是，对于非关联企业间委托贷款而言，Cp 和 Rrr 等货币政策代理变量的系数都不显著。类似地，表 3 - 7 的结果显示，虽然 Cp 和 Rrr 等货币政策变量与国有企业借款利率显著正相关，但它们对民营企业借款利率的回归系数不显著。

这些结果表明，货币政策松紧程度对国有企业、股权关联借款企业等体制内企业借款价格施加了显著的影响，而对民营企业等受到融资歧视的体制外企业而言，货币政策变化并不能对其借款利率施加作用。这与前文理论分析一致。

然后，选取股权关联和国有企业等体制内企业样本进行中介效应检验，以考察货币政策对体制内企业借款利率的影响是否存在显著的中介效应，检验结果见表 3 - 8。

表 3 - 8　货币政策通过基准利率影响体制内企业借款利率的中介效应

Panel A：股权关联企业

被解释变量	检验一（Cp）			检验二（Rrr）		
	（1）	（2）	（3）	（4）	（5）	（6）
	Interest	Shibor	Interest	Interest	Shibor	Interest
C	3. 284 ***	- 0. 854 ***	3. 714 ***	- 1. 403	- 6. 353 ***	0. 735
	(0. 950)	(0. 098)	(0. 958)	(1. 205)	(0. 209)	(1. 734)
Cp	1. 042 ***	1. 538 ***	0. 360			
	(0. 121)	(0. 031)	(0. 277)			
Rrr				0. 421 ***	0. 588 ***	0. 249 ***
				(0. 046)	(0. 012)	(0. 110)
Shibor			0. 451 ***			0. 292 *
			(0. 165)			(0. 171)
Character	Yes	No	Yes	Yes	No	Yes
Control	Yes	No	Yes	Yes	No	Yes
Obs.	571	571	571	571	571	571

Panel A：股权关联企业

	检验一（Cp）			检验二（Rrr）		
	(1)	(2)	(3)	(4)	(5)	(6)
Adj. R^2	0.3465	0.8123	0.3539	0.3557	0.8098	0.3579
Sobel 检验	Z = 2.7234 > 0.97，中介效应显著			Z = 1.7099 > 0.97，中介效应显著		
中介效应	中介效应 = 0.6936 中介效应÷总效应 = 66.57%			中介效应 = 0.1717 中介效应÷总效应 = 40.78%		

Panel B：国有企业

	检验一（Cp）			检验二（Rrr）		
	(1)	(2)	(3)	(4)	(5)	(6)
被解释变量	Interest	Shibor	Interest	Interest	Shibor	Interest
C	5.154 *** (0.842)	−0.846 *** (0.114)	5.428 *** (0.868)	1.403 (1.160)	−6.274 *** (0.245)	3.485 ** (1.686)
Cp	1.050 *** (0.128)	1.529 *** (0.036)	0.710 ** (0.297)			
Rrr				0.393 *** (0.049)	0.528 *** (0.014)	0.217 * (0.114)
Shibor			0.224 (0.177)			0.302 * (0.178)
Character	Yes	No	Yes	Yes	No	Yes
Control	Yes	No	Yes	Yes	No	Yes
Obs.	429	429	429	429	429	429
Adj. R^2	0.4317	0.8105	0.4325	0.4271	0.8039	0.4297
Sobel 检验	Z = 1.2642 > 0.97，中介效应显著			Z = 1.6965 > 0.97，中介效应显著		
中介效应	中介效应 = 0.3425 中介效应÷总效应 = 32.62%			中介效应 = 0.1758 中介效应÷总效应 = 44.72%		

注：括号中是估计系数的标准差；*、**、***分别表示在10%、5%和1%的水平上显著。

表3-8 Panel A 检验结果显示，在 Cp、Rrr 等货币政策测度变量对股权关联企业间委托贷款借贷价格施加影响的过程中，存在显著的以 Shibor

为中介变量的中介效应，该中介效应占总效应的 50% 左右。同时，表 3 - 8 Panel B 检验结果显示，Cp、Rrr 等货币政策测度变量对国有企业借贷价格的影响表现出显著的以 Shibor 为中介变量的中介效应，该中介效应占总效应的 40% 左右。

这些结果表明，对于国有企业、股权关联借款企业等体制内企业而言，无论使用 Cp 还是运用 Rrr 测度货币政策松紧程度，货币政策都通过影响 Shibor 这一货币市场基准利率而对其借贷价格施加了作用。

综合来看，对国有企业、股权关联借款企业等体制内企业而言，货币政策利率传导机制十分有效，但货币政策松紧程度对民营企业等体制外企业却不能产生影响。如何解释我国货币政策利率传导机制的这种差异呢？实际上，前文理论分析指出，在我国金融制度安排施加融资歧视的环境下，与体制内企业享有融资优待不同，体制外企业融资成本长期居高不下，此种市场分割以及信息不对称因素是货币政策利率传导表现出体制内外差异的原因所在。

为了展现出体制内外企业的借款利率差异，以四分位数为门槛值将 2007 ~ 2013 年的 Cp、Rrr 和 Shibor 分别划分为四个区间，按照体制内外企业分组给出了不同区间委托贷款利率均值和方差，具体如表 3 - 9 所示。

表 3 - 9　　　　不同区间体制内外企业委托贷款利率的描述性统计

Panel A：不同 Cp 区间体制内外企业委托贷款利率

Cp 分组	股权关联		所有制属性	
	关联企业	非关联企业	国有企业	民营企业
≤25%	5.598 (2.368)	12.785 (5.516)	5.286 (1.720)	9.500 (5.560)
25% ~ 50%	6.205 (1.938)	14.412 (6.561)	5.702 (1.754)	11.154 (6.137)
50% ~ 75%	6.814 (1.958)	10.881 (3.935)	7.054 (2.419)	9.229 (3.745)
≥75%	7.678 (3.211)	13.362 (3.984)	6.961 (1.963)	10.205 (4.672)

Panel B：不同 Rrr 区间体制内外企业委托贷款利率

Rrr 分组	股权关联		所有制属性	
	关联企业	非关联企业	国有企业	民营企业
≤25%	5.554 (2.097)	12.464 (5.326)	5.337 (1.801)	9.234 (5.256)
25%~50%	7.297 (3.985)	14.076 (5.938)	6.255 (2.549)	11.342 (6.085)
50%~75%	6.682 (1.990)	11.160 (3.978)	6.996 (2.581)	9.531 (3.902)
≥75%	7.221 (2.101)	12.047 (4.830)	6.905 (1.566)	9.377 (4.139)

Panel C：不同 Shibor 区间体制内外企业委托贷款利率

Shibor 分组	股权关联		所有制属性	
	关联企业	非关联企业	国有企业	民营企业
≤25%	5.498 (2.050)	12.915 (5.114)	5.172 (1.430)	9.260 (5.253)
25%~50%	5.969 (2.237)	12.400 (6.576)	5.714 (2.288)	10.156 (5.850)
50%~75%	6.696 (1.822)	11.308 (3.979)	6.962 (2.226)	9.671 (4.084)
≥75%	7.489 (2.957)	12.398 (4.762)	7.113 (2.392)	9.869 (4.630)

注：括号里的是标准差。

表3-9显示，其一，从借贷双方是否存在股权关联关系维度看，非股权关联型委托贷款利率一直处于12%左右的高利率水平，与之形成鲜明对比的是，股权关联企业的借款利率随着 CP、Rrr 或 Shibor 提高呈现出显著的上升趋势；其二，从借款企业的所有制属性维度看，与民营企业借款利率一直保持在10%左右的高水平不同，国有企业借款利率随 Cp、Rrr 或 Shibor 提高而不断上升。这样一来，货币政策利率传导机制会表现出显著

差异。当央行降低法定准备金率时，货币政策较宽松，货币市场利率较低，享有融资优待的体制内企业负债融资成本下降，与之不同的是，体制外企业由于受到融资歧视，其融资成本仍然处于高位，宽松货币政策并不能降低其借贷价格。这进一步验证了前文理论分析提出的研究假设 1 和假设 2。

3.6 本章小结

在金融市场化改革不断推进和货币政策框架动态演化进程中，我国货币政策传导机制错综复杂。本章以委托贷款为研究素材，从"货币政策变化→货币市场利率调整→信贷市场和金融市场利率变化"这一重要环节切入考察货币政策利率传导机制。本章构建了一个边际成本定价模型，从理论层面剖析货币政策利率传导机制，其中强调了信息不对称、融资歧视等金融市场不完美因素的作用；在此基础上，运用 2007～2013 年上市公司委托贷款公告这一独特数据进行了实证检验。研究结果发现，我国货币政策对企业借款价格施加了显著影响，存在以 Shibor 为中介变量的显著中介效应，这表明我国货币政策以利率为中介目标的调控体系已经初步形成，体现了近年来利率市场化推进的积极成效。进一步研究发现，我国新兴转轨经济背景下货币政策利率传导机制表现出特殊性，货币政策对体制内外企业借款利率施加了差异性影响。对于国有企业等体制内企业而言，货币政策利率传导机制十分有效，而民营企业等体制外企业委托贷款利率居高不下，对货币政策变化不敏感。

本章研究基于宏观加总数据，是对考察货币政策利率传导机制文献的有益补充。不仅考察了我国货币市场利率是否衔接了货币政策和信贷市场利率这一重要问题，而且尝试将非新古典数量机制强调的金融市场不完美因素引入新古典价格机制，分别从理论和实证层面探讨了融资歧视、信息不对称等金融市场不完美因素对货币政策利率传导的影响。本章研究不仅在边际上拓展了对我国货币政策利率传导机制的研究文献，增进了对中国新兴转轨背景下货币政策如何影响委托贷款这一影子银行机制的认识和理解，而且对思考次贷危机以来发达国家的货币政策利率传导问题具有一定启发意义。

本章研究结果的政策含义十分明显。其一，基于微观借贷数据的实证结果发现，货币政策变化通过影响货币市场基准利率 Shibor 而对企业借款价格施加了作用，这表明我国货币政策传导的重要环节"货币政策变化→货币市场利率调整→信贷市场和金融市场利率变化"已经在发挥作用，这为货币政策进一步向价格型调控提供了经验支撑。其二，以委托贷款这一影子银行机制为研究对象的理论分析和经验证据表明，货币政策对国有企业等体制内企业的借款利率施加了显著影响，而体制外企业对货币政策变化的反应不敏感。这意味着，要想切实降低广大民营企业的融资难、融资贵问题，可以考虑从两个方面着手：从短期看，全面降准等货币供给总量调整措施并不会降低体制外企业的借款利率，差异性货币政策对降低体制外企业融资成本十分必要，中期借贷便利等针对"三农"和中小企业的定向调控工具可能更有效；从长期看，进一步推动金融体制改革，建立面向民营中小企业的金融机构。

第 **4** 章

货币政策对企业借贷规模的影响：
广延边际、集约边际与
体制内外差异

4.1 引言

　　近年来，中国影子银行业务呈现爆发式增长态势，规模屡创新高。根据穆迪统计，我国影子银行规模从 2013 年末的 37.7 万亿元增长到 2015 年末的 53 万亿元，年均增长率高达 20%，占当年 GDP 的比重由 66% 上升至 80%。[①] 在此背景下，我国货币政策信贷传导机制是否有效及其作用机理问题成为学术界、实业界和政府关注的焦点。特别地，近年来中国人民银行对信贷规模快速增长及其引发的相关问题十分关切，货币政策调整能否有效调控信贷规模的问题也亟待解答。

　　实际上，影子银行相关问题在美国次贷危机后逐渐成为学术界关注的热点。戈顿和迈特里克（Gorton and Metrick，2010）、波扎尔等（Pozsar et al.，2010）的研究发现，国外影子银行主要由投行和经纪商组成，他们通过证券化方式将银行信贷资产转移到表外并转嫁风险。国内学者比较中外影子银行指出，与西方国家不同，由于我国金融衍生品市场还不发达，我国影子银行业务主要包括直接复制商业银行信贷业务的非银行金融活动和

---

　　① 相关数据来自穆迪中国发布的《2016 年第一季度中国影子银行季度监测报告》。

银信合作理财产品等形式，这对商业银行具有一定替代效应，因而从经济直觉上强调影子银行可能会在一定程度上削弱货币政策执行效力（李波和武戈，2011；周莉萍，2012）。在此基础上，裘翔和周强龙（2014）、胡志鹏（2016）等从我国影子银行信用创造特点切入，构造理论模型研究发现，引入"影子银行部门"不仅加剧了货币政策传导的复杂程度，还增加了货币当局调控经济的难度。

这些研究增进了我们对中国影子银行如何影响货币政策传导机制的理解。然而，需要指出的是，现有研究要么从我国影子银行运作的特点切入，定性分析其对货币政策执行效果的影响，要么在宏观理论模型中加入影子银行部门，考察货币政策冲击的影响，但从影子银行视角切入考察货币政策信贷传导机制的规范实证研究十分稀少。

作为规避金融管制的融资机制，影子银行往往具有一定的隐蔽性，这使得在识别和获取其相关数据方面存在很大难度。庆幸的是，近十年来，我国出现了委托贷款这一规避金融管制的创新性融资机制，由于能满足借贷双方和金融中介等经济主体各自的利益诉求，委托贷款在我国迅速发展。在委托贷款的具体实践中，由于必须通过商业银行等金融机构才能发放委托贷款，中国人民银行掌握相关数据并从 2002 年开始公布涵括委托贷款在内的社会融资规模。数据显示，委托贷款规模已由 2002 年的 175 亿元增长到 2015 年末的 15.91 万亿元，在社会融资规模中占比高达 10.40%。可见，作为一种典型的影子银行机制，委托贷款已成为被广泛使用的资本配置方式。同时，在证监会信息披露的要求下，上市公司会发布公告披露其涉及的委托贷款业务。本章手工搜集整理了 2004～2015 年我国深沪市 A股上市公司发布的委托贷款公告，获得涵括规模、借贷双方等细致的微观数据，并且，通过上市公司年报、网络等多种渠道进一步完善了借贷双方股权关联关系、所有制属性等企业特征信息。这基本解决了数据可得性问题，为本章提供了很好的研究素材。

基于此，本章运用委托贷款这一独特数据，从影子银行视角切入实证考察了我国货币政策信贷传导有效性问题。具体而言，本章将回答以下几个问题：第一，从整体上看，货币政策变动是否对委托贷款规模产生影响？第二，从企业层面来看，货币政策变动如何影响上市公司参与委托贷款的行为决策？第三，货币政策对企业间委托贷款规模的影响是否因为企业特征而表现出差异？

本章实证检验结果表明，货币政策显著作用于委托贷款规模。一方面，从央行发布的宏观数据来看，在货币政策紧缩时期，伴随着银行信贷下滑，社会融资中委托贷款的规模显著增加；另一方面，从企业层面的数据来看，与货币政策宽松时期相比，在货币政策紧缩期，不仅上市公司发放委托贷款的概率显著增加了约 10.5%，而且企业发放委托贷款的规模也显著扩大了约 42%。这为宏观层面委托贷款呈现的逆货币政策周期特征提供了微观证据。

进一步的研究发现，货币政策对委托贷款规模的影响因借款企业是否处于体制内而表现出显著差异。虽然货币政策紧缩显著提高了上市公司发放委托贷款的规模，但是，一方面，与国有借款企业相比，在货币政策紧缩时期，上市公司不仅向民营企业发放委托贷款的概率更高，而且放贷规模也更大；另一方面，与股权关联借款企业相比，货币政策紧缩对上市公司向非股权关联企业发放委托贷款的概率及放贷规模的推高作用机制更大。

本章的贡献主要有两个：

第一，虽然影子银行的迅速发展引起广泛关注，但是受到数据可得性限制，从影子银行视角出发考察我国货币政策传导的经验研究还很缺乏。本章以委托贷款这一独特影子银行数据为研究对象的经验分析表明，当货币政策趋紧时，伴随着银行信贷下滑，上市公司发放委托贷款的概率和规模均显著增加，这导致社会融资中委托贷款的规模呈现上升趋势。这些实证结果意味着，我国货币政策虽然能有效调控银行信贷规模，但以委托贷款为代表的影子银行机制在一定程度上削弱了货币政策的信贷传导有效性。这表明，央行期望通过实施紧缩的货币政策调控信贷规模以抑制投资过热，但企业可以利用委托贷款这类影子银行机制融通资金来弥补银行信贷短缺，这会削弱货币政策的执行效果。因而，为了提高货币政策作用力度，货币当局可以考虑将包含影子银行体系在内的社会融资规模纳入货币政策中间目标。

第二，本章实证研究还显示，货币政策对委托贷款发放概率及规模的影响表现出显著的体制内外差异，与国有企业等体制内企业相比，在货币政策紧缩时期，民营企业等体制外企业通过委托贷款向上市公司融资的概率和规模都相对更大。这表明紧缩货币政策冲击主要促使民营企业等体制外企业被迫通过影子银行机制融资以缓解融资约束。这意味着，"一刀切"货币政策对企业融资可得性的影响存在显著的体制内外差异，因而，为了在有效调控宏观经济的同时促进民营企业健康发展，有必要针对体制内外企业实施差异性货币政策。

另外，从委托贷款实践来看，本章利用手工搜集整理的上市公司委托贷款公告这一独特数据进行的实证研究表明，在关注委托贷款可能引发系统性金融风险等问题的同时，也要充分发挥其在信息甄别、风险控制等方面的优势，切实有效利用委托贷款这类影子银行机制对正规金融机制的补充作用，以有效缓解民营企业等体制外企业的融资约束。

本章结构如下：第二部分是研究假说；第三部分是研究样本及变量定义；第四部分是实证检验结果及分析；第五部分是货币政策信贷传导机制的扩展性检验；第六部分是本章小结。

4.2　研究假说

2008 年国际金融危机爆发以来，影子银行体系的快速发展及其影响被广泛讨论，这为研究货币政策传导提供了新的视角。维罗纳等（Verona et al.，2011）、米克斯等（Meeks et al.，2012）将影子银行作为独立的金融中介部门纳入宏观经济模型之中，分析其对货币政策传导有效性及宏观经济的影响。他们研究发现，作为一种金融中介活动，影子银行在西方国家表现出顺周期特点，并且，伯南克（1983；1989）、格特勒（1989）等提出的货币政策信贷传导机制同样作用于影子银行体系。

借鉴国外已有研究，国内学者也开始关注近年来蓬勃发展的中国影子银行业务对货币政策传导有效性的影响。然而，与西方国家以证券化和金融衍生品为特点的影子银行不同，由于我国金融衍生品市场发展还不完善，国内影子银行本质上与商业银行功能类似，是能够提供信用转化、期限转化和流动性转化的金融中介（周小川，2011；陆晓明，2014）。因此，我国影子银行对货币政策传导的影响有其特殊性。例如，李波和伍戈（2011）从我国影子银行的运作机理出发，定性分析了其信用创造功能对货币政策传导的影响，指出影子银行体系对货币政策调控目标、货币政策工具效力等产生直接冲击。裘翔和周强龙（2014）利用 DSGE 模型的分析指出，我国影子银行呈现显著的逆周期特征，虽然对传统间接融资体系形成补充，但削弱了货币政策的有效性。

通过已有关于中国影子银行的相关研究可以发现，我国影子银行主要表现出以下两个方面的特点：其一，在我国金融市场发展还不健全、融资歧视普遍存在的背景下，部分大型企业（国有企业）享有融资优待、拥有富余资本的同时，广大中小企业（民营企业）的正常融资需求往往得不到满足（林毅夫和李永军，2001；郑曙光，2012）。这是委托贷款这类影子银行机制产生的根本原因。除了不能吸纳存款，影子银行在我国充当了金融中介的作用，其主要目的是在规避金融管制的前提下，提供资本重新配置的渠道。其二，虽然我国影子银行产品结构单一，但是近年来中国影子银行业务迅猛发展。以委托贷款这一典型的影子银行机制为例，由于能灵活地在经济主体之间调配资金并能有效规避金融管制，委托贷款受到企业、政府部门和商业银行等金融机构的青睐。根据中国人民银行公布的数据来看，近年来委托贷款平均增长率高达 40% 以上，到 2015 年末委托贷款规模已增长至 15.91 万亿元。另外，需要强调的是，作为一种影子银行机制，委托贷款是企业难以通过银行信贷、股票及债券市场等正规金融渠道获得资金的替代性融资选择，因而，委托贷款规模主要由借款企业营运过程中对资金的需求所决定。

这样一来，当货币政策紧缩、银行信贷下滑时，那些无法从商业银行等正规金融机制获得资金的企业会转而选择使用委托贷款这一影子银行机制融通资金，这使得货币政策紧缩显著提高了企业间委托贷款规模。基于以上分析，提出本章的第一个研究假说：

H1：货币政策紧缩显著提高了企业间委托贷款规模。

在考察了货币政策变动对企业间委托贷款规模的影响之后，一个随之而来的问题是：货币政策对不同类型借款企业委托贷款规模的影响是否存在差异？结合我国的经济制度背景，本节分别从借款企业所有制属性和借贷双方是否存在股权关联关系两个维度切入，细致分析货币政策对体制内外企业委托贷款规模施加的差异性作用。

其一，国有企业不仅在资产规模、担保能力、信息披露等资源禀赋方面优于民营企业（余明桂和潘洪波，2008；Haselmann et al.，2010；白俊和连立帅，2012），而且拥有政府的隐性担保优势（Park and Shen，2003；袁淳等，2010；谭劲松等，2012），这使得银行信贷、股票、债券市场等正规金融机制对国有企业青睐有加。这样一来，当货币政策趋紧时，虽然国有企业和民营企业都受到外部资金供给紧缺的冲击，但是，与民营企业相比，享有融资优待的国有企业受到的负面影响更小。这促使更多的民营企业进入委托贷款市场寻求资金支持，因而，货币政策紧缩对民营借款企业委托贷款规模的推高作用机制更大。

其二，在中国转轨经济的具体实践中，企业集团是一种广泛存在的组织形式（辛清泉等，2007，钱雪松等，2013）。附属于企业集团不仅有助于增强负债能力，有效缓解融资约束等问题（Hoshi et al.，1991；Khanna and Palepu，1997；Ahn et al.，2006；黄俊和张天舒，2010），还能减少外部冲击的负面影响（刘星等，2013；蔡卫星等，2015）。在此背景下，对与上市公司存在股权关联关系的企业而言，在货币政策紧缩时期，一方面，上市公司可以通过贷款担保等方式将其拥有的融资优待传递给股权关联企业以缓解其外部融资约束（Jia et al.，2013）；另一方面，它们还可以通过内部资本市场运作（如关联交易、商业信用等）抵御货币政策变动对企业的流动性冲击。与之不同的是，对与上市公司不存在股权关联关系的企业而言，当货币政策紧缩时，不仅融资成本上升，而且获得资金的渠道也受到限制，这促使它们更多地使用委托贷款这一影子银行机制。因而，相较于股权关联企业，在货币政策紧缩时期，上市公司向非股权关联企业发放委托贷款的规模扩大更多。

基于以上分析，提出本章的第二个研究假说：

H2a：与国有借款企业相比，货币政策紧缩对民营借款企业委托贷款规模的推高作用机制更大；

H2b：与股权关联企业间委托贷款相比，货币政策紧缩对非股权关联企业间委托贷款规模的推高作用机制更大。

4.3 实证研究设计

4.3.1 研究样本和数据来源

本章使用的数据主要来自以下三个方面。

第一部分是来自中国人民银行公布的 2007～2015 年社会融资规模中的委托贷款规模月度数据和金融机构人民币贷款余额月度数据。这使得本章可以从宏观总量视角考察货币政策变动对委托贷款的影响及其周期特征。

第二部分的数据源自 2004～2015 年我国深沪交易所 A 股上市公司披露的委托贷款公告数据。其中不仅明确了借贷经济主体及其股权关联关系、所有制属性等企业特征，还披露了委托贷款金额、利率、期限等丰富的借贷条款信息。这为本章从影子银行视角出发考察货币政策信贷传导提供可能。

第三部分的数据为上市公司财务数据，来自 Wind 数据库。为了从广延边际和集约边际两个维度考察货币政策变动对企业是否发放委托贷款及放贷规模的影响，将第二部分数据中委托贷款提供方为上市公司的样本与上市公司财务数据进行匹配得到非平衡面板数据，在剔除所有金融类企业和信息披露不全的样本后，得到 2816 家上市公司共 27083 个企业/年度观测值。

另外，法定准备金率、M2 年增长率等来自中国人民银行网站（http：//www. pbc. gov. cn）；GDP 年增长率、消费者物价指数（CPI）等来自国家统计局网站（http：//www. ststs. gov. cn）。

4.3.2 变量定义

本章实证模型的主要被解释变量为是否发放委托贷款虚拟变量和委托

贷款规模变量。用 Entrusted Loan$_{it}$ 表示是否发放委托贷款，如果企业 i 在 t 年发放过委托贷款，则取值为 1，否则为 0。用 Amount$_{it}$ 表示企业 i 在 t 年发放的委托贷款规模总额，并进行了取对数处理以控制极端值的影响。

货币政策变量是本章关注的解释变量，主要采用两种方法测度。其一，借鉴陆正飞和杨德明（2011）的方法，采用 MP =（M2 增长率 – GDP 增长率 – 通货膨胀率)[①] 估算货币政策松紧程度。该指标越大说明货币政策越宽松，反之，则表示货币政策趋紧。进一步地，根据 MP 中位数将 2004 年、2006 年、2007 年、2008 年、2011 年和 2014 年定义为货币政策紧缩年，设置虚拟变量 MPD：当该年度为货币政策紧缩年时取值为 1，否则为 0。

其二，法定准备金率是近十年来我国货币当局十分倚重的货币政策工具。具体来说，2002 年以来，中国人民银行频繁调整法定准备金率，除 2005 年、2009 年、2013 年和 2014 年法定准备金率未发生变动外，2006 ~ 2015 年各年调整次数分别为 3 次、10 次、9 次、6 次、7 次、2 次和 4 次，法定准备金率在 6% ~ 21.5% 之间波动。基于此，本章根据所在年度法定准备金率变动的次数计算其均值（Rrr）作为货币政策代理变量。

其他控制变量方面，借鉴饶品贵和姜国华（2013a；2013b）等的研究方法，在回归模型中还控制了以下企业特征变量和宏观经济变量：企业年龄加 1 取对数（Age$_{i,t}$）、滞后一期的对数化总资产（Size$_{i,t-1}$）、滞后一期的经营活动净现金流（CFO$_{i,t-1}$）、滞后一期的营业利润销售收入比率（Ptofit$_{i,t-1}$）、滞后一期的资产负债率（DAR$_{i,t-1}$）和 GDP 增长率。为保证回归结果不受奇异值的影响，所有上市公司财务指标均进行了 1% 的缩尾处理（winsorzie）。另外，在回归模型中还控制了年度（Year）和行业（Industry）[②] 效应。

4.3.3 描述性统计

表 4 - 1 汇报了主要变量的描述性统计。

---

① 通货膨胀率由消费者物价指数（CPI）同比数据计算得到。

② 根据证监会 2012 年公布的《上市公司行业分类指引》，本章将行业划分为公共事业、房地产、综合、工业、金融业及商业六类。

表 4 – 1   主要变量的描述性统计特征

变量名	均值	标准差	最小值	最大值
Entrusted Loan	0.0197	0.1390	0	1
Amount（百万）	6.6789	117.255	0	10000
MPD	0.4517	0.4977	0	1
Y_Rrr（%）	15.6908	4.1715	7.3750	19.8333
Age	2.6052	0.4136	0	4.1897
Size	2.8471	1.3848	– 0.2165	4.8676
CFO（亿元）	2.7353	9.1592	– 12.5981	68.8251
Profit（%）	7.7840	21.6972	– 128.2769	57.1413
DAR（%）	47.9350	22.4654	5.0828	129.8286
GDP_Growth（%）	9.4038	2.0415	6.9	14.2

结果显示：其一，从货币政策实践看，有 45.17% 的观测值在货币政策紧缩年度；同时，法定准备金率在 7.35% 和 19.83% 期间波动，标准差为 4.17%。这表明，在本章考察的 2004～2015 年间，货币政策变动较大，这为实证考察货币政策信贷传导提供可能。

其二，从委托贷款实践看，有 1.97% 的观测值发放了委托贷款，其发放委托贷款规模的均值为 667.9 万元，标准差为 117.255，最大值为 100 亿元，波动区间较大。另外，上市公司在年龄、规模、经营现金流和利润等方面表现出较大差异。这为分别从广延边际和集约边际视角考察货币政策变动对企业是否发放委托贷款及放贷规模的影响提供了很好的研究素材。

4.4 实证检验结果及分析

本章实证检验的顺序是：首先，运用中国人民银行公布的社会融资规模和金融机构人民币贷款余额等宏观数据，初步考察货币政策变动对委托贷款规模和银行信贷的影响；其次，利用上市公司委托贷款公告数据分别从广延边际和集约边际两个维度出发，实证检验货币政策变动对企业是否发放委托贷款及其放贷规模的影响；最后进行稳健性检验。

4.4.1 货币政策、委托贷款及银行信贷互动关系的宏观数据分析

为了从宏观视角考察货币政策变动对委托贷款规模的影响，及其与银行信贷之间的互动关系，本节首先计算得到 2007～2015 年法定存款准备金率（M_Rrr）和 6 个月上海银行间同业拆放利率（M_Shibor）的月度均值；然后，以 M_Rrr 和 M_Shibor 的中位数为门槛值，将样本期划分为货币政策宽松期和紧缩期①；在此基础上，运用中国人民银行公布的宏观数据，将对数化处理后的委托贷款规模和去趋势处理后的金融机构人民币贷款余额共同绘制在图 4-1 中，其中阴影部分为货币政策紧缩时期。可以观察到，在货币政策紧缩时期，银行信贷表现出明显的下降趋势，而与之不同的是，委托贷款规模呈现出上升趋势。这初步表明，紧缩的货币政策对委托贷款和银行信贷施加了相反的影响。

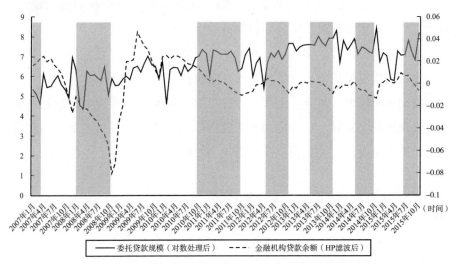

图 4-1　2007～2015 年委托贷款规模与金融机构人民币贷款余额变化趋势

---

① 大致来看，按照 Rrr 和 Shibor 进行划分的货币政策紧缩时期为：2007 年第一季度、2008 年、2011 年第三～第四季度、2012 年、2013 年、2014 年、2015 年第一季度；货币政策宽松时期为：2007 年第一～第三季度、2009 年、2010 年、2011 年第一季度、2015 年下半年。

进一步地，在表 4 - 2 中给出了不同货币政策时期委托贷款和银行信贷的单变量对比分析。结果显示，其一，对银行信贷来说，在货币政策紧缩时期，银行信贷增长率显著下降。具体地，当央行提高法定准备金率，货币政策趋紧时，银行信贷增长率从宽松时期的 19.8% 下降到紧缩时期的 14.8%，下降幅度达 25.3%，差异性 t 检验在 1% 的水平上显著。以 Shibor 划分货币政策松紧程度的结果与之类似。这说明，紧缩的货币政策会显著降低银行信贷供给，这与赵振全等（2007）、李连发和辛晓岱（2012）、李成和高智贤（2014）等的研究结论一致。

表 4 - 2　银行信贷和委托贷款在不同货币政策时期的单变量对比分析

	委托贷款规模（亿元）		金融机构人民币贷款余额增长率（%）		委托贷款规模÷金融机构人民币贷款余额	
	均值	方差	均值	方差	均值	方差
Panel A：以 M_Rrr 进行划分						
货币政策宽松期	594.087	590.885	19.799	6.065	0.139	0.088
货币政策紧缩期	1543.161	810.669	14.766	0.912	0.230	0.107
Diff	- 949.074 *** (0.0000)		5.033 *** (0.0000)		- 0.091 *** (0.0000)	
Panel B：以 M_Shibor 进行划分						
货币政策宽松期	865.344	703.503	19.866	6.006	0.162	0.089
货币政策紧缩期	1271.905	941.316	14.700	0.925	0.208	0.120
Diff	- 406.561 ** (0.0125)		5.166 *** (0.0000)		- 0.046 *** (0.0000)	

注：括号里为 P 值；*、**、*** 分别表示在 10%、5% 和 1% 的水平上显著。

其二，对委托贷款规模来说，不管是以法定准备金率还是以 Shibor 划分货币政策松紧时期，与货币政策宽松时期相比，委托贷款规模在货币政策紧缩时期相对更大，t 检验结果均在至少 5% 的水平上显著。这说明，当货币政策趋紧时，对委托贷款这一影子银行机制的运用大幅提高。

这些结果初步表明，紧缩的货币政策对银行信贷和委托贷款施加了相反的影响。相较于货币政策宽松时期，在货币政策紧缩时期，银行信贷下滑，企业的正常融资需求得不到满足，因而委托贷款这一影子银行机制作为替代性融资工具被广泛使用，使得委托贷款规模显著增加。另外，考察不同货币政策时期委托贷款规模与银行信贷余额的比值可以发现，与货币政策宽松时期相比，在货币政策紧缩时期，该比值显著提高。这进一步说明，当货币政策趋紧时，银行信贷供给下降的同时，委托贷款规模显著增长。

综合来看，图4-1和表4-2利用央行宏观数据的分析表明，紧缩的货币政策显著扩大了社会融资中的委托贷款规模，与银行信贷呈现出顺货币政策周期不同的是，委托贷款规模表现出逆货币政策周期特征。

4.4.2 货币政策对委托贷款规模的影响：基于微观数据的实证分析

利用宏观总量数据的分析表明，货币政策紧缩在降低银行信贷供给的同时，显著扩大了社会融资中委托贷款的规模。而在企业微观层面，货币政策变动将如何影响企业参与委托贷款的行为决策？另外，哪些企业会积极参与委托贷款业务发挥重新配置资本的作用以削弱货币政策紧缩的影响？为了回答上述问题，接下来，利用手工搜集整理的上市公司委托贷款非平衡面板数据，分别从广延边际和集约边际视角出发考察货币政策变动对企业间委托贷款规模的影响。

（1）广延边际视角的实证检验。

为实证分析货币政策变动对企业是否发放委托贷款的影响，本章构造面板 Logit 模型。[①] 其中，$\Lambda(\cdot)$ 为逻辑分布的累积分布函数，X_{it} 为解释变量向量，β 为系数向量，μ_i 为个体效应。

$$\Pr(\text{Entrusted Loan} = 1 \mid X_{it}, \beta, \mu_i) = \Lambda(\mu_i + X'_{i,t}\beta) = \frac{e^{\mu_i + X'_{i,t}\beta}}{1 + e^{\mu_i + X'_{i,t}\beta}}$$

$$(4.1)$$

表4-3和表4-4分别汇报了以 MPD 和 Rrr 作为货币政策代理变量的混合 Logit、固定效应 Logit 以及随机效应 Logit 回归结果。在估计方法选择

[①] 对于被解释变量为虚拟变量的非平衡面板数据，可以使用面板 Logit 模型或面板 Probit 模型，但是，面板 Probit 模型无法估计固定效应模型，因而本章选择面板 Logit 模型。

上，一方面，似然比检验结果表明，在混合 Logit 与随机效应 Logit 之间应选择使用随机效应 Logit；另一方面，利用 Hausman 检验在随机效应 Logit 与固定效应 Logit 之间进行选择，结果显示应选择固定效应 Logit。需要指出的是，面板 Logit 固定效应模型存在一个缺陷：如果某企业的被解释变量取值全部为 1 或 0，则该企业不能被包括在样本中。因而，在使用固定效应模型时会损失相当部分的样本量。

表 4-3　货币政策对上市公司是否发放委托贷款的影响——面板 Logit 回归 1[①]

	（1）	（2）	（3）	（4）
C	-0.934 (0.561)		-4.185 * (0.058)	边际效应 基于（2）
MPD	0.561 *** (0.001)	0.674 *** (0.001)	0.704 *** (0.000)	10.49%
$Age_{i,t}$	0.367 *** (0.010)	1.561 (0.200)	0.754 ** (0.013)	24.29%
$Size_{i,t-1}$	0.499 *** (0.000)	0.650 *** (0.000)	0.767 *** (0.000)	10.11%
$CFO_{i,t-1}$	-0.008 *** (0.000)	0.001 (0.901)	-0.007 * (0.052)	0.012%
$Profit_{i,t-1}$	0.00003 (0.764)	0.0012 (0.194)	0.00007 (0.567)	0.019%
$DAR_{i,t-1}$	-0.013 *** (0.000)	-0.032 *** (0.000)	-0.024 *** (0.000)	-0.50%
GDP_Growth_t	-0.827 *** (0.000)	-0.779 ** (0.045)	-0.923 *** (0.000)	-12.12%
Industry	Yes	Yes	Yes	
Year	Yes	Yes	Yes	
Firm	No	Yes	Yes	

①　对于固定效应 Tobit 模型，由于找不到个体异质性 μ_i 的充分统计量，故无法进行条件最大似然估计，因而在此不考虑固定效应 Tobit 模型。下表同。

续表

	（1）	（2）	（3）	（4）
Obs.	27083	3162	27083	
Firm NO.		287	2816	
Pusedo R^2	0.097	0.251		
Chi^2		493.24	304.98	
似然比检验			718.02 ***	
Hausman 检验			43.04 ***	
模型形式	混合回归	固定效应	随机效应	

注：括号里为 P 值；*、**、*** 分别表示在 10%、5% 和 1% 的水平上显著。

表 4-4　货币政策对上市公司是否发放委托贷款的影响——面板 Logit 回归 2

	（1）	（2）	（3）	（4）
C	-9.121 *** (0.000)		-14.462 *** (0.000)	边际效应 基于（2）
MPD				
Rrr	0.177 *** (0.001)	0.213 *** (0.001)	0.223 *** (0.000)	0.02%
$Age_{i,t}$	0.367 *** (0.010)	1.561 (0.200)	0.754 ** (0.013)	0.15%
$Size_{i,t-1}$	0.499 *** (0.000)	0.650 *** (0.000)	0.767 *** (0.000)	0.06%
$CFO_{i,t-1}$	-0.008 *** (0.000)	0.001 (0.901)	-0.007 * (0.052)	7.55e-5%
$Profit_{i,t-1}$	0.00003 (0.764)	0.0012 (0.194)	0.00007 (0.567)	1.16e-4%
$DAR_{i,t-1}$	-0.013 *** (0.000)	-0.032 *** (0.000)	-0.024 *** (0.000)	-0.003%
GDP_Growth_t	-0.091 (0.656)	0.107 (0.752)	0.002 (0.995)	0.01%
Industry	Yes	Yes	Yes	

续表

	（1）	（2）	（3）	（4）
Year	Yes	Yes	Yes	
Firm	No	Yes	Yes	
Obs.	27083	3162	27083	
Firm NO.		287	2816	
Pusedo R^2	0.097	0.251		
Chi^2		493.24	304.98	
似然比检验		718.02 ***		
Hausman 检验		43.04 ***		
模型形式	混合回归	固定效应	随机效应	

注：括号里为 P 值； ＊ 、＊＊ 、＊＊＊ 分别表示在 10％ 、5％ 和 1％ 的水平上显著。

表4-3 中的回归结果显示，不论使用何种估计方法，在控制上市公司企业特征、相关财务指标、宏观经济、行业、年度和个体效应等影响因素后，MPD 系数在 1％ 的水平上显著为正。这表明，货币政策紧缩显著提高了上市公司发放委托贷款的概率。表 4-3 第（4）列基于固定效应 Logit 模型［表 4-3 第（2）列］的边际效应结果表明，与货币政策宽松时期相比，在货币政策紧缩期，上市公司发放委托贷款的概率增加了 10.49％ 。

类似地，表 4-4 中的回归结果显示，不论使用何种估计方法，在控制相关变量影响的前提下，Rrr 的系数在 1％ 的水平上显著为正。这表明，法定准备金率上升会促使更多上市公司发放委托贷款。表 4-4 第（4）列基于固定效应 Logit 模型［表 4-4 第（2）列］的边际效应结果表明，法定准备金率每上升 1％ ，上市公司发放委托贷款的概率增加 0.02％ 。

以上实证检验结果表明，货币政策紧缩会显著提高上市公司发放委托贷款的概率。实际上，当货币政策趋紧，银行可贷资金下降时，部分企业（特别是中小企业）的融资需求得不到满足，促使它们积极寻求替代性融资渠道，进而导致更多上市公司参与委托贷款业务。一方面，银行信贷供给下降使得部分企业有动机通过委托贷款这一影子银行机制向其股权关联上市公司寻求资金支持以弥补融资缺口，出于共同利益的考虑，上市公司一般很难拒绝股权关联企业的借款诉求（钱雪松等，2015），这使得在货币政策紧缩时期发放委托贷款的上市公司增加；另一方面，货币政策紧缩进一步限制了外部融资成本较高企业的资金可得性，为了维持企业的正常经营，它们不惜高息借入委托贷款，这为那些拥有富余资金的上市公司提供获利机会（Yu et al.，2015），高额投资收益使得更多上市公司在货币政策紧缩时期发放委托贷款。

（2）集约边际视角的实证检验。

为了实证分析货币政策变动对上市公司发放委托贷款规模的影响，本章构造如下面板 Tobit 模型。[①] 其中，$Monetary_t$ 为货币政策代理变量，Control 为企业特征变量和宏观经济变量等控制变量，ε_{it} 为随机扰动项，μ_i 为个体效应。表 4-5 同时汇报了混合 Tobit 和随机效应 Tobit 回归结果。似然比检验结果表明，强烈拒绝个体效应为零的原假设，即存在个体效应，因而，使用随机效应面板 Tobit 模型更合理。

表 4-5   货币政策对上市公司发放委托贷款规模的影响——面板 **Tobit** 回归

	Panel A			Panel B		
	(1)	(2)	(3)	(4)	(5)	(6)
C	-2.531 ** (0.043)	-3.692 *** (0.009)	边际效应基于（2）	-9.909 *** (0.000)	-9.862 *** (0.000)	边际效应基于（5）
MPD	0.505 *** (0.002)	0.422 *** (0.003)	42.18%			
Rrr				0.160 *** (0.002)	0.134 *** (0.003)	13.36%
$Age_{i,t}$	0.357 *** (0.009)	0.511 ** (0.015)	51.06%	0.357 *** (0.009)	0.511 ** (0.015)	51.12%
$Size_{i,t-1}$	0.495 *** (0.000)	0.537 *** (0.000)	53.70%	0.495 *** (0.000)	0.538 *** (0.000)	53.77%

---

① 对于固定效应 Tobit 模型，由于找不到个体异质性 μ_i 的充分统计量，故无法进行条件最大似然估计，因而在此不考虑固定效应 Tobit 模型。

续表

	Panel A			Panel B		
	（1）	（2）	（3）	（4）	（5）	（6）
$CFO_{i,t-1}$	-0.008*** (0.001)	-0.005* (0.054)	-0.49%	-0.008*** (0.001)	-0.005* (0.054)	-0.49%
$Profit_{i,t-1}$	0.00003 (0.767)	0.00005 (0.509)	0.005%	0.00003 (0.767)	0.00005 (0.509)	0.005%
$DAR_{i,t-1}$	-0.013*** (0.000)	-0.017*** (0.000)	-1.68%	-0.013*** (0.000)	-0.017*** (0.000)	-1.68%
GDP_Growth_t	-0.674*** (0.000)	-0.567*** (0.000)	56.69%	-0.010 (0.956)	-0.013 (0.939)	-1.28%
Industry	Yes	Yes		Yes	Yes	
Year	Yes	Yes		Yes	Yes	
Firm	Yes	Yes		Yes	Yes	
Obs.	27083	27083		27083	27083	
Firm NO.		2816			2816	
Pseudo R^2	0.083			0.083		
个体效应标准差		1.838***			1.841***	
随机干扰项标准差		1.479***			1.480***	
Rho		0.6070			0.6074	
似然比		709.99***			709.95***	
模型形式	混合回归	随机效应		混合回归	随机效应	

注：括号里为 P 值；*、**、*** 分别表示在 10%、5% 和 1% 的水平上显著。

$$Amount_{it} = \begin{cases} C + \alpha_1 Monetary_t + \alpha_2 Control + \mu_i + \varepsilon_{it}, & 若\ Amount_{it} > 0 \\ 0, & 若\ Amount_{it} = 0 \end{cases}$$

(4.2)

表 4-5 Panel A 回归结果显示，在控制企业特征变量、宏观经济、行业、年度和个体效应等影响因素的基础上，货币政策代理变量 MPD 与委托贷款规模在 1% 的水平上显著正相关。这表明，货币政策紧缩会显著提高上市公司发放委托贷款的规模。表 4-5 第（3）列基于随机效应 Tobit 模

型的边际效应结果表明，与货币政策宽松时期相比，在货币政策紧缩期，上市公司发放的委托贷款规模会提高42.18%。类似地，表4-5 Panel B回归结果显示，Rrr与委托贷款规模在1%的水平上显著正相关，法定准备金率每上升1%，上市公司发放委托贷款的规模会增加13.36%。

上述实证检验结果表明，货币政策对上市公司发放委托贷款的规模施加了显著影响。具体而言，与货币政策宽松时期相比，在货币政策紧缩时期，不仅银行信贷下滑导致企业面临的融资缺口增加，而且可供企业选择的融资渠道也受到一定程度的限制，这使得企业需要通过委托贷款这一替代性融资渠道融通更多资金以弥补资金缺口。因而，货币政策紧缩显著提高了上市公司发放委托贷款的规模。

综合来看，表4-3、表4-4和表4-5的回归结果总体上支持了本章的研究假说H1。在货币政策紧缩时期，部分企业（特别是中小企业）的融资需求得不到满足，促使它们积极寻求委托贷款这一影子银行机制弥补资金缺口。因而，在企业微观层面可以观察到，从广延边际来看，货币政策紧缩显著提高了上市公司发放委托贷款的概率；从集约边际来看，货币政策紧缩还使得上市公司发放委托贷款的规模显著扩大。货币政策变动对委托贷款规模在企业层面的这一作用机制为其在宏观层面呈现的逆货币政策周期提供微观证据。这些经验证据表明，一方面，从企业微观层面来看，我国存在货币政策信贷传导机制；另一方面，委托贷款这一影子银行机制的应用在一定程度上削弱了货币政策紧缩对经济活动的影响。

与此同时，表4-3～表4-5的回归结果还揭示出，那些拥有更多富余资金的上市公司更倾向于发放委托贷款，并且放贷规模也更大。具体地，其一，企业年龄（Age）和规模（Size）系数在1%的水平上显著为正，这符合经济直觉。上市公司年龄越大，规模越大，货币政策紧缩对其影响越小，越有可能拥有富余资金，从而促使其在货币政策紧缩时期更多地发放委托贷款用以缓解关联企业的融资约束或牟取高额投资收益。其二，企业的经营活动现金流（CFO）和资产负债率（DAR）系数在1%的水平上显著为负，这也符合经济直觉。一方面，企业在经营活动方面的投入增加，可用于发放委托贷款的资金就会减少；另一方面，企业资产负债率越高，对外部融资的需求越大，因而可供放贷的自由资金有限，这不仅会降低上市公司发放委托贷款的概率，也缩小了其发放委托贷款的规模。

4.4.3　稳健性检验

首先，为保证回归结果不受货币政策测度变量选择的影响，选取 6 个月 Shibor 为基础生成的货币政策代理变量。具体地，将每日 6 个月 Shibor 数据取年度均值，然后对年度均值进行对数化处理以控制极端值的影响，最终得到货币政策代理变量 Y_Shibor，重新进行上述实证检验（见表 4 - 6），检验结果与前文基本一致。

表 4 - 6　　　　　稳健性检验——改变货币政策测度方法的检验结果

被解释变量	是否发放委托贷款（Logit 回归）			委托贷款金额（Tobit 回归）	
	(1)	(2)	(3)	(4)	(5)
C	-6.794 *** (0.000)		-11.536 *** (0.000)	-8.521 *** (0.000)	-8.880 *** (0.000)
Y_Shibor	1.329 ** (0.014)	2.013 *** (0.003)	1.811 *** (0.005)	1.353 ** (0.021)	1.115 ** (0.026)
$Age_{i,t}$	0.409 *** (0.005)	3.138 ** (0.040)	0.852 *** (0.008)	0.455 *** (0.003)	0.684 *** (0.005)
$Size_{i,t-1}$	0.495 *** (0.000)	0.677 *** (0.000)	0.770 *** (0.000)	0.579 *** (0.000)	0.613 *** (0.000)
$CFO_{i,t-1}$	-0.008 *** (0.000)	0.003 (0.676)	-0.007 * (0.056)	-0.008 *** (0.001)	-0.005 * (0.067)
$Profit_{i,t-1}$	0.000028 (0.762)	0.0014 (0.168)	0.000067 (0.554)	0.000033 (0.735)	0.000060 (0.477)
$DAR_{i,t-1}$	-0.012 *** (0.000)	-0.029 *** (0.000)	-0.022 *** (0.000)	-0.013 *** (0.000)	-0.017 *** (0.000)
GDP_Growth_t	-0.268 *** (0.000)	-0.134 (0.319)	-0.295 *** (0.000)	-0.240 *** (0.000)	-0.231 *** (0.000)

续表

被解释变量	是否发放委托贷款 （Logit 回归）			委托贷款金额 （Tobit 回归）	
	(1)	(2)	(3)	(4)	(5)
Industry	Yes	Yes	Yes	Yes	Yes
Year	Yes	Yes	Yes	Yes	Yes
Firm	No	Yes	Yes	No	Yes
Obs.	22623	2449	22623	22623	22623
Firm NO.		281	2816		2816
Pusedo R^2	0.078	0.188		0.072	
Chi^2		314.23	231.81		
个体效应标准差					2.030 ***
随机干扰项标准差					1.609 ***
Rho					0.6142
似然比检验		716.24 ***			710.55 ***
Hausman 检验		10.66			
模型形式	混合回归	固定效应	随机效应	混合回归	随机效应

注：括号里为 P 值；* 、** 、*** 分别为在 10%、5% 和 1% 的水平上显著。

其次，上市公司发放委托贷款可能具有某种持续性，即如果上市公司某年（不）发放委托贷款，则其下一年也可能（不）发放委托贷款。因此，在回归模型（4.1）和回归模型（4.2）中加入被解释变量的三阶滞后项以控制此惯性作用。在此模型设定下，使用系统 GMM 方法对回归方程进行估计，检验结果与前面基本一致，如表 4 - 7 所示。

表 4 - 7　　稳健性检验 - 使用系统 GMM 估计方法的检验结果

被解释变量	是否发放委托贷款		委托贷款金额	
	(1)	(2)	(3)	(4)
C	0.0092 (0.187)	- 0.013 (0.147)	- 0.00086 (0.877)	- 0.0075 (0.312)

续表

被解释变量	是否发放委托贷款		委托贷款金额	
	（1）	（2）	（3）	（4）
L. 1	0.298 ***	0.314 ***	0.261 ***	0.262 ***
	（0.000）	（0.000）	（0.000）	（0.000）
L. 2	0.074	0.075	0.036	0.039
	（0.118）	（0.124）	（0.518）	（0.491）
L. 3	0.039	0.042 *	0.066	0.067
	（0.124）	（0.099）	（0.279）	（0.267）
MPD	0.0016 *		0.0013 *	
	（0.086）		（0.088）	
Rrr		0.00073 **		0.00022
		（0.014）		（0.320）
$Age_{i,t}$	0.003	0.0038 *	0.0049 ***	0.0045 ***
	（0.144）	（0.066）	（0.002）	（0.004）
$Size_{i,t-1}$	− 0.00374	0.000016	0.00089	0.0011
	（0.678）	（0.984）	（0.512）	（0.396）
$CFO_{i,t-1}$	0.00001	$7.20*10^{-6}$	0.000014	0.000014
	（0.446）	（0.567）	（0.420）	（0.410）
$Profit_{i,t-1}$	$-1.53*10^{-8}$	$-7.64*10^{-9}$	$-8.10*10^{-9}$	$3.79*10^{-9}$
	（0.530）	（0.761）	（0.647）	（0.848）
$DAR_{i,t-1}$	$-1.33*10^{-6}$	$-1.24*10^{-6}$	$-6.96*10^{-7}$	$-1.38*10^{-7}$
	（0.390）	（0.361）	（0.657）	（0.898）
GDP_Growth_t	− 0.0012 ***	− 0.00036	− 0.0011 ***	− 0.00075 *
	（0.000）	（0.224）	（0.001）	（0.091）
Obs.	18537	18537	18537	18537
AR（1）	0.0000	0.0000	0.0000	0.0000
AR（2）	0.4111	0.3596	0.2399	0.2550

注：括号里为 P 值；* 、** 、*** 分别为在 10% 、5% 和 1% 的水平上显著。

4.5　货币政策信贷传导机制的扩展性检验：基于体制内外差异视角

上面研究表明，货币政策变动对企业间委托贷款规模施加了显著影响，从宏观层面来看，委托贷款呈现出逆货币政策周期特征，与之一致的是，从企业微观层面来看，货币政策紧缩显著提高了上市公司发放委托贷款的概率并扩大了其放贷规模。但是，本章还未探讨货币政策信贷传导机制是否在企业微观层面表现出差异性。

实际上，作为新兴转轨经济体，我国金融市场普遍存在融资歧视现象，银行、证券市场等正规金融制度对体制内外企业施加了不平等的系统性融资差异（Allen et al.，2005）：与享有融资优待的体制内企业（比如国有企业、与上市公司关系密切的企业等）相比，受到正规金融制度冷落的体制外企业不仅融资成本更高，而且融资渠道受限，这都可能导致货币政策对体制内外企业委托贷款施加不对称的影响。具体来说，其一，在我国市场经济体制还不完善的制度背景下，所有制歧视长期存在，与民营企业相比，国有企业不仅受到银行信贷等正规金融制度的青睐（La Porta et al.，2002；祝继高和陆正飞，2012），而且在资产规模、债务担保能力等方面均占有优势（方军雄，2007；白俊和连立帅，2012），这会导致货币政策变动对国有企业和民营企业委托贷款规模施加不对称的影响；其二，与非上市企业相比，上市公司一般拥有更多富余现金流，这不仅得益于其拥有更加丰富的融资渠道，而且上市公司更容易通过银行、证券等正规金融渠道获得资金，这种融资优待会给其股权关联企业带来好处（钱雪松等，2015），这也会导致货币政策变动对股权关联型委托贷款和非股权关联型委托贷款施加不对称的影响。这样一来，货币政策变动对企业委托贷款发放及规模的影响会在体制内外维度表现出不对称特征。

基于以上分析，本章分别以是否与发放委托贷款的上市公司存在股权关联关系、所有制属性为依据，将借款企业划分为体制内企业和体制外企业，在此基础上进行分组回归，以考察货币政策变动是否因体制内外因素对企业间委托贷款规模施加不对称的影响。

首先，根据借款企业所有制属性将发放了委托贷款的样本进行分组；其次，在基准回归模型中分别保留借款方为国有企业的样本与全部未发放委托贷款的样本（控制组）、借款方为民营企业的样本与全部未发放委托贷款的样本（控制组）对结果重新进行检验。表 4 - 8 的回归结果中保留了借款方为国有企业的样本与控制组，表 4 - 9 的回归结果中保留了借款方为民营企业的样本与控制组。

表 4 - 8　货币政策对企业发放委托贷款影响的差异性：国有企业贷款 + 控制组

	面板 Logit 模型		面板 Tobit 模型	
	(1)	(2)	(3)	(4)
C	- 5.930 * (0.073)	- 14.65 *** (0.000)	- 26.48 *** (0.010)	- 51.50 *** (0.000)
MPD	0.597 ** (0.027)		1.714 * (0.068)	
Rrr		0.189 ** (0.027)		0.542 * (0.068)
$Age_{i,t}$	0.621 (0.115)	0.621 (0.115)	2.230 (0.109)	2.230 (0.109)
$Size_{i,t-1}$	0.986 *** (0.000)	0.986 *** (0.000)	3.546 *** (0.000)	3.545 *** (0.000)
$CFO_{i,t-1}$	- 0.009 ** (0.032)	- 0.009 ** (0.032)	- 0.029 ** (0.042)	- 0.029 ** (0.042)
$Profit_{i,t-1}$	0.00007 (0.532)	0.00007 (0.532)	0.00034 (0.394)	0.00034 (0.394)
$DAR_{i,t-1}$	- 0.012 ** (0.043)	- 0.012 ** (0.043)	- 0.045 ** (0.028)	- 0.045 ** (0.028)
GDP_Growth_t	- 1.062 *** (0.006)	- 0.278 (0.390)	- 3.237 *** (0.002)	- 0.986 (0.378)
Industry	Yes	Yes	Yes	Yes
Year	Yes	Yes	Yes	Yes

	面板 Logit 模型		面板 Tobit 模型	
	(1)	(2)	(3)	(4)
Firm	Yes	Yes	Yes	Yes
Obs.	26844	26844	26844	26844
Firm NO.	2816	2816	2816	2816
似然比检验			414.09	414.09
Hausman 检验	8.78	8.78		
模型形式	随机效应	随机效应	随机效应	随机效应

注：括号里为 P 值；*、**、*** 分别为在 10%、5% 和 1% 的水平上显著。

表 4 – 9 货币政策对企业发放委托贷款影响的差异性：民营企业贷款 + 控制组

	面板 Logit 模型		面板 Tobit 模型	
	(1)	(2)	(3)	(4)
C	− 5.494 * (0.067)	− 20.12 *** (0.000)	− 16.51 * (0.068)	− 55.38 *** (0.000)
MPD	1.001 *** (0.001)		2.735 *** (0.004)	
Rrr		0.317 *** (0.001)		0.852 *** (0.003)
$Age_{i,t}$	0.857 * (0.054)	0.858 * (0.054)	2.455 * (0.068)	2.398 * (0.061)
$Size_{i,t-1}$	0.581 *** (0.000)	0.581 *** (0.000)	1.738 *** (0.000)	1.700 *** (0.000)
$CFO_{i,t-1}$	− 0.009 (0.234)	− 0.009 (0.234)	− 0.031 (0.187)	− 0.031 (0.182)
$Profit_{i,t-1}$	0.00002 (0.952)	0.00002 (0.952)	0.00005 (0.968)	0.00005 (0.968)
$DAR_{i,t-1}$	− 0.042 *** (0.000)	− 0.042 *** (0.000)	− 0.122 *** (0.000)	− 0.119 *** (0.000)

续表

	面板 Logit 模型		面板 Tobit 模型	
	（1）	（2）	（3）	（4）
GDP_Growth_t	-0.842 *** （0.005）	0.473 （0.190）	-2.553 *** （0.003）	1.016 （0.350）
Industry	Yes	Yes	Yes	Yes
Year	Yes	Yes	Yes	Yes
Firm	Yes	Yes	Yes	Yes
Obs.	26818	26818	26818	26818
Firm NO.	2816	2816	2816	2816
似然比检验			468.32	468.73
Hausman 检验	19.58	20.14		
模型形式	随机效应	随机效应	随机效应	随机效应

注：括号里为 P 值；*、**、*** 分别为在 10%、5% 和 1% 的水平上显著。

表 4-8 和表 4-9 的回归结果显示，无论是在国有企业贷款组，还是在民营企业贷款组，在控制其他影响因素的前提下，货币政策代理变量（MPD 和 Rrr）对上市公司是否发放委托贷款及贷款规模的回归系数均在 10% 以内的水平上显著为正。而且，与表 4-8 中货币政策代理变量的回归结果相比，表 4-9 回归中 MPD 和 Rrr 不仅显著性水平提高到 1%，而且系数值均较大。这表明，当货币政策趋紧时，与国有借款企业相比，上市公司不仅向民营企业发放委托贷款的概率更高，而且放贷规模也更大，这与研究假说 H2a 一致。

类似地，根据借贷双方是否存在股权关联关系将发放了委托贷款的样本进行区分。然后，在基准回归模型中分别保留借贷双方存在股权关联关系的样本与全部未发放委托贷款的样本（控制组）、借贷双方不存在股权关联关系的样本与全部未发放委托贷款的样本（控制组）对结果重新进行检验。表 4-10 为保留了股权关联样本与控制组的检验结果，表 4-11 为保留了非股权关联样本与控制组的检验结果。

表 4-10　货币政策对企业发放委托贷款影响的差异性：股权关联贷款 + 控制组

	面板 Logit 模型		面板 Tobit 模型	
	(1)	(2)	(3)	(4)
C	-5.381 * (0.098)	-14.68 *** (0.000)	-22.99 ** (0.015)	-47.70 *** (0.000)
MPD	0.637 ** (0.016)		1.684 * (0.053)	
Rrr		0.202 ** (0.016)		0.534 * (0.053)
$Age_{i,t}$	0.673 * (0.075)	0.673 * (0.075)	2.136 * (0.094)	2.140 * (0.094)
$Size_{i,t-1}$	0.890 *** (0.000)	0.890 *** (0.000)	3.078 *** (0.000)	3.086 *** (0.000)
$CFO_{i,t-1}$	-0.007 * (0.072)	-0.007 * (0.072)	-0.024 * (0.069)	-0.024 * (0.069)
$Profit_{i,t-1}$	0.00003 (0.886)	0.00003 (0.886)	0.0001 (0.903)	0.0001 (0.903)
$DAR_{i,t-1}$	-0.011 ** (0.033)	-0.011 ** (0.033)	-0.036 ** (0.044)	-0.037 ** (0.044)
GDP_Growth_t	-1.063 *** (0.005)	-0.227 (0.475)	-3.139 *** (0.002)	-0.926 (0.372)
Industry	Yes	Yes	Yes	Yes
Year	Yes	Yes	Yes	Yes
Firm	Yes	Yes	Yes	Yes
Obs.	26900	26900	26900	26900
Firm NO.	2816	2816	2816	2816
似然比检验			541.44	541.43
Hausman 检验	0.31	0.34		
模型形式	随机效应	随机效应	随机效应	随机效应

注：括号里为 P 值；* 、** 、*** 分别为在 10%、5% 和 1% 的水平上显著。

表4-11 货币政策对企业发放委托贷款影响的差异性：非股权关联贷款+控制组

	面板 Logit 模型		面板 Tobit 模型	
	（1）	（2）	（3）	（4）
C	-6.719**	-22.02***	-24.13**	-73.59***
	（0.042）	（0.000）	（0.030）	（0.000）
MPD	1.047***		3.389***	
	（0.001）		（0.004）	
Rrr		0.331***		1.072***
		（0.001）		（0.004）
$Age_{i,t}$	1.049**	1.050**	3.508**	3.506**
	（0.044）	（0.044）	（0.045）	（0.046）
$Size_{i,t-1}$	0.575***	0.575***	1.964***	1.964***
	（0.000）	（0.000）	（0.000）	（0.000）
$CFO_{i,t-1}$	-0.010	-0.010	-0.036	-0.036
	（0.295）	（0.296）	（0.267）	（0.268）
$Profit_{i,t-1}$	0.0001	0.0001	0.0004	0.0004
	（0.486）	（0.486）	（0.435）	（0.435）
$DAR_{i,t-1}$	-0.051***	-0.051***	-0.172***	-0.172***
	（0.000）	（0.000）	（0.000）	（0.000）
GDP_Growth_t	-0.768**	0.608	-2.516**	1.933
	（0.013）	（0.128）	（0.012）	（0.165）
Industry	Yes	Yes	Yes	Yes
Year	Yes	Yes	Yes	Yes
Firm	Yes	Yes	Yes	Yes
Obs.	26752	26752	26752	26752
Firm NO.	2816	2816	2816	2816
似然比检验			365.33	365.36
Hausman 检验	7.10	7.56		
模型形式	随机效应	随机效应	随机效应	随机效应

注：括号里为P值；*、**、***分别为在10%、5%和1%的水平上显著。

表 4 – 10 和表 4 – 11 的回归结果显示，无论是在股权关联型贷款组，还是在非股权关联型贷款组，在控制其他影响因素的前提下，货币政策代理变量（MPD 和 Rrr）对上市公司是否发放委托贷款及贷款规模的回归系数均在至少10%的水平上显著为正。而且，表 4 – 11 中货币政策代理变量 MPD 和 Rrr 的回归结果与表 4 – 10 中的结果相比，不仅显著性水平提高到1%，而且回归系数值也较大。这表明，在货币政策紧缩时期，与股权关联借款企业相比，上市公司不仅向非股权关联企业发放委托贷款的概率更高，而且放贷规模也更大，这与研究假说 H2b 一致。

综合来看，货币政策变动对上市公司是否发放委托贷款及其发放规模的影响因借款企业是否处于体制内而表现出不对称性：虽然货币政策紧缩显著提高了上市公司发放委托贷款的概率和放贷规模，但是，与国有企业、股权关联借款企业等体制内企业相比，在货币政策紧缩时期，上市公司更多地向民营企业、非股权关联借款企业等体制外企业发放委托贷款，并且放贷规模相对更大。这些结果表明，与体制内企业相比，货币政策信贷传导对体制外企业施加的作用效果更明显。

实际上，在我国金融制度安排施加融资歧视的环境下，与国有企业等体制内企业享有融资便利不同，民营企业等体制外企业不仅融资成本较高，融资渠道还受到限制。这样一来，当央行提高法定准备金率时，货币政策趋紧，银行信贷下降，而且与具有融资优势的体制内企业相比，受到融资歧视的体制外企业银行信贷可得性下降更多，这促使大量体制外企业转而使用委托贷款这一影子银行机制融通资金。因而，在货币政策紧缩时期，上市公司向体制外企业发放委托贷款的概率和规模均高于向体制内企业的借款。

4.6 本章小结

近年来，我国影子银行业务蓬勃发展，不仅涉及的资本规模高速增长，而且参与的主体和运作形式也呈现多元化趋势，这对我国货币政策传导机制和作用效果提出了很大挑战。但受到数据的限制，学术界十分缺乏影子银行是否以及如何影响货币政策信贷传导的规范实证研究。本章以委托贷款这一典型影子银行机制为研究对象，将中国人民银行公布的社会融资规模、银行信贷等宏观数据和手工搜集整理的上市公司委托贷款公告数据结合起来，从影子银行视角切入考察了我国货币政策信贷传导有效性问题。

研究结果发现，我国金融市场不完善背景下货币政策信贷传导机制表现出特殊性。基于社会融资规模数据的经验研究显示，当货币政策紧缩时，银行信贷显著下降，与之形成鲜明对比的是，社会融资中委托贷款这一影子银行规模显著扩大；基于上市公司委托贷款公告数据的实证检验表明：一方面，从广延边际视角看，货币政策紧缩提高了上市公司发放委托贷款的概率，另一方面，从集约边际视角看，货币政策紧缩促使委托贷款规模扩大。这些经验证据揭示出，我国货币政策虽然能有效调控银行信贷规模，但以委托贷款为代表的影子银行机制削弱了货币政策的信贷传导有效性。

进一步研究发现，与国有企业等体制内企业相比，在货币政策紧缩时期，上市公司不仅向民营企业等体制外企业发放委托贷款的概率更大，而且放贷规模也更大。这意味着，影子银行对货币政策信贷传导的削弱作用机制主要在于，受到融资歧视的体制外企业通过委托贷款这一创新性影子银行机制融通资金。具体而言，当货币政策紧缩导致银行贷款供给急剧下降时，享有融资优待的国有企业等体制内企业可能还能获得稀缺的银行信贷，与之不同，民营企业等体制外企业获取银行信贷的难度进一步加大，这会促使其通过委托贷款等影子银行机制向资金相对较宽裕的企业融通资金。

由于从影子银行这一独特视角考察货币政策信贷传导有效性，本章研究不仅有助于厘清我国新兴转轨经济背景下货币政策信贷传导渠道的作用机理，在边际上拓展了货币政策相关研究文献，而且有助于进一步认识和理解以委托贷款为代表的影子银行机制的运作方式，进而对影子银行监管和风险防控等问题具有重要启发意义。

本章研究的政策含义十分清晰。其一，基于影子银行视角的货币政策信贷传导机制研究发现，紧缩货币政策虽然降低了银行贷款供给，但企业可以通过委托贷款等影子银行机制融通资金，这意味着，为了进一步提高货币政策信贷传导有效性，央行必须转变主要关注银行信贷的传统，要对影子银行给予应有重视，可以尝试扩展货币政策中间目标，将委托贷款等影子银行涵括在内。其二，基于上市公司委托贷款公告这一独特数据的经验分析显示，当受到紧缩货币政策冲击时，主要是民营企业等体制外企业通过影子银行机制融资以缓解融资约束。这表明，在我国金融市场不完善背景下，致力于调控银行信贷的货币政策对体制内外企业施加的影响不对称，为避免紧缩货币政策过度恶化体制外企业的融资环境，实施差异性货币政策十分必要；而且，从委托贷款实践看来，除了关注其可能引发的金融风险，更要利用委托贷款这类影子银行机制的优势，发挥其对正规金融机制的补充作用以有效缓解民营企业等体制外企业的融资约束。

第 5 章
货币政策对抵押担保和
贷款期限的影响

5.1 引言

信息不对称是信贷市场上普遍存在的问题，也是困扰企业贷款决策的主要难题。在具体的经济实践中，为了缓解信息不对称导致的逆向选择和道德风险问题，在借贷合约中普遍会要求一定的抵押担保，或采用缩短贷款期限增加放贷轮次的方法。一方面，根据世界银行全球企业调查数据显示，约 79.3% 的企业申请贷款时提供了抵押担保，我国 2012 年抵押贷款占比高达 77.6%[①]；另一方面，债务期限决策会显著作用于企业资本的流动性，进而对企业投资选择等实际行为施加影响。在此背景下，抵押担保、贷款期限等借贷条款如何决定，特别地，货币政策等宏观经济条件如何影响借贷契约设计等问题受到学术界、实业界和政策制定者的广泛关注。

实际上，学术界从信息不对称视角切入考察抵押担保和债务期限的研究由来已久。其一，围绕着风险与抵押担保的关系学者们展开激烈讨论，有学者指出抵押担保与企业风险正相关，是解决道德风险问题的重要手段（Berger and Udell，1990；Manove et al.，2001；Menkhoff et al.，2006）。

---

① 资料来源：世界银行企业调查网（http://www.enterprisesurveys.org）。

也有学者认为抵押担保具有信号发送的功能，债权人可以通过设定抵押担保条款区分不同风险的借款者以解决逆向选择问题（Bester，1985；Chan and Kanatas，1985；Chan and Thakor，1987）。其二，理论和实证两个层面的大量研究从信息不对称视角切入，指出债务期限是控制风险的重要手段，贷款期限与企业风险显著负相关（Ortiz - Molina and Penas，2008；Magri，2010），而且信息不对称程度会影响这一关系机制（Berger et al.，2005；Kirschenmann and Norden，2012）。

这些研究探讨了信息不对称、企业风险、规模等与抵押担保、期限的关系，增进了我们对借贷契约设计的认识和理解。需要指出的是，由信息不对称带来的金融摩擦同样对货币政策传导产生重要影响，此时，利率传导渠道不再是货币政策传导的唯一途径，企业的外部融资成本不仅受到利率的影响，还与企业规模、现金流等密切相关，货币政策传导出现一个数量式的广义信贷渠道（Bernanke and Gertler，1995）。从企业微观视角来看，由于借贷双方之间存在信息不对称，在放贷过程中，为缓解信息不对称需要付出一定的成本，即相对于内部融资，借款人的外部融资还存在一定的溢价，这也决定了最终信贷协议能否达成。因而，货币政策有效性不仅与利率有直接关系，而且还与解决信息不对称的成本相关。那么，一个自然的疑问是，抵押担保和债务期限作为缓解信息不对称的重要手段，货币政策是否以及如何对其施加影响？

然而，可能是受到数据可得性限制，已有研究对货币政策如何影响借贷契约设计等问题的探讨还很缺乏。而且，需要强调的是，现有实证研究大多是以发达国家为对象，受到数据可得性限制，这使得从借贷条款视角切入考察的规范实证研究还很缺乏。因而，我们对中国这一新兴转轨经济体的借贷实践中，货币政策如何影响贷款抵押担保要求、期限等问题还不明确。

在我国经济的具体实践中，一般而言，银行贷款微观条款数据难以获得，因而以银行信贷数据为对象探讨货币政策对贷款契约设计的影响存在很大难度。值得指出的是，根据证监会的相关要求，2004 年以来上市公司开始对外披露其涉及的委托贷款交易，其中不仅明确了借贷双方信息，而且还包含细致的借贷条款信息。基于此，本章手工搜集整理了 2007 ~ 2015

年我国深沪市 A 股上市公司委托贷款公告数据，获得了细致的借贷条款信息，并通过多种渠道完善了借款企业所有制属性、股权关联关系、年龄等企业特征信息。这为本章考察货币政策如何影响贷款契约设计提供了很好的研究素材。

本章运用上市公司委托贷款公告这一独特的微观数据实证考察了货币政策对抵押担保、期限等借贷条款的影响。具体而言，本章将回答以下几个问题：第一，货币政策是否对委托贷款抵押担保施加影响？第二，货币政策是否影响委托贷款期限？第三，货币政策对委托贷款抵押担保、期限等借贷条款的影响是否因企业异质性而产生差异？

本章实证检验结果表明，货币政策会对委托贷款抵押担保、期限等借贷条款施加显著影响。一方面，货币政策紧缩会显著提高借款企业提供抵押担保的概率，并且，随着货币政策进一步收紧，对抵押担保的要求也会更加严苛；另一方面，货币政策紧缩与委托贷款期限显著负相关，法定准备金率每上升 1 个基点，委托贷款期限会减少约 3.3% 。

进一步的研究发现，货币政策对委托贷款抵押担保、期限等借贷条款的影响在企业特征维度表现出显著差异。其一，与股权关联企业、国有企业等享有融资优待的借款企业相比，货币政策紧缩对提高非股权关联企业、民营企业抵押担保要求的作用力度更大；其二，与信息不对称程度较低企业（年龄较大，存在股权关联）相比，货币政策紧缩对信息不对称程度较大的借款企业（年龄较小，不存在股权关联）贷款期限的降低作用力度更大。

本章的贡献主要有以下两个方面。

第一，本章深入分析了货币政策对委托贷款抵押担保要求、期限等微观借贷条款的影响，研究发现，货币政策不仅显著提高了借款企业提供抵押担保的概率（严苛性），而且显著缩短了借款企业获得贷款的期限。进一步的研究还指出，货币政策对抵押担保和贷款期限的影响因借款企业在股权关联关系、所有制属性、信息不对称程度等方面的不同而表现出较大差异。这些研究结果意味着，货币政策紧缩不仅能通过提高抵押担保要求降低贷款可得性进而对实体经济产生影响，而且还可以通过缩短贷款期限来削弱企业承受流动性冲击的能力。从这一点来说，本章是对现有关于货币政策如何影响企业融资文献的有益补充，并且在边际上拓展了对货币政策信贷传导机制问题的研究。

其二，现有考察债务契约设计的经验研究大多以资本主义国家为对象（Berger et al.，2005；Magri，2010），虽然负债融资方式在我国金融市场占主导地位，然而，可能是受到数据可得性限制，对中国这一新兴转轨经济体债务契约设计的经验研究还很缺乏。本章利用手工搜集整理的上市公司委托贷款数据，结合我国经济实践的特点，实证考察了抵押担保、贷款期限等借贷条款的决定。结果发现，一方面，货币政策会显著影响委托贷款抵押担保和贷款期限；另一方面，信息不对称、所有制属性等因素在借贷条款设计中也发挥了重要的作用，非股权关联企业、民营企业等更倾向于提供抵押担保，而有效缓解信息不对称有助于企业获得较长的贷款期限。显然，本章经验结果为借贷契约设计问题的相关研究提供了来自中国的最新证据。

本章结构如下：第二部分是研究假说；第三部分是实证研究设计；第四部分考察货币政策对委托贷款抵押担保的影响；第五部分考察货币政策对委托贷款期限的影响；第六部分是本章小结。

5.2　研究假说

随着信息经济学的发展和广泛应用，20余年来，出现大量研究从信息不对称等金融市场不完美因素切入，考察货币政策如何通过信贷渠道作用于企业投融资决策并影响实体经济运行（Gertler and Gilchrist，1994；Morgan，1998）。具体地，由于信息收集、处理能力的不断提高，对信贷资金的监督手段日渐丰富，由信息不对称带来的逆向选择和道德风险问题得到很大程度的缓解，这使得商业银行可以向部分原来难以获得贷款的企业提供资金支持（Chemmanur and Fulghieri，1994）。

在此背景下，当央行实施紧缩的货币政策收紧银根时，商业银行信贷供给下降，部分企业获得贷款的难度增加，主要有以下两种表现形式：其一，当商业银行信贷规模下降时，银行会实施信贷配给而拒绝向那些规模较小、风险较大的企业发放贷款（Gertler and Gilchrist，1994；Lang and Nakamura，1995）。此时，提供一定的抵押担保不仅能向商业银行发送"优质企业"的信号（Chan and Thakor，1987；Berger and Udell，1990），而且还有助于商业银行防范可能存在的违约风险（Menkhoff et al.，2006；平新乔和杨慕云，2009）。其二，虽然缩短贷款期限增加放贷轮数会提高借贷交易成本（Kaplan and Strömberg，2003），但长期借贷同样会带来监督成本的上升，特别是在货币政策紧缩时期，那些能够获得贷款的企业有激励将资金投入到高收益的高风险投资项目。因而，为了有效运用资金和保持更大的流动性，银行也会倾向于缩短贷款期限。

实际上，作为替代性的融资工具，委托贷款的契约设计也受到货币政策的影响。具体来说，其一，货币政策通过作用于整体经济资金供给进而影响委托贷款契约设计。当央行实施紧缩的货币政策时，市场上资金供给下降，这时企业从银行、证券等正规金融机制获得资金的难度增加，市场上资金更加稀缺，这促使贷款企业倾向于提高信贷条件（Guttentag，1960）。一方面，贷款方会要求借款企业提供足额的抵押担保，或者转移抵押物的实际控制权，以防范可能存在的违约风险；另一方面，贷款方会缩短贷款期限，以保持资金灵活度来应对未来可能的资金需求。

其二，货币政策会通过影响参与委托贷款市场的企业数量和质量进而作用于贷款契约设计。当货币政策趋紧时，企业通过正规金融渠道获得资金的难度和成本都显著增加，这导致更多的企业进入委托贷款市场。一方面，借款者之间的竞争加剧导致借贷条款变得更加苛刻，企业为获得资金会提供（更多）抵押担保以发送"低风险借款者"信息；另一方面，货币政策紧缩可能引发对实体经济的悲观预期，这会加剧委托贷款交易中的信息不对称和风险问题。由于贷款期限缩短，借款者不得不频繁进行信息披露，这会降低信息不对称程度，并且短期内对信贷条款的重新谈判也有利于放贷企业控制风险（Ortiz‐Molina and Penas，2008），因而放贷企业倾向于缩短贷款期限。

基于此，提出本章的研究假说1：

H1a：当货币政策紧缩时，借款企业会提供（更严苛的）抵押担保以获得委托贷款。

H1b：当货币政策紧缩时，借款企业获得的委托贷款期限会缩短。

以上分析表明，货币政策紧缩与委托贷款抵押担保正相关，而与委托贷款期限负相关。那么，货币政策对不同类型借款企业抵押担保条款和期限的影响是否存在差异？接下来，本节从借款企业特征维度切入，细致分析货币政策对不同类型借款企业借贷契约设计影响的差异性。

5.2.1 货币政策对委托贷款抵押担保条款影响的差异性

其一，在我国经济的具体实践中，企业集团是一种广泛存在的组织形式（辛清泉等，2007；钱雪松等，2013），而股权关联就是组织企业集团的重要手段之一。与非股权关联借款企业相比，放贷方对股权关联借款企业的放贷会有更多优惠和优势。一方面，对需要资金支持的股权关联借款企业发放贷款，主要是出于共同利益的考虑，其贷款要求一般很难拒绝；另一方面，相较于非股权关联借款企业，股权关联企业之间不仅信息不对称程度较低，而且放贷企业还可以利用这种关联关系监督借款者的贷款使用及回收。因而，当货币政策紧缩时，放贷方更倾向于向非股权关联借款企业要求抵押担保以防范可能存在的违约风险。

其二，所有制歧视是我国金融市场普遍存在的现象。实际上，国有企业不仅在资产规模、债务担保能力和信息透明度方面优于民营企业（方军雄，2007；余明桂和潘洪波，2008；Haselmann et al.，2010），而且政府也会为其借款提供一定的隐性担保（袁淳等，2010；谭劲松等，2012）。与民营企业相比，放贷方防范国有借款企业违约风险的手段更加丰富。因而，当货币政策紧缩导致委托贷款市场上借款企业增多时，与国有借款企业相比，民营借款企业不仅更需要将抵押担保等手段作为"低风险借款者"的信号，而且放贷方也更倾向于要求其提供相应的抵押担保。

基于此，提出本章的研究假说2：

H2a：与股权关联借款企业相比，货币政策紧缩对非股权关联借款企业影响的力度更大。

H2b：与国有借款企业相比，货币政策紧缩对民营借款企业影响的力度更大。

5.2.2 货币政策对委托贷款期限影响的差异性

信息不对称是影响借贷契约设计的重要因素，摩根（Morgan，1998）的研究指出，货币政策的影响会因为借贷市场上的信息不对称问题而被放大。对那些由于信息不对称程度较大而存在严重代理问题的中小企业来说，货币政策紧缩对其信贷可得性的负面影响更加显著（Gertler and Gilchrist，1994）。而且，借贷交易双方一般来说在信息的掌握方面往往存在系统性差异。这样一来，货币政策对委托贷款期限的影响会因信息不对称程度不同而产生差异。实际上，由于缩短借贷期限是缓解信息不对称问题的重要手段之一，因而，当货币政策紧缩时，与信息不对称程度较小借款企业相比，放贷企业会更倾向于缩短信息不对称程度较大借款企业的贷款期限，以缓解可能存在的逆向选择或道德风险问题。

基于此，提出本章的研究假说 3：

H3：与信息不对称程度较小借款企业相比，货币政策紧缩对信息不对称程度较大借款企业委托贷款期限影响的力度更大。

5.3 实证研究设计

5.3.1 样本选择和数据来源

本章选择 2007～2015 年我国深沪交易所 A 股上市公司披露的委托贷款公告数据为研究对象。这样选择的主要原因是：其一，虽然上市公司自 2004 年起开始对外发布委托贷款公告，但是 2004～2006 年的委托贷款样本较少；其二，本章使用的货币政策测度变量——上海银行间同业拆放利率（Shibor）2007 年 1 月才开始运营。在剔除数据和信息披露不详的样本后，得到 457 家上市公司共 1606 个样本观测值。

本章所使用的数据包括委托贷款交易条款、法定准备金率、上海银行间同业拆放利率、企业特征变量和金融市场化程度等。其中，委托贷款抵押担保条款、期限、规模、利率等数据来自上市公司发布的委托贷款公告；借款企业所处行业、所有制属性、年龄和借贷双方股权关联关系等企业特征数据是通过上市公司公告、年报、网络等多种渠道搜集整理获得；法定准备金率来自中国人民银行网站（http：//www. pbc. gov. cn）；Shibor 数据来自上海银行间同业拆放利率网站（http：//www. shibor. org）；地区国内生产总值增长率来自国家统计局网站（http：//www. ststs. gov. cn）；金融市场化指数来自樊纲等（2011）编制的《中国金融市场化指数 – 各地区市场化相对进程 2011 年报告》。

5.3.2　方程设定和变量定义

考虑到我国信贷具体实践和数据可得性问题，本章使用委托贷款抵押担保条款和期限作为贷款契约严苛程度的测度，构造如下两个实证模型以考察货币政策变动如何影响企业间借贷契约设计，具体如下所述。

其一，为了考察货币政策变动如何影响企业在贷款中是否提供抵押担保，构造如下 Logit 模型（5.1）。其中，$\Lambda(\cdot)$ 为逻辑分布的积累分布函数；X_i 为由解释变量所构成的向量，包括货币政策代理变量（Monetary）、借款企业特征变量（Character）以及金融市场化程度、宏观经济等控制变量（Control）；β 为系数向量；μ_i 为扰动项。

$$\Pr((\text{Collateral}=1) \mid X_i, \beta, \mu_i) = \Lambda(\mu_i + X_i'\beta) = \frac{e^{\mu_i + X_i'\beta}}{1 + e^{\mu_i + X_i'\beta}} \qquad (5.1)$$

其二，为了考察货币政策变动是否以及如何影响企业借款期限，在控制借款企业特征、地区金融市场化程度、年度等影响因素的基础上，检验货币政策测度变量与企业借款期限之间的关系，如（5.2）式所示。

$$\text{Maturity} = C + \beta_1 \text{Monetary} + \beta_2 \text{Character} + \beta_3 \text{Control} + \varepsilon \qquad (5.2)$$

在方程（5.1）和方程（5.2）中，被解释变量分别为 Collateral 和 Maturity。具体地，Collateral 为是否要求抵押担保的虚拟变量，当委托贷款交易中借款企业提供了抵押担保时取值为 1，否则为 0；Maturity 为委托贷款期限，以年为单位，并进行取对数处理以剔除奇异值对回归结果的影响。解释变量定义具体如下所述。

（1）货币政策测度变量。

考虑到 2007 年以来我国货币政策实践的具体现状，本章主要运用法定准备金率（Rrr）和上海银行间同业拆放利率（Shibor）两个变量来测度货币政策松紧程度，以保证回归结果的稳健性。

首先，法定准备金率是近年来中国人民银行使用较为频繁的货币政策工具之一。具体来说，2007 ~ 2015 年间，除了 2009 年、2013 年和 2014 年法定准备金率未发生变动外，其余各年调整次数分别为 10 次、9 次、6 次、7 次、2 次和 4 次，法定准备金率在 6% ~ 21.5% 之间波动。基于此，本章选取委托贷款发放时间点的法定准备金率来测度货币政策松紧程度。

其次，Shibor 于 2007 年 1 月 4 日起正式运行。Shibor 是由报价团自主报出的人民币同业拆放利率计算出来的算数平均利率，包括隔夜、1 周、2 周、1 个月、3 个月、6 个月、9 个月和 1 年 8 个类别。自 Shibor 推出以来，大量学者不仅从定性角度提出 Shibor 作为基准利率的可能性（易纲，2008；2009），而且运用 Grange 因果检验、VAR 模型等计量方法的实证研究也表明，Shibor 能及时准确反映货币市场信息，可以作为基准利率（李良松和柳永明，2009；方意和方明，2012）。因而，本章还使用 Shibor 作为货币政策代理变量，以保证回归结果的稳健性。同时，考虑到委托贷款期限一般较短，Shibor 值选取委托贷款交易发生之前最近的 6 个月 Shibor 利率的 20 日均值。

（2）借款企业特征变量。

借款企业特征主要包括所有制属性，是否与贷款企业存在股权关联关系，企业年龄、所处行业等变量。Ownership 是测度企业所有制属性的虚拟变量，如果借款企业为国有企业，取值为 1，否则为 0。

Relate 是表示委托贷款交易双方是否存在股权关联的虚拟变量。本章中股权关联是指委托贷款借贷双方中有一方持有另一方股权并能对其经营决策施加影响①，如果借贷双方存在股权关联则取 1，否则取 0。由于本章所涉及的委托贷款交易参与企业中存在大量非上市公司，其持股的具体信息无法获得，只能从委托贷款公告中获悉交易双方控股、参股等信息，因而，为减少信息缺失导致的样本损失，本章使用虚拟变量而不是具体的持股比例测度股权关联。

Age 是测度借款企业年龄的变量。首先通过委托贷款公告、公司年报等渠道查找借款企业的注册时间；然后用委托贷款交易发生时间减去注册时间得到借款企业年龄；最后将计算得到的原始年龄进行加 1 后取自然对数的处理，以得到测度借款企业年龄的变量。

Industry 是控制行业效应的虚拟变量。具体而言，参照中国证监会2012 年公布的《上市公司行业分类指引》，本章将行业划分为公共事业、房地产、综合、工业、金融业及商业六类。具体赋值方法如下所述。以房地产行业为例，如果借款企业主营业务属于房地产行业，那么其相应的行业虚拟变量取值为 1，否则为 0。其他行业做了类似处理。

（3）其他控制变量。

Fin 是委托贷款接收方所在地金融市场化程度的虚拟变量。根据樊纲等（2011）的指数编制方法，Fin 值越高说明金融市场化程度越高。当样本公司所在省份当年的金融市场化指数得分在全国前十，则 Fin 取值为 1，否则取 0。

为了控制各地区经济发展过程中资金需求可能对企业借款契约施加的影响，本章还引入滞后一期的地区国内生产总值增长率（GDP）作为控制变量；另外，考虑到借贷条款之间的相互影响，在回归中还引入了贷款金额（Amount）和利率（Interest）等借贷条款变量。其中，Amount 为借款金额的自然对数；Interest 为委托贷款年利率。

---

① 需要指出的是，在本章样本中，有些交易双方并没有直接持股，但它们同时与一家企业存在股权关联关系，例如，交易双方均是同一家企业的控股子公司。Relate 将此种间接股权关联也涵括在内。

5.3.3 描述性统计

表 5-1 汇报了主要变量的描述性统计。结果显示：

其一，从货币政策实践来看，在本章考察的 2007~2015 年，法定准备金率在 11.5%~20.5% 之间波动，Shibor 的均值为 4.158%，标准差为 0.964%。这意味着，在本章所考察的样本区间内我国货币政策变动较大，这为从企业微观视角切入考察货币政策传导有效性提供了可能。

其二，从委托贷款实践来看，一方面，有 583 个样本观测值提供了抵押担保，占总样本量的 36.3%。这表明在委托贷款交易中，抵押担保是常用的提高贷款严苛性的手段之一；另一方面，委托贷款以短期借款为主，其期限均值为 1.43 年，标准差为 1.20，在 1 个月至 15 年这一较大区间波动。

表 5-1   **主要变量描述性统计**

Panel A：整体样本

变量名	均值	标准差	最小值	最大值
是否有抵押担保	0.363	0.481	0	1
委托贷款期限（年）	1.432	1.201	0.083	15
法定准备金率（%）	18.250	1.516	11.5	20.5
Shibor	4.158	0.964	1.470	5.483
是否为股权关联	0.738	0.440	0	1
是否为国有企业	0.621	0.485	0	1
企业年龄（年）	9.635	7.013	0.08	59.58
金融市场化程度	0.524	0.500	0	1
地区 GDP 增长率（%）	10.332	2.444	4.90	19.10
委托贷款金额（百万）	184.461	315.436	0.50	4084
委托贷款利率（%）	7.574	3.599	0	24

Panel B：主要变量 Pearson 相关系数矩阵

	Collateral	Maturity	Relate	Ownership	Age	Fin	GDP	Amount	Interest
Relate	-0.659*** (0.000)	0.068*** (0.006)							
Ownership	-0.408*** (0.000)	0.073*** (0.003)	0.417*** (0.000)						
Age	-0.097*** (0.000)	-0.095*** (0.000)	0.075*** (0.003)	0.102*** (0.000)					
Fin	0.214*** (0.000)	0.037 (0.140)	-0.241*** (0.000)	-0.210*** (0.000)	-0.012 (0.623)				
GDP	-0.016 (0.519)	0.164 (0.512)	0.040 (0.106)	-0.050** (0.046)	-0.033 (0.193)	-0.115*** (0.000)			
Amount	-0.100*** (0.000)	0.214*** (0.000)	0.081*** (0.001)	0.148*** (0.000)	0.087*** (0.001)	-0.068*** (0.006)	-0.024 (0.332)		
Interest	0.445*** (0.000)	-0.156*** (0.000)	-0.552*** (0.000)	-0.380*** (0.000)	-0.084*** (0.001)	0.154*** (0.000)	0.119*** (0.000)	-0.049** (0.048)	
Rrr	0.047* (0.062)	-0.009 (0.705)	0.010 (0.677)	0.024 (0.343)	-0.058** (0.020)	-0.052** (0.037)	0.010 (0.695)	-0.001 (0.976)	0.059** (0.019)
Shibor	0.035 (0.166)	-0.025 (0.312)	0.016 (0.529)	0.032 (0.200)	-0.060** (0.016)	-0.030 (0.232)	-0.003 (0.914)	0.009 (0.713)	0.049** (0.048)

注：括号里为 P 值；*、**、*** 分别表示在 10%、5% 和 1% 的水平上显著。

其三，对借款企业而言，其在所有制属性、企业年龄和是否存在股权关联关系等方面表现出较大差异，这有利于本章进一步探讨货币政策对借贷企业的影响是否在企业特征维度表现出差异性。

其四，主要变量的 Pearson 相关系数表明，Rrr、Shibor 等货币政策代理变量与委托贷款是否存在抵押担保条款正相关，与委托贷款期限负相关，这些结果与本章的预期相符。同时，Relate 和 Ownership 与委托贷款是否存在抵押担保条款在 1% 的水平上显著负相关，与委托贷款期限在 1% 的水平上显著正相关，Age 与两者均在 1% 的水平上显著负相关。这一方面表明在探究货币政策传导机制时需要控制相关变量；另一方面，也为考察货币政策影响不同特征借款企业委托贷款条款严苛性的差异提供可能。

5.4 货币政策对委托贷款抵押担保条款影响的分析

为了考察货币政策变动是否以及如何影响委托贷款抵押担保条款，本节实证检验的顺序是：首先，在控制借款企业特征、宏观经济等相关影响因素的基础上，考察货币政策与是否存在抵押担保条款的关系；其次，分别从抵押担保类型和借款企业特征维度切入，实证分析货币政策对抵押担保条款影响的差异性；最后，进行稳健性检验。

5.4.1 基准回归

为了考察货币政策对抵押担保条款的影响，本节对模型（5.1）进行回归，检验了 Rrr 和 Shibor 与是否存在抵押担保条款的关系。

表 5－2 第（1）~（3）列回归结果显示，在逐步控制借款企业特征变量、宏观经济变量和其他借贷条款变量的基础上，Rrr 的系数均在 1% 的水平上显著为正。这说明，央行实施紧缩的货币政策，提高法定准备金率会显著增加借款企业提供抵押担保的概率。基于表 5－2 第（3）列的边际效应结果表明，Rrr 每上升 1 个百分点，借款企业需要提供抵押担保以获得委托贷款的概率就增加 1.6%。

表 5－2　　　　　货币政策对是否存在抵押担保条款的影响

	(1)	(2)	(3)	(4)	(5)	(6)
C	0.047 (0.964)	－0.204 (0.849)	0.189 (0.876)	1.950 *** (0.001)	1.737 ** (0.012)	1.914 ** (0.032)
Rrr	0.152 *** (0.002)	0.154 *** (0.002)	0.134 *** (0.008)			

	（1）	（2）	（3）	（4）	（5）	（6）
Shibor				0. 205 ***	0. 206 ***	0. 177 **
				（0. 007）	（0. 007）	（0. 025）
Relate	− 3. 337 ***	− 3. 310 ***	− 3. 096 ***	− 3. 337 ***	− 3. 312 ***	− 3. 095 ***
	（0. 000）	（0. 000）	（0. 000）	（0. 000）	（0. 000）	（0. 000）
Ownership	− 1. 017 ***	− 0. 981 ***	− 0. 884 ***	− 1. 019 ***	− 0. 984 ***	− 0. 886 ***
	（0. 000）	（0. 000）	（0. 000）	（0. 000）	（0. 000）	（0. 000）
Age	− 0. 173 *	− 0. 175 *	− 0. 146	− 0. 176 *	− 0. 178 *	− 0. 149
	（0. 063）	（0. 061）	（0. 122）	（0. 057）	（0. 055）	（0. 114）
Fin		0. 272 *	0. 256 *		0. 262 *	0. 248
		（0. 070）	（0. 090）		（0. 081）	（0. 101）
GDP		0. 0003	− 0. 019		0. 001	− 0. 018
		（0. 991）	（0. 538）		（0. 960）	（0. 564）
Interest			0. 092 ***			0. 093 ***
			（0. 002）			（0. 001）
Maturity			0. 030			0. 035
			（0. 632）			（0. 583）
Ln_Amount			− 0. 105 *			− 0. 110 *
			（0. 072）			（0. 062）
Industry	Yes	Yes	Yes	Yes	Yes	Yes
Obs.	1606	1606	1606	1606	1606	1606
Pseudo R^2	0. 383	0. 384	0. 391	0. 382	0. 383	0. 390

注：括号里为 P 值；＊、＊＊、＊＊＊分别表示在 10%、5% 和 1% 的水平上显著。

类似地，表5-2第（4）~（6）列回归结果显示，在控制相关影响因素的基础上，Shibor 的系数在至少 5% 的水平上显著为正。这说明，当货币政策趋紧 Shibor 上升时，借款企业为获得委托贷款，提供抵押担保的概率会显著增加。基于表5-2第（6）列的边际效应结果表明，Shibor 每上升 1%，借款企业需要提供抵押担保的概率会相应提高 2. 16%。

上述结果表明，货币政策会显著影响委托贷款抵押担保条款。这与本章的研究假说 H1a 一致。实际上，当央行提高法定准备金率紧缩银根时，银行可贷资金下降，这会改变委托贷款市场的供求关系，进而影响借贷契约的严苛性。具体来说，一方面，银行信贷供给下降使得部分具有一定实力的企业无法再通过正规金融机制获得资金，它们转而进入委托贷款市场，此时，提供一定的抵押担保可以起到向放贷企业发送"低风险借款者"信号的功能，这有助于借款企业获得贷款；另一方面，随着更多的企业进入委托贷款市场，借款利率会有所提高，为了防控由价格上升而导致的借款者逆向选择或道德风险问题，放贷企业会要求借款方提供一定的抵押担保。这都促使当货币政策紧缩时，借款企业提供抵押担保的概率增加。

同时，表 5 – 2 回归结果还揭示出，借款企业特征也对是否提供抵押担保产生显著影响。其一，Relate 系数在 1% 的水平上显著为负，这表明，在其他条件相同的情况下，与股权关联企业相比，非股权关联企业为获得委托贷款需要提供抵押担保的概率更大。其二，Ownership 系数也在 1% 的水平上显著为负，这表明，在其他条件不变的情况下，为获得委托贷款，民营借款企业提供抵押担保的概率大于国有借款企业。这与我国金融市场普遍存在的所有制歧视一致。其三，Age 系数在至少 15% 的水平上显著为负，随着企业年龄的增长，不仅可获得的相关信息越多，信息不对称程度越小，而且信用记录也会随之积累。这些都有利于降低其借贷条款的严苛性。

5.4.2 货币政策对抵押担保条款影响的差异性分析

为了进一步探讨货币政策如何影响委托贷款抵押担保条款，本节分别从抵押类型和借款企业特征维度出发，考察货币政策对抵押担保条款影响的差异性。

（1）抵押担保类型视角。

表 5 – 2 回归结果表明，紧缩的货币政策会提高借款企业提供抵押担保的概率。值得指出的是，在具体的借贷实践中，抵押担保条款往往在抵押物所有权和控制权归属方面表现出丰富差异，对借款企业而言，这些不同

形式的抵押担保条款意味着不同严苛程度的借贷条款。随之而来的问题是，在货币政策显著影响借款企业提供抵押担保概率的基础上，借贷条款的严苛程度是否会受到货币政策影响呢？换言之，紧缩的货币政策是否会导致贷款方提出更加严苛的抵押担保条款？

为了检验上述问题，在细致梳理本章所选样本抵押担保条款的基础上，对 Collateral 重新进行赋值。实际上，抵押担保条款的差异主要体现在抵押物的所有权和控制权两个方面，具体如下所述。

其一，抵押物可以是由借款者自己提供或者由第三方提供。对借款者来说，由于寻找合适的第三方需要付出一定的成本，因而，让第三方承担借款者的违约风险对应着更严苛的抵押担保条款。

其二，放贷者可以要求借款者提供质押，即对抵押物的实际控制权由借款者（或第三方）转移到放贷者。显然，与借款者（或第三方）实际控制抵押资产相比，提供质押对应着更严苛的抵押担保条款。

基于以上分析，本节对抵押担保变量进行重新赋值：当存在第三方提供质押时，取值为 3；当存在第三方提供抵押或借款者提供质押时，取值为 2；当仅存在借款者提供抵押或仅存在担保时，取值为 1；当不存在抵押担保时，取值为 0。由于因变量赋值发生变化，本节选择有序 Logit 模型对方程（5.1）进行回归，如表 5 - 3 所示。

表 5 - 3 货币政策对抵押担保条款严苛性的影响

	(1)	(2)	(3)	(4)	(5)	(6)
Rrr	0.152 *** (0.002)	0.111 *** (0.005)	0.109 *** (0.007)			
Shibor				0.133 ** (0.031)	0.134 ** (0.031)	0.131 ** (0.036)
Relate	- 3.337 *** (0.000)	- 2.400 *** (0.000)	- 2.268 *** (0.000)	- 2.426 *** (0.000)	- 2.401 *** (0.000)	- 2.265 *** (0.000)
Ownership	- 1.017 *** (0.000)	- 0.972 *** (0.000)	- 0.899 *** (0.000)	- 0.979 *** (0.000)	- 0.970 *** (0.000)	- 0.895 *** (0.000)

续表

	(1)	(2)	(3)	(4)	(5)	(6)
Age	-0.173 *	-0.050	-0.053	-0.053	-0.053	-0.055
	(0.063)	(0.505)	(0.494)	(0.485)	(0.482)	(0.475)
Fin		0.124	0.127		0.115	0.118
		(0.327)	(0.317)		(0.364)	(0.352)
GDP		-0.006	-0.017		-0.007	-0.018
		(0.805)	(0.513)		(0.773)	(0.486)
Interest			0.048 ***			0.048 ***
			(0.009)			(0.008)
Maturity			-0.027			-0.025
			(0.628)			(0.643)
Ln_Amount			-0.013			-0.015
			(0.787)			(0.754)
Industry	Yes	Yes	Yes	Yes	Yes	Yes
Obs.	1606	1606	1606	1606	1606	1606
Pseudo R^2	0.383	0.221	0.224	0.220	0.220	0.223

注：括号里为 P 值；*、**、*** 分别表示在 10%、5% 和 1% 的水平上显著。

表 5-3 回归结果显示，在控制相关影响因素的基础上，Rrr 和 Shibor 系数均在至少 5% 的水平上显著为正。这表明，不管是以 Rrr 还是 Shibor 作为货币政策代理变量，货币政策松紧程度都与抵押担保条款严苛性显著正相关。也就是说，随着货币政策不断紧缩，银行可贷资金进一步下降，导致越来越多的企业进入委托贷款市场，为了甄别低风险企业或防范可能存在的违约风险，贷款方会要求转移抵押物实际控制权，或要求第三方提供相应抵押物等更加严苛的抵押担保要求。

综合起来看，货币政策不仅显著影响了贷款方是否要求抵押担保的概率，而且，随着货币政策紧缩程度的增加，贷款方要求抵押担保条款的严苛性也随之提高。这进一步证实了本章的研究假说 H1a。

（2）借贷双方股权关联关系视角。

表 5-2 回归结果显示，借贷双方是否存在股权关联关系会对抵押担保

条款产生显著影响，基于此，本节按照借贷双方是否存在股权关联关系进行分组回归，考察借贷双方是否存在股权关联对"货币政策—抵押担保条款"关系的影响。

表5-4回归结果显示，无论在股权关联组还是在非股权关联组，货币政策代理变量 Rrr 和 Shibor 的系数均在至少5%的水平上显著为正。而且，比较两组回归结果系数可知，非股权关联组 Rrr 系数是股权关联组的2.5倍多；与股权关联组相比，Shibor 系数在非股权关联组的回归结果基础上提高了约93%。这表明，与股权关联企业间的委托贷款相比，货币政策对非股权关联借款企业抵押担保条款的影响更为显著，这与本章研究假说H2a一致。

表5-4　　股权关联关系对"货币政策—抵押担保条款"关系的影响

	Panel A：股权关联		Panel B：非股权关联	
	（1）	（2）	（3）	（4）
C	-0.676 (0.478)	0.559 (0.229)	-4.104 (0.147)	-0.808 (0.702)
Rrr	0.094** (0.038)		0.236** (0.036)	
Shibor		0.130*** (0.005)		0.251*** (0.006)
Ownership	-1.040*** (0.000)	-1.044*** (0.000)	-0.118 (0.767)	-0.104 (0.676)
Age	-0.151*** (0.000)	-0.154*** (0.000)	-0.148 (0.520)	-0.165 (0.333)
Fin	0.204 (0.264)	0.199 (0.266)	0.531 (0.147)	0.521*** (0.009)
GDP	-0.028 (0.713)	-0.027 (0.714)	0.097 (0.283)	0.090 (0.423)
Interest	0.116 (0.189)	0.117 (0.193)	0.092** (0.027)	0.090** (0.015)

续表

	Panel A：股权关联		Panel B：非股权关联	
	（1）	（2）	（3）	（4）
Maturity	-0.019 (0.837)	-0.015 (0.875)	0.153 (0.303)	0.148 (0.483)
Ln_Amount	-0.101* (0.056)	-0.105* (0.055)	-0.107 (0.493)	-0.105 (0.519)
Industry	Yes	Yes	Yes	Yes
Obs.	1186	1186	396	396
Pseudo R^2	0.080	0.079	0.078	0.070

注：括号里为 P 值；*、**、*** 分别表示在 10%、5% 和 1% 的水平上显著。

（3）借款企业所有制属性视角。

借款企业所有制属性也是影响其借款时是否需要提供抵押担保的重要因素，因而，本节按照借款者所有制属性进行分组，比较分析所有制属性对"货币政策—抵押担保条款"关系的影响。

表 5-5 Panel A 是国有企业样本回归，结果显示，在控制借款企业特征、宏观经济和企业借贷条款的前提下，货币政策代理变量 Rrr 和 Shibor 为负并且均不显著。这表明，货币政策对国有借款企业是否提供抵押担保条款影响不显著。与之不同的是，表 5-5 Panel B 民营企业样本回归结果显示，在控制相关影响因素的基础上，Rrr 和 Shibor 系数均在 1% 的水平上显著为正，并且系数值明显大于表 5-2 第（3）列和第（6）列的回归结果。

表5-5　借款企业所有制属性对"货币政策—抵押担保条款"关系的影响

	Panel A：国有企业		Panel B：民营企业	
	（1）	（2）	（3）	（4）
C	2.164 (0.196)	1.807 (0.134)	-2.548 (0.204)	0.535 (0.744)
Rrr	-0.051 (0.483)		0.238*** (0.001)	

续表

	Panel A：国有企业		Panel B：民营企业	
	(1)	(2)	(3)	(4)
Shibor		−0.151 (0.180)		0.367 *** (0.001)
Relate	−3.609 *** (0.000)	−3.619 *** (0.000)	−3.020 *** (0.000)	−3.027 *** (0.000)
Age	0.091 (0.510)	0.091 (0.510)	−0.358 ** (0.012)	−0.360 ** (0.011)
Fin	0.377 * (0.064)	0.376 * (0.065)	0.039 (0.870)	0.020 (0.932)
GDP	−0.048 (0.237)	−0.052 (0.203)	0.044 (0.381)	0.030 (0.554)
Interest	0.273 *** (0.000)	0.283 *** (0.000)	0.053 (0.101)	0.053 (0.100)
Maturity	0.058 (0.448)	0.051 (0.508)	0.080 (0.561)	0.071 (0.610)
Ln_Amount	−0.258 *** (0.001)	−0.256 *** (0.002)	0.088 (0.324)	0.072 (0.420)
Industry	Yes	Yes	Yes	Yes
Obs.	997	997	609	609
Pseudo R^2	0.309	0.310	0.339	0.338

注：括号里为 P 值；*、**、*** 分别表示在 10%、5% 和 1% 的水平上显著。

上述结果表明，与国有借款企业相比，货币政策对民营借款企业抵押担保条款的影响更为显著，这与本章的研究假说 H2b 一致。

5.4.3 稳健性检验

首先，为了保证回归结果不受到货币政策代理变量选取方法的影响，本节选取货币政策感受指数（Sentiment）作为货币政策测度变量进行稳健性检验。该指标来自《银行家问卷调查》，是指接受调查的银行家中判断货币政策适度的占比，该指数越大，说明货币政策越宽松。因而，预期Sentiment 与委托贷款是否存在抵押担保负相关。运用该指标重新进行检验，回归结果如表 5-6 所示。其结果与表 5-2 和表 5-3 的检验结果基本一致。

表 5-6　　　　　货币政策对抵押担保条款的影响——稳健性检验 1

	Panel A：Logit 回归			Panel B：有序 Logit 回归		
	（1）	（2）	（3）	（4）	（5）	（6）
C	0.139 (0.906)	-0.716 (0.784)	-0.888 (0.678)			
Sentiment	-0.010 (0.236)	-0.010 (0.244)	-0.013* (0.051)	-0.015** (0.014)	-0.015** (0.014)	-0.015*** (0.009)
Relate	-3.364*** (0.000)	-3.342*** (0.000)	-3.110*** (0.000)	-2.434*** (0.000)	-2.406*** (0.000)	-2.260*** (0.000)
Ownership	-1.032*** (0.000)	-1.001*** (0.000)	-0.904*** (0.000)	-0.991*** (0.000)	-0.977*** (0.000)	-0.910*** (0.000)
Age	-0.184*** (0.002)	-0.184*** (0.001)	-0.158*** (0.000)	-0.061 (0.461)	-0.061 (0.464)	-0.062 (0.437)
Fin		0.307*** (0.003)	0.300*** (0.005)		0.147 (0.245)	0.162 (0.240)
GDP		0.035 (0.802)	0.030 (0.824)		0.001 (0.990)	0.005 (0.955)
Interest			0.101** (0.038)			0.051*** (0.001)
Maturity			0.016 (0.854)			-0.032 (0.553)
Ln_Amount			-0.097* (0.087)			-0.016 (0.751)
Industry	Yes	Yes	Yes	Yes	Yes	Yes

续表

	Panel A：Logit 回归			Panel B：有序 Logit 回归		
	（1）	（2）	（3）	（4）	（5）	（6）
Year	Yes	Yes	Yes	Yes	Yes	Yes
Obs.	1606	1606	1606	1606	1606	1606
Pseudo R^2	0.389	0.391	0.398	0.224	0.224	0.227

注：括号里为 P 值；＊、＊＊、＊＊＊ 分别表示在 10%、5% 和 1% 的水平上显著。

其次，在本章使用的委托贷款样本中，很多借款企业不是上市公司，其具体财务信息不可得，因而，上述回归结果可能会受到遗漏变量问题的困扰。基于此，本节通过查阅委托贷款公告、相关上市公司年报等多种渠道进一步搜集信息，只得到 1273 个样本的资产规模信息，相较于原来的样本损失了近 21%。因而，在主回归中并未加入资产规模信息。在稳健性检验中，引入了资产规模的对数（Ln_Assets），检验结果如表 5 - 7 所示。其结果与表 5 - 2 和表 5 - 3 基本一致。

表 5 - 7　　　货币政策对抵押担保条款的影响——稳健性检验 2

	Panel A：Logit 回归		Panel B：有序 Logit 回归	
	（1）	（2）	（3）	（4）
C	- 1.374 （0.338）	0.937 （0.368）		
Rrr	0.171 ＊＊＊ （0.006）		0.121 ＊＊ （0.015）	
Shibor		0.185 ＊＊ （0.047）		0.128 ＊ （0.090）
Relate	- 3.287 ＊＊＊ （0.000）	- 3.279 ＊＊＊ （0.000）	- 2.329 ＊＊＊ （0.000）	- 2.324 ＊＊＊ （0.000）
Ownership	- 0.862 ＊＊＊ （0.000）	- 0.866 ＊＊＊ （0.000）	- 0.837 ＊＊＊ （0.000）	- 0.838 ＊＊＊ （0.000）
Age	- 0.034 （0.784）	- 0.047 （0.698）	0.024 （0.807）	0.015 （0.881）

· 120 ·

续表

	Panel A：Logit 回归		Panel B：有序 Logit 回归	
	（1）	（2）	（3）	（4）
Ln_Assets	−0.036 （0.577）	−0.033 （0.609）	−0.055 （0.279）	−0.054 （0.285）
Fin	0.346 ** （0.044）	0.333 * （0.052）	0.206 （0.144）	0.198 （0.159）
GDP	−0.035 （0.331）	−0.029 （0.417）	−0.027 （0.376）	−0.023 （0.433）
Interest	0.179 *** （0.000）	0.185 *** （0.000）	0.063 ** （0.018）	0.067 ** （0.012）
Maturity	0.037 （0.629）	0.042 （0.581）	−0.060 （0.369）	−0.060 （0.375）
Ln_Amount	−0.089 （0.288）	−0.099 （0.234）	0.043 （0.514）	0.039 （0.557）
Industry	Yes	Yes	Yes	Yes
Obs.	1273	1273	1273	1273
Pseudo R^2	0.406	0.403	0.227	0.225

注：括号里为 P 值；* 、** 、*** 分别表示在10%、5%和1%的水平上显著。

5.5 货币政策对委托贷款期限影响的分析

放贷者不仅可以通过要求一定的抵押担保控制风险，还可以通过缩短贷款期限、增加贷款轮数等方式加强对贷款使用的监督和回收。接下来，本节将进一步考察货币政策对委托贷款期限的影响。具体地，首先，在控制相关影响因素的基础上，检验货币政策与委托贷款期限之间的关系；其次，从借款企业特征维度出发，实证分析货币政策对委托贷款期限影响的差异性；最后，进行稳健性检验。

5.5.1 基准回归

为了实证考察货币政策对委托贷款期限的影响,对模型(5.2)进行回归。在控制借款企业特征、宏观经济和其他借贷条款等影响因素的基础上,检验了货币政策代理变量与委托贷款期限之间的关系。

表5-8第(1)~(3)列回归结果显示,不管是加入 Relate、Owner-ship 和 Age 等借款企业特征变量,还是控制 Fin、GDP、Interest、Collateral 和 Amount 等宏观经济变量和其他借贷条款变量,Rrr 系数均在5%的水平上显著为负。法定准备金率每上升1个基点,委托贷款期限会减少约3.3%。类似地,表5-8第(4)~(6)列回归结果显示,在逐步引入借款企业特征变量、宏观经济变量和其他借贷条款变量的基础上,Shibor 与委托贷款期限在5%的水平上显著负相关。Shibor 每上升1个基点,委托贷款期限会减少约4.5%。上述结果表明,紧缩的货币政策会显著缩短委托贷款期限。这与本章的研究假说 H1b 一致。

表5-8 货币政策对委托贷款期限的影响

	(1)	(2)	(3)	(4)	(5)	(6)
C	1.259 *** (0.000)	1.032 *** (0.000)	0.609 ** (0.022)	0.936 *** (0.000)	0.700 *** (0.000)	0.358 ** (0.048)
Rrr	−0.039 ** (0.021)	−0.040 ** (0.018)	−0.033 ** (0.047)			
Shibor				−0.048 ** (0.015)	−0.049 ** (0.014)	−0.045 ** (0.020)
Relate	0.055 ** (0.025)	0.060 ** (0.013)	0.002 (0.936)	0.054 ** (0.026)	0.060 ** (0.014)	0.002 (0.943)
Ownership	0.045 ** (0.027)	0.049 ** (0.017)	0.012 (0.573)	0.047 ** (0.022)	0.051 ** (0.014)	0.013 (0.532)
Age	−0.050 *** (0.000)	−0.050 *** (0.000)	−0.058 *** (0.000)	−0.050 *** (0.000)	−0.049 *** (0.000)	−0.058 *** (0.000)

续表

	(1)	(2)	(3)	(4)	(5)	(6)
Fin		0.055 *** (0.004)	0.059 *** (0.001)		0.055 *** (0.004)	0.059 *** (0.001)
GDP		0.013 ** (0.013)	0.014 *** (0.007)		0.013 ** (0.015)	0.014 *** (0.008)
Interest			−0.018 *** (0.000)			−0.018 *** (0.000)
Collateral			0.021 (0.384)			0.021 (0.376)
Ln_Amount			0.060 *** (0.000)			0.060 *** (0.000)
Industry	Yes	Yes	Yes	Yes	Yes	Yes
Year	Yes	Yes	Yes	Yes	Yes	Yes
Obs.	1606	1606	1606	1606	1606	1606
Adj. R^2	0.026	0.033	0.096	0.026	0.033	0.097

注：括号里为 P 值；*、**、*** 分别表示在 10%、5% 和 1% 的水平上显著。

同时，表 5-8 结果还揭示出，借款企业特征和宏观经济等因素也对委托贷款期限产生显著影响。具体来说，其一，Relate 和 Ownership 系数均为正，这表明，与非股权关联（民营）借款企业相比，股权关联（国有）借款企业获得委托贷款的期限较长；其二，Age 与委托贷款期限在 1% 的水平上显著为负，这表明，随着企业年龄增加，企业信息和信用不断积累，会降低其信息不对称程度和信用风险，进而使其能获得较长期限的贷款；其三，Fin 和 GDP 系数均在至少 5% 的水平上显著为正，这表明，在金融市场化程度较高、经济较发达地区，企业获得的贷款期限更长。

5.5.2 货币政策对委托贷款期限影响的差异性分析

上述研究表明，当货币政策紧缩时，委托贷款期限会显著缩短，这是因为放贷企业可以通过这一手段控制风险。接下来，本节将从信息不对称视角切入，进一步考察货币政策对委托贷款期限影响的差异性。

信息不对称问题是影响借贷契约设计的重要因素（Stiglitz and Weiss，1981；1983），但是，如何准确测度信息不对称程度是学术界面临的关键问题。受到数据可得性的限制，本节选取借款企业年龄和借贷双方股权关联关系作为信息不对的测度。具体如下所述。

第一，借鉴已有研究文献，本节将借款企业年龄作为信息不对称的逆测度指标（Ortiz – Molina and Penas，2008；Magri，2010）。企业年龄越大，积累的信息（财务信息、违约信息等）越多，因而与市场之间信息不对称程度越低。基于此，本节以企业年龄中位数为门槛值将样本划分为年龄较大组和年龄较小组进行分组回归，以考察借款企业年龄对"货币政策—委托贷款期限"关系的影响，具体如表 5 – 9 所示。

表 5 – 9　　　　借款企业年龄对"货币政策—委托贷款期限"关系的影响

	Panel A：年龄较大组		Panel B：年龄较小组	
	(1)	(2)	(3)	(4)
C	0. 406 (0. 397)	0. 264 (0. 235)	0. 489 * (0. 078)	0. 261 (0. 185)
Rrr	− 0. 022 (0. 450)		− 0. 030 *** (0. 009)	
Shibor		− 0. 035 (0. 267)		− 0. 040 * (0. 087)
Relate	0. 010 (0. 851)	0. 010 (0. 858)	0. 016 (0. 916)	0. 016 (0. 918)
Ownership	0. 015 (0. 773)	0. 016 (0. 751)	0. 005 (0. 904)	0. 007 (0. 887)
Age	0. 011 (0. 739)	0. 010 (0. 753)	− 0. 091 *** (0. 006)	− 0. 091 *** (0. 005)
Fin	0. 031 (0. 632)	0. 031 (0. 632)	0. 076 ** (0. 034)	0. 076 ** (0. 034)
GDP	0. 009 (0. 110)	0. 009 (0. 113)	0. 020 * (0. 050)	0. 020 * (0. 051)

	Panel A：年龄较大组		Panel B：年龄较小组	
	（1）	（2）	（3）	（4）
Interest	−0.013 ** (0.013)	−0.013 ** (0.013)	−0.018 ** (0.042)	−0.018 ** (0.043)
Collateral	0.018 (0.604)	0.017 (0.615)	0.025 (0.657)	0.026 (0.643)
Ln_Amount	0.080 *** (0.000)	0.081 *** (0.000)	0.047 * (0.060)	0.046 * (0.062)
Industry	Yes	Yes	Yes	Yes
Year	Yes	Yes	Yes	Yes
Obs.	798	798	808	808
Pseudo R^2	0.103	0.104	0.108	0.108

注：括号里为 P 值；*、**、*** 分别表示在 10%、5% 和 1% 的水平上显著。

表 5-9 Panel A 结果显示，对年龄较大组（信息不对称程度较低组）样本而言，虽然货币政策代理变量与委托贷款期限负相关，但是都不显著。与之不同的是，表 5-9 Panel B 结果显示，对年龄较小组（信息不对称程度较高组）样本而言，在控制相关影响因素的基础上，货币政策代理变量 Rrr 和 Shibor 均在至少 10% 的水平上显著为负。另外，值得指出的是，比较两组回归结果的系数可知，与年龄较大组（信息不对称程度较低组）样本相比，年龄较小组（信息不对称程度较高组）Rrr 系数的绝对值上升约 37%，而 Shibor 系数的绝对值上升约 15%。这表明，与年龄较大的借款企业相比，货币政策对年龄较小借款企业贷款期限的影响力度更大。

第二，由于存在控股或参股关系，股权关联放贷企业不仅能比非股权关联方更全面和细致地获取借款者的相关信息，而且其获得信息的成本（时间成本和人力成本）往往也更低。这样一来，与非股权关联企业间的委托贷款交易相比，股权关联企业间借贷时具有一定的信息优势。基于此，本节按照借贷双方是否存在股权关联关系进行分组回归，考察借贷双方股权关联关系对"货币政策—委托贷款期限"关系的影响，具体如表 5-10 所示。

表 5 – 10 股权关联关系对"货币政策—委托贷款期限"关系的影响

	Panel A：股权关联		Panel B：非股权关联	
	(1)	(2)	(3)	(4)
C	0.875 ***	0.652 ***	1.834 *	0.906
	(0.007)	(0.002)	(0.089)	(0.144)
Rrr	– 0.027 *		– 0.099 **	
	(0.072)		(0.011)	
Shibor		– 0.034 **		– 0.101 ***
		(0.010)		(0.001)
Ownership	0.044	0.045	– 0.043	– 0.039
	(0.144)	(0.146)	(0.342)	(0.425)
Age	– 0.055 *	– 0.054 *	– 0.044	– 0.043
	(0.077)	(0.077)	(0.324)	(0.341)
Fin	0.076 **	0.076 **	– 0.026	– 0.029
	(0.031)	(0.031)	(0.540)	(0.496)
GDP	0.008 *	0.008 *	0.018	0.018
	(0.065)	(0.066)	(0.128)	(0.131)
Interest	– 0.011	– 0.011	– 0.017 **	– 0.017 **
	(0.148)	(0.164)	(0.028)	(0.025)
Collateral	– 0.001	– 0.001	0.093	0.101
	(0.970)	(0.972)	(0.144)	(0.110)
Ln_Amount	0.077 ***	0.077 ***	0.016	0.018
	(0.001)	(0.001)	(0.741)	(0.718)
Industry	Yes	Yes	Yes	Yes
Year	Yes	Yes	Yes	Yes
Obs.	1186	1186	420	420
Adj. R^2	0.119	0.119	0.219	0.213

注：括号里为 P 值；* 、** 、*** 分别表示在 10% 、5% 和 1% 的水平上显著。

表 5 – 10 回归结果显示，不管是在股权关联组（信息不对称程度较低组）还是在非股权关联组（信息不对称程度较高组），货币政策代理变量

均显著为负。而且，比较两组回归结果可知，其一，非股权关联组 Rrr 回归系数的绝对值是股权关联组回归结果的 3.7 倍，并且，回归系数的显著性也由 10% 提高至 5%；其二，与股权关联组回归结果相比，在非股权关联组不仅 Shibor 回归系数的显著性提高至 1%，而且系数的绝对值也提高近两倍。上述结果表明，与股权关联企业间的委托贷款相比，货币政策对非股权关联借款企业贷款期限的影响更为显著。

综合以上实证检验结果可知，与信息不对称程度较低企业（年龄较大、存在股权关联）相比，货币政策对信息不对称程度较高借款企业（年龄较小、不存在股权关联）贷款期限的影响力度更加显著。这与本章的研究假说 H3 一致。也就是说，信息不对称程度加剧会显著提高货币政策紧缩对贷款期限的缩短作用机制。

5.5.3 稳健性检验

与前面类似，为了保证回归结果的稳健性，本节通过改变货币政策测度变量、在回归中进一步引入企业资产等方法进行稳健性检验。具体如下所示。

其一，本节以《银行家问卷调查》中的货币政策感受指数（Sentiment）作为货币政策的测度变量重新进行上述检验，预期 sentiment 与委托贷款期限正相关。表 5 – 11 回归结果显示，Sentiment 系数均在 5% 的水平上显著为正，并且，随着不断引入借款企业特征变量、宏观经济变量和其他借贷条款变量，系数的显著性也逐步提高。这与表 5 – 8 回归结果一致。

表 5 – 11 货币政策对委托贷款期限的影响——稳健性检验 1

	(1)	(2)	(3)
C	0.604 *** (0.000)	0.372 ** (0.030)	0.024 (0.897)
Sentiment	0.004 ** (0.034)	0.004 ** (0.038)	0.004 ** (0.013)

续表

	(1)	(2)	(3)
Relate	0.051 ** (0.035)	0.057 ** (0.020)	−0.002 (0.955)
Ownership	0.046 ** (0.026)	0.049 ** (0.017)	0.011 (0.589)
Age	−0.047 *** (0.000)	−0.046 *** (0.000)	−0.055 *** (0.000)
Fin		0.054 *** (0.004)	0.058 *** (0.001)
GDP		0.013 ** (0.016)	0.014 *** (0.008)
Interest			−0.018 *** (0.000)
Collateral			0.023 (0.346)
Ln_Amount			0.060 *** (0.000)
Industry	Yes	Yes	Yes
Year	Yes	Yes	Yes
Obs.	1606	1606	1606
Adj. R^2	0.026	0.032	0.098

注: 括号里为 P 值; * 、** 、*** 分别表示在 10% 、5% 和 1% 的水平上显著。

其二, 在回归模型 (5.2) 中进一步引入借款企业资产变量 (Ln_Assets)。表 5 – 12 结果显示, 货币政策代理变量 Rrr 和 Shibor 仍与委托贷款期限负相关, 显著性略有下降。这与表 5 – 8 回归结果一致。

表 5 – 12　　　　货币政策对委托贷款期限的影响——稳健性检验 2

	(1)	(2)	(3)	(4)	(5)	(6)
C	0.855 *** (0.000)	0.593 ** (0.039)	0.593 *** (0.005)	0.774 *** (0.000)	0.513 ** (0.018)	0.492 *** (0.005)

	(1)	(2)	(3)	(4)	(5)	(6)
Rrr	− 0.012 (0.311)	− 0.012 (0.336)	− 0.017 (0.131)			
Shibor				− 0.020 (0.380)	− 0.020 (0.379)	− 0.032 * (0.088)
Relate	0.006 (0.937)	0.018 (0.770)	− 0.037 (0.597)	0.006 (0.937)	0.018 (0.770)	− 0.037 (0.595)
Ownership	0.047 (0.224)	0.051 (0.221)	0.039 (0.341)	0.048 (0.214)	0.052 (0.211)	0.040 (0.323)
Age	− 0.042 *** (0.009)	− 0.045 *** (0.006)	− 0.023 *** (0.010)	− 0.042 *** (0.009)	− 0.045 *** (0.006)	− 0.023 *** (0.009)
Ln_Assets	− 0.003 (0.755)	0.000 (0.984)	− 0.045 *** (0.002)	− 0.003 (0.755)	0.000 (0.987)	− 0.045 *** (0.003)
Fin		0.085 (0.214)	0.077 (0.125)		0.085 (0.213)	0.077 (0.123)
GDP		0.011 ** (0.010)	0.012 ** (0.015)		0.011 *** (0.010)	0.012 ** (0.013)
Interest			− 0.024 *** (0.000)			− 0.024 *** (0.000)
Collateral			0.032 (0.205)			0.032 (0.210)
Ln_Amount			0.090 *** (0.000)			0.091 *** (0.000)
Industry	Yes	Yes	Yes	Yes	Yes	Yes
Year	Yes	Yes	Yes	Yes	Yes	Yes
Obs.	1273	1273	1273	1273	1273	1273
Adj. R^2	0.024	0.036	0.122	0.024	0.037	0.123

注：括号里为 P 值；＊、＊＊、＊＊＊分别表示在10%、5%和1%的水平上显著。

5.6 本章小结

本章以我国2007~2015年上市公司委托贷款公告数据为研究对象,实证考察了货币政策对委托贷款抵押担保、期限等借贷条款的影响。研究发现,货币政策对委托贷款抵押担保、期限施加了显著的影响:货币政策紧缩不仅显著提高了借款企业提供抵押担保的概率和严苛程度,而且显著缩短了贷款期限。

进一步的研究发现,货币政策对委托贷款借贷条款的影响在借款企业特征维度表现出较大的差异。其一,在货币政策紧缩时期,与股权关联借款企业相比,为获得委托贷款,非股权关联借款企业提供抵押担保的概率更大;其二,与国有借款企业相比,货币政策紧缩对提高民营借款企业抵押担保的作用力度更大;其三,当借款企业年龄较小、与放贷方不存在股权关联关系时,借贷双方之间的信息不对称程度越高,货币政策紧缩对委托贷款期限的降低作用越显著。

本章研究表明,在货币政策紧缩时期,除了提高资金价格和控制信贷规模,债权人还可以通过提高抵押担保要求、缩短贷款期限等方式控制风险和信息不对称问题。这有助于我们认识在转型经济国家,货币政策这一宏观经济条件对企业间信贷条款决定施加的影响,加深我们对其作用机制的理解,进而为借贷条款决定及其影响因素的相关经验研究提供来自中国的最新证据,并在边际上拓展对我国货币政策信贷传导机制的相关研究。

第6章
研究结论与展望

6.1 研究结论

本书以手工搜集整理的上市公司委托贷款公告这一独特数据为研究对象，在货币政策由数量型向价格型调控转型和金融创新不断涌现的背景下，从企业微观视角切入实证考察了我国货币政策传导有效性问题。得到如下结论：

第一，货币政策利率传导机制方面，本书在构建理论模型进行分析的基础上，运用 2007～2013 年上市公司披露的委托贷款数据实证检验了我国货币政策利率传导有效性问题。实证研究结果显示，货币政策松紧程度会显著影响企业借款利率。一方面，法定存款准备金率与借款企业显著正相关；另一方面，央行票据发行利率上升 1 个基点，企业借款利率平均会上升 0.68 个基点。同时，中介效应检验揭示出，货币政策通过 Shibor 对企业借款利率施加影响，以 Shibor 为中介变量的中介效应占货币政策总效应的比重高达 83%。

进一步研究发现，在融资歧视背景下，我国货币政策利率传导表现出显著的体制内外差异。一方面，对民营企业等体制外借款企业而言，委托贷款借款利率往往处于较高水平，货币政策松紧与否未能对其施加作用；另一方面，对国有企业等享有融资优待的借款者而言，借款利率对货币政策变化十分敏感，货币政策对其借贷利率的影响在一定程度上通过货币市场利率 Shibor 传导。

第二，货币政策信贷传导机制方面，本书以委托贷款这一典型的影子银行机制为研究对象，实证考察了我国货币政策信贷传导有效性问题。研究结果发现，货币政策显著影响了委托贷款规模：一方面，从央行发布的宏观数据来看，在货币政策紧缩时期，伴随着银行信贷下滑，社会融资中委托贷款的规模显著扩大；另一方面，基于上市公司委托贷款公告数据的实证检验表明，货币政策紧缩不仅在广延边际上提高了企业发放委托贷款的概率，而且在集约边际上促使其发放的委托贷款规模增长。这表明以委托贷款为代表的影子银行削弱了货币政策信贷传导有效性。

进一步的研究发现，货币政策对委托贷款规模的影响因借款企业是否处于体制内而表现出显著差异。虽然货币政策紧缩显著扩大了上市公司发放委托贷款的规模，但是，与国有企业等体制内借款企业相比，在货币政策紧缩时期，上市公司不仅向民营企业等体制外借款企业发放委托贷款的概率更大，而且放贷规模也更大。这意味着影子银行对货币政策信贷传导的削弱作用机制在于，受到融资歧视的体制外企业更多地通过影子银行机制融资。

第三，货币政策广义信贷渠道指出，货币政策有效性不仅受到利率的影响，还与解决信息不对称的成本相关。因而，本书进一步利用 2007 ~ 2015 年上市公司委托贷款公告数据，从信息不对称视角切入实证考察了货币政策对委托贷款抵押担保、期限等借贷条款的影响。实证研究结果表明，货币政策会对委托贷款抵押担保、期限等借贷条款施加显著影响。一方面，货币政策紧缩会显著提高借款企业提供抵押担保的概率，并且，随着货币政策进一步收紧，对抵押担保的要求也会更加严苛；另一方面，货币政策紧缩与委托贷款期限显著负相关。

进一步的研究发现，货币政策对委托贷款抵押担保、期限等借贷条款的影响在企业特征维度表现出显著差异：其一，与股权关联企业、国有企业等享有融资优待的借款企业相比，货币政策紧缩对提高非股权关联企业、民营企业抵押担保要求的作用力度更大；其二，与信息不对称程度较低的企业（年龄较大、股权关联）相比，货币政策紧缩对信息不对称程度较高的借款企业（年龄较小、非股权关联）贷款期限的降低作用力度更大。

6.2 政策含义

本书实证研究结果有如下政策含义：

其一，本书实证研究表明，与宽松货币政策显著降低体制内企业借款利率不同，对体制外企业而言，其借款利率长期处于高位，货币政策的利率传导机制失效。货币政策利率传导机制的这种体制内外差异说明，一方面，全面降准等货币供给总量调整措施并不会降低体制外企业的借款利率，差异性货币政策对降低体制外企业融资成本十分必要，中期借贷便利等针对"三农"和中小企业的定向调控工具可能更有效。另一方面，要想切实提高货币政策对体制外企业借贷利率的作用，必须进一步推进和深化金融改革以缓解融资歧视、信息不对称等金融市场不完美因素的负面影响，比如放宽金融市场准入，发展面向体制外企业的中小银行、民营银行等金融机构，加快利率市场化改革，以夯实货币政策利率传导机制的微观基础。

其二，本书以委托贷款为对象的实证研究还表明，当货币政策趋紧时，伴随着银行信贷下滑，上市公司发放委托贷款的概率和规模均显著增加。这些实证结果意味着，我国货币政策虽然能有效调控银行信贷规模，但以委托贷款为代表的影子银行机制在一定程度上削弱了货币政策的信贷传导有效性。这表明，央行期望通过实施紧缩的货币政策调控信贷规模以抑制投资过热，但企业可以利用委托贷款这类影子银行机制融通资金来弥补银行信贷短缺，这会削弱货币政策执行效果。因而，为了提高货币政策作用力度，央行有必要将包含影子银行体系在内的社会融资规模纳入货币政策中间目标。

其三，一直以来，我国金融体系都因为广大中小企业融资难、融资成本高等问题而饱受诟病，近年来，我国政府希望通过调整货币政策以降低其融资成本。然而，本书经验分析表明，从委托贷款这一影子银行机制的实践看，趋于宽松的货币政策虽然能降低国有企业等体制内企业的借贷利率，但却未有效解决民营企业等体制外企业借贷利率居高不下的问题。实际上，本书实证研究显示，在关注委托贷款可能引发系统性金融风险等问题的同时，也要充分发挥其在信息甄别、风险控制等方面的优势，切实有效利用委托贷款这类影子银行机制对正规金融机制的补充作用，以有效缓解民营企业等体制外企业的融资约束。

6.3 研究不足与展望

本书在细致梳理近年来我国货币政策实践的基础上，以委托贷款这一创新性影子银行机制为研究对象，实证考察了我国货币政策传导有效性问题。这不仅在边际上拓展了对我国货币政策传导机制的相关研究，还加深了我们对影子银行机制运用的认识和理解。但本书研究仍存在一些不足之处，这有待未来进一步地开展研究。具体如下所述。

第一，近年来，除了传统的公开市场操作、法定准备率、调整存贷款基准利率、窗口指导外，中国人民银行还多次使用了定向降准、调节正回购利率、常备借贷便利（SLF）、中期借贷便利（MLF）和抵押补充贷款（PSL）等创新性货币政策工具，央行的货币政策工具选择表现出"数量型"和"价格型"并重的特点。因此，在本书以法定准备金率、央票发行利率、货币政策感受指数、Shibor 等作为货币政策代理变量的基础上，在以后的研究中，可以尝试从货币政策工具选择视角切入，将货币政策进行细致划分，考察不同类型货币政策的作用效果。这将进一步为货币当局灵活使用各种货币政策工具调节宏观经济提供参考。

第二，作为新兴转轨经济体，我国金融市场发展还不健全，市场化改革仍会持续推进，这使得不同货币政策传导机制的有效性在不同时期表现出不同的状态。对我国货币政策传导有效性问题的研究应该以动态的、发展的眼光对待。因此，在下一步地研究中，可以将利率市场化改革等制度因素的动态变化纳入模型中，细致考察制度改革对货币政策传导有效性的影响。

第三，影子银行业务近年来在我国发展迅猛，除了委托贷款之外，在我国影子银行的具体实践中还存在信托贷款、银行可承兑汇票、银行理财等其他类型。然而，受到数据可得性的限制，本书仅使用了委托贷款这一种典型的影子银行机制为研究对象。但是，随着对影子银行监督制度的完善，还会有更全面、细致的影子银行数据可供研究使用。利用加总的或不同类别的影子银行数据，更精准地考察影子银行对货币政策传导机制的影响也是未来可能的研究方向。

附　　录

附录 1：2002~2015 年社会融资规模月度数据

单位：亿元人民币

时间	社会融资规模	其中：						
		人民币贷款	外币贷款（折合人民币）	委托贷款	信托贷款	未贴现的银行承兑汇票	企业债券	非金融企业境内股票融资
2002 - 01	- 472	240	- 11	- 12	—	- 755	0	40
2002 - 02	289	530	92	16	—	- 402	0	27
2002 - 03	3136	2554	65	- 3	—	315	0	173
2002 - 04	1151	937	54	119	—	51	10	- 56
2002 - 05	1774	1110	73	74	—	426	10	50
2002 - 06	2621	2929	88	18	—	- 589	78	55
2002 - 07	813	620	33	45	—	36	10	34
2002 - 08	1585	1736	- 15	- 14	—	- 233	23	48
2002 - 09	3507	2885	88	- 23	—	296	58	162
2002 - 10	795	722	16	- 27	—	- 61	87	27
2002 - 11	1805	1539	42	- 16	—	107	60	34
2002 - 12	3109	2673	205	0	—	113	30	34
2003 - 01	3386	3266	106	37	—	- 113	25	29
2003 - 02	998	1091	53	18	—	- 277	56	20
2003 - 03	4041	3725	271	23	—	- 41	0	26

时间	社会融资规模	其中：						
		人民币贷款	外币贷款（折合人民币）	委托贷款	信托贷款	未贴现的银行承兑汇票	企业债券	非金融企业境内股票融资
2003 - 04	2622	1945	227	68	—	280	12	47
2003 - 05	2971	2534	265	2	—	121	5	8
2003 - 06	5842	5250	299	176	—	13	16	40
2003 - 07	1344	1062	103	22	—	- 34	58	92
2003 - 08	3321	2808	247	100	—	- 5	55	73
2003 - 09	4040	3035	400	78	—	432	14	34
2003 - 10	1218	616	148	- 10	—	378	15	36
2003 - 11	1832	1025	202	66	—	355	34	110
2003 - 12	2498	1295	- 37	21	—	902	210	44
2004 - 01	2114	2540	180	133	—	- 851	4	70
2004 - 02	438	2085	287	138	—	- 2174	45	20
2004 - 03	6557	3726	313	98	—	2316	10	45
2004 - 04	2731	1995	171	99	—	331	19	70
2004 - 05	2443	1132	151	1316	—	- 263	23	42
2004 - 06	3229	2821	209	144	—	- 119	17	103
2004 - 07	590	- 19	- 65	99	—	329	4	194
2004 - 08	1501	1157	50	162	—	- 3	27	59
2004 - 09	2981	2502	16	115	—	134	130	25
2004 - 10	483	256	- 105	98	—	105	70	16
2004 - 11	1977	1495	175	358	—	- 151	37	5
2004 - 12	3586	2983	1	357	—	58	82	23
2005 - 01	3620	2810	727	187	—	- 190	20	16
2005 - 02	824	959	- 6	53	—	- 251	0	29
2005 - 03	4189	3607	172	277	—	69	0	6
2005 - 04	1999	1420	91	200	—	177	47	10
2005 - 05	1968	1089	206	109	—	92	151	274

续表

时间	社会融资规模	其中：						
		人民币贷款	外币贷款（折合人民币）	委托贷款	信托贷款	未贴现的银行承兑汇票	企业债券	非金融企业境内股票融资
2005–06	4723	4653	152	89	—	−323	85	5
2005–07	629	−314	186	202	—	172	330	0
2005–08	2097	1897	−155	153	—	50	90	0
2005–09	6041	3453	−30	171	—	2126	253	0
2005–10	−974	264	287	215	—	−2141	347	0
2005–11	2368	2251	−136	123	—	−208	265	0
2005–12	2524	1454	−80	184	—	450	422	0
2006–01	6323	5674	114	345	31	−208	303	0
2006–02	1737	1491	71	119	26	−221	204	0
2006–03	7472	5402	159	204	38	1176	299	127
2006–04	3325	3163	128	419	27	−752	271	0
2006–05	3785	2094	108	257	87	886	289	6
2006–06	3843	3655	17	129	75	−420	209	104
2006–07	2254	1634	−65	194	98	100	116	114
2006–08	3362	1900	353	201	68	253	153	357
2006–09	3077	2201	14	228	94	415	−8	52
2006–10	894	169	−12	155	107	128	237	44
2006–11	2788	1935	233	254	68	−179	212	183
2006–12	3837	2204	341	188	107	322	26	548
2007–01	6908	5663	−208	211	124	913	−39	158
2007–02	3083	4138	197	162	108	−1573	−80	65
2007–03	6311	4417	211	100	65	1143	177	128
2007–04	6103	4220	118	460	111	1006	−41	145
2007–05	3824	2473	265	230	245	346	52	137
2007–06	7042	4515	684	243	152	1025	309	20
2007–07	3100	2314	316	331	126	−351	133	149

时间	社会融资规模	其中：						
		人民币贷款	外币贷款（折合人民币）	委托贷款	信托贷款	未贴现的银行承兑汇票	企业债券	非金融企业境内股票融资
2007 - 08	6961	3029	585	421	203	2113	263	256
2007 - 09	5290	2835	647	270	- 3	588	310	548
2007 - 10	3688	1361	458	- 250	434	398	213	992
2007 - 11	3073	874	525	135	- 169	- 212	790	1017
2007 - 12	4281	485	66	1058	307	1306	198	718
2008 - 01	10859	8058	1235	564	- 19	219	75	615
2008 - 02	4731	2434	1532	93	22	- 297	316	557
2008 - 03	6391	2834	733	82	242	1582	427	367
2008 - 04	7076	4690	149	537	660	279	333	317
2008 - 05	5678	3185	209	423	261	1110	2	365
2008 - 06	5976	3324	97	447	95	1713	0	185
2008 - 07	4890	3818	- 43	373	594	- 723	572	188
2008 - 08	4575	2715	- 204	326	323	648	352	290
2008 - 09	5659	3745	- 171	648	445	206	616	50
2008 - 10	1288	1819	- 742	158	451	- 1469	948	7
2008 - 11	4517	4775	- 534	355	- 143	- 717	573	69
2008 - 12	8164	7645	- 314	255	214	- 1486	1309	315
2009 - 01	13990	16177	- 582	262	- 346	- 2232	507	14
2009 - 02	11131	10715	- 288	347	38	- 305	447	48
2009 - 03	22011	18920	291	407	- 137	972	1240	119
2009 - 04	5452	5918	478	339	75	- 3247	1557	137
2009 - 05	14959	6669	1054	619	292	5035	876	238
2009 - 06	21067	15304	2542	678	297	613	1238	190
2009 - 07	7388	3691	752	502	572	295	587	788
2009 - 08	7650	4104	1315	776	482	- 103	634	234
2009 - 09	11871	5167	1208	1125	869	1310	1678	299

时间	社会融资规模	其中:						
		人民币贷款	外币贷款（折合人民币）	委托贷款	信托贷款	未贴现的银行承兑汇票	企业债券	非金融企业境内股票融资
2009 – 10	5985	2530	1112	708	218	217	723	302
2009 – 11	9501	2948	1131	670	1294	1178	1909	168
2009 – 12	8100	3800	252	347	710	874	973	815
2010 – 01	20550	13934	641	857	265	3449	664	519
2010 – 02	10877	6999	663	96	496	1425	688	366
2010 – 03	13830	5107	662	567	1377	4208	1324	365
2010 – 04	14919	7740	349	635	2039	2309	1192	432
2010 – 05	10805	6493	– 112	623	762	1213	1356	253
2010 – 06	10196	6027	– 18	421	1077	1105	872	468
2010 – 07	7202	5327	– 378	706	231	900	– 69	262
2010 – 08	10646	5446	166	521	– 761	3381	1208	419
2010 – 09	11224	6004	918	626	– 713	1679	1883	543
2010 – 10	8608	5877	346	1027	– 297	306	629	483
2010 – 11	10554	5689	526	1121	– 324	1796	719	722
2010 – 12	10780	4807	1090	1549	– 288	1576	594	954
2011 – 01	17560	10263	862	1272	– 98	3157	1012	731
2011 – 02	6468	5377	347	419	141	– 1176	877	270
2011 – 03	18212	6794	572	1513	47	5631	2682	557
2011 – 04	13673	7430	492	1407	501	2332	761	448
2011 – 05	10854	5516	842	1216	180	1695	721	351
2011 – 06	10873	6339	245	1202	141	1630	536	320
2011 – 07	5393	4916	9	1232	– 28	– 1726	422	252
2011 – 08	10741	5484	376	1409	176	1652	898	350
2011 – 09	4279	4693	1025	1008	– 223	– 3361	520	236
2011 – 10	7908	5868	415	518	90	– 1186	1639	244
2011 – 11	9581	5629	49	595	716	– 227	2077	268

时间	社会融资规模	其中：						
		人民币贷款	外币贷款（折合人民币）	委托贷款	信托贷款	未贴现的银行承兑汇票	企业债券	非金融企业境内股票融资
2011－12	12744	6406	478	1173	389	1851	1514	350
2012－01	9754	7381	－148	1646	247	－214	442	81
2012－02	10431	7107	526	394	522	－284	1544	229
2012－03	18704	10114	950	770	1018	2821	1974	565
2012－04	9637	6818	96	1015	37	279	887	190
2012－05	11432	7932	302	215	557	380	1441	184
2012－06	17802	9198	1040	789	988	3113	1982	246
2012－07	10522	5401	70	1279	384	218	2486	316
2012－08	12407	7039	743	1046	1180	－844	2584	208
2012－09	16462	6226	1764	1449	2012	2155	2278	158
2012－10	12906	5054	1290	941	1444	729	2992	88
2012－11	11225	5220	1045	1218	1802	－489	1820	107
2012－12	16282	4546	1486	2079	2598	2637	2126	135
2013－01	25446	10721	1795	2061	2108	5798	2249	244
2013－02	10705	6200	1149	1426	1825	－1823	1454	165
2013－03	25503	10625	1509	1748	4312	2731	3870	208
2013－04	17629	7923	847	1926	1942	2218	2039	274
2013－05	11871	6694	357	1967	971	－1141	2230	231
2013－06	10375	8628	133	1990	1208	－2615	323	126
2013－07	8191	6997	－1157	1927	1151	－1777	476	128
2013－08	15841	7128	－360	2938	1209	3049	1240	136
2013－09	14120	7870	891	2218	1130	－79	1443	113
2013－10	8645	5060	53	1834	431	－345	1078	78
2013－11	12310	6246	122	2704	1006	60	1424	147
2013－12	12532	4824	509	2727	1111	1679	287	369
2014－01	26004	13190	1588	3971	1059	4902	375	454

续表

时间	社会融资规模	其中：						
		人民币贷款	外币贷款（折合人民币）	委托贷款	信托贷款	未贴现的银行承兑汇票	企业债券	非金融企业境内股票融资
2014 – 02	9370	6448	1302	799	747	– 1419	1026	169
2014 – 03	20934	10497	1363	2413	1071	2252	2464	352
2014 – 04	15259	7745	186	1505	398	789	3664	582
2014 – 05	14013	8708	– 162	1987	125	– 94	2797	162
2014 – 06	19673	10793	357	2616	1200	1445	2626	154
2014 – 07	2737	3852	– 169	1219	– 158	– 4157	1435	332
2014 – 08	9577	7025	– 201	1751	– 515	– 1116	1934	217
2014 – 09	11355	8572	– 506	1610	– 326	– 1410	2338	612
2014 – 10	6807	5483	– 716	1377	– 215	– 2411	2590	279
2014 – 11	11459	8527	– 26	1270	– 314	– 668	1807	379
2014 – 12	16945	6973	540	4551	2102	601	761	658
2015 – 01	20516	14708	212	832	52	1946	1868	526
2015 – 02	13609	11437	– 146	1299	38	– 592	716	542
2015 – 03	12433	9920	– 4	1111	– 77	– 910	1344	639
2015 – 04	10582	8045	– 265	344	– 46	– 74	1616	597
2015 – 05	12397	8510	81	324	– 195	961	1710	584
2015 – 06	18384	13240	560	1414	536	– 1028	2132	1051
2015 – 07	7511	5890	– 133	1137	99	– 3317	2832	615
2015 – 08	11097	7756	– 620	1198	317	– 1577	3121	479
2015 – 09	13571	10417	– 2344	2422	– 159	– 1279	3805	349
2015 – 10	5593	5574	– 1317	1390	– 201	– 3697	3331	121
2015 – 11	10255	8873	– 1142	910	– 301	– 2545	3378	568
2015 – 12	18114	8323	– 1308	3530	370	1546	3535	1518

资料来源：中国人民银行网站。

附录2：委托贷款公告样例

证券代码：600997　　证券简称：开滦股份　　公告编号：临2014-026

上市公司情况

开滦能源化工股份有限公司
关于为子公司提供委托贷款的公告

　　本公司董事会及全体董事保证公告内容不存在任何虚假记载、误导性陈述或者重大遗漏，并对其内容的真实性、准确性和完整性承担个别及连带责任。

委托贷款相关情况（借款方、金额、期限、利率）

重要内容提示：
- 委托贷款对象：承德中滦煤化工有限公司
- 委托贷款金额：人民币柒仟贰佰万元整（人民币 7,200.00 万元整）
- 委托贷款期限：1 个月
- 委托贷款利率：6.72%

一、委托贷款概述

（一）委托贷款基本情况　　贷款提供方

　　根据开滦能源化工股份有限公司（以下简称"公司"）第四届董事会第四次会议决议和2013年度股东大会决议，2014年6月24日，金融中介公司公司与开滦集团财务有限责任公司（以下简称"开滦财务公司"）、承德中滦煤化工有限公司（以下简称"承德中滦公司"）签署编号为"WTDK2014026 号"的《委托贷款合同》，公司通过开滦财务公司向承德中滦公司提供 7,200.00 万元的委托贷款。委托贷款金额

　　公司向承德中滦公司提供委托贷款，有利于该公司正常的生产经营。此委托贷款主要用于承德中滦公司生产经营支出，贷款期限自 2014 年 6 月 24 日至 2014 年 7 月 23 日止，贷款利率为 6.72%，贷款

委托贷款期限　　　　　　　　委托贷款利率

委托贷款资金来源

期限一个月。公司本次向承德中滦公司提供的委托贷款资金为公司自有资金。

承德中滦公司向开滦财务公司支付委托贷款手续费构成关联交易，已经公司第四届董事会第四次会议和 2013 年度股东大会审议通过。

（二）上市公司内部需履行的审批程序

上述委托贷款事项已经公司董事会和股东大会审议通过，发放委托贷款程序符合法律法规和《公司章程》的要求。第四届董事会第四次会议和 2013 年度股东大会审议通过，在 2013 年度股东大会审议通过之日起至 2015 年 5 月 30 日期限内，公司向承德中滦公司提供不超过 39,800.00 万元的贷款担保或委托贷款，截至目前公司已对承德中滦公司提供担保 10,200.00 万元，发放委托贷款 7,200.00 万元，贷款担保或委托贷款剩余额度 22,400.00 万元。

二、委托贷款对象/借款人基本情况

注册地点（主要办公地点）：承德双滦区滦河镇

注册资本：77,800 万元　　借款方信息，地址、注册资本、主营业务

法定代表人：何云生

经营范围：焦炭、焦炉煤气、焦油、粗苯、硫磺的加工、销售。

借贷双方股权关联关系

承德中滦公司为公司的控股子公司，公司持有其 51%的股权，承德钢铁集团有限责任公司（以下简称"承钢"）持有 49%的股权（承钢为河北钢铁集团一级子公司。承钢目前以钒钛产品和冶炼、轧制含钒钛低合金钢材为主业，逐步形成从采、选、运到冶、炼、轧、钒完整的钒钢生产体系。该公司与公司不存在关联关系）。截至 2013 年末，承德中滦公司经审计的资产总额为 212,805.31 万元，负债总额 136,736.44 万元（其中：贷款总额 28,450.00 万元，流动负债总额 135,389.61 万元），净资产 76,068.87 万元，2013 年度营业收入实现 294,806.11 万元，利润总额 7,213.90 万元，净利润 6,813.59 万元。 截

至 2014 年 3 月末，承德中滦公司未经审计的资产总额为 231,003.16 万元，负债总额 153,489.58 万元（其中：贷款总额 18,500.00 万元，流动负债总额 152,142.76 万元），净资产 77,513.58 万元，2014 年 1-3 月营业收入实现 53,215.95 万元，利润总额实现 1,206.45 万元，净利润 1,348.51 万元。

三、委托贷款对上市公司的影响

本次委托贷款资金为公司自有资金，不会影响公司正常的经营运转和相关投资。公司的委托贷款事项不会损害公司及股东利益。

四、截止本公告日，上市公司累计对外提供委托贷款金额及逾期金额

截至本公告日，公司对外发放委托贷款为 145,600.00 万元，均为对公司控股子公司发放的委托贷款，公司未向其他关联方提供委托贷款，也不存在违规发放委托贷款和逾期未收回委托贷款的情形。其中：为子公司迁安中化煤化工有限责任公司发放委托贷款 16,000.00 万元，为子公司唐山中润煤化工有限公司发放委托贷款 70,000.00 万元，为子公司唐山考伯斯开滦炭素化工有限公司发放委托贷款 13,400.00 万元，为山西介休义棠倡源煤业有限公司发放委托贷款 6,000.00 万元，为子公司唐山中浩化工有限公司发放委托贷款 30,000.00 万元，为子公司唐山中阳新能源有限公司发放委托贷款 3,000.00 万元，为子公司承德中滦煤化工有限公司发放委托贷款 7,200.00 万元。

特此公告。

开滦能源化工股份有限公司董事会

二〇一四年六月二十六日

委托贷款回收及逾期相关情况

附录3：1985~2016年人民币存款准备金率调整情况

单位：%

变动日期	中小型存款类金融机构	大型存款类金融机构	平均值
1985 – 01 – 01	10.00	10.00	10.00
1987 – 01 – 01	12.00	12.00	12.00
1988 – 01 – 01	13.00	13.00	13.00
1998 – 03 – 21	8.00	8.00	8.00
1999 – 11 – 21	6.00	6.00	6.00
2003 – 09 – 21	7.00	7.00	7.00
2004 – 04 – 25	7.50	7.50	7.50
2006 – 07 – 05	8.00	8.00	8.00
2006 – 08 – 15	8.50	8.50	8.50
2006 – 11 – 15	9.00	9.00	9.00
2007 – 01 – 15	9.50	9.50	9.50
2007 – 02 – 25	10.00	10.00	10.00
2007 – 04 – 16	10.50	10.50	10.50
2007 – 05 – 15	11.00	11.00	11.00
2007 – 06 – 05	11.50	11.50	11.50
2007 – 08 – 15	12.00	12.00	12.00
2007 – 09 – 25	12.50	12.50	12.50
2007 – 10 – 25	13.00	13.00	13.00
2007 – 11 – 26	13.50	13.50	13.50
2007 – 12 – 25	14.50	14.50	14.50
2008 – 01 – 25	15.00	15.00	15.00
2008 – 03 – 25	15.50	15.50	15.50
2008 – 04 – 25	16.00	16.00	16.00
2008 – 05 – 20	16.50	16.50	16.50

续表

变动日期	中小型存款类金融机构	大型存款类金融机构	平均值
2008 – 06 – 15	17.00	17.00	17.00
2008 – 06 – 25	17.50	17.50	17.50
2008 – 09 – 25	16.50	17.50	17.00
2008 – 10 – 15	16.00	17.00	16.50
2008 – 12 – 05	14.00	16.00	15.00
2008 – 12 – 25	13.50	15.50	14.50
2010 – 01 – 18	14.00	16.00	15.00
2010 – 02 – 25	14.50	16.50	15.50
2010 – 05 – 10	15.00	17.00	16.00
2010 – 11 – 16	15.50	17.50	16.50
2010 – 11 – 29	16.00	18.00	17.00
2010 – 12 – 20	16.50	18.50	17.50
2011 – 01 – 20	17.00	19.00	18.00
2011 – 02 – 24	17.50	19.50	18.50
2011 – 03 – 25	18.00	20.00	19.00
2011 – 04 – 21	18.50	20.50	19.50
2011 – 05 – 18	19.00	21.00	20.00
2011 – 06 – 20	19.50	21.50	20.50
2011 – 12 – 05	19.00	21.00	20.00
2012 – 02 – 24	18.50	20.50	19.50
2012 – 05 – 18	18.00	20.00	19.00
2015 – 02 – 05	17.50	19.50	18.50
2015 – 04 – 20	16.50	18.50	17.50
2015 – 09 – 06	16.00	18.00	17.00
2015 – 10 – 24	15.50	17.50	16.50
2016 – 03 – 01	15.00	17.00	16.00

资料来源：Wind 数据库。

附录4：2002～2011年1年期央行票据发行利率

单位：%

发行时间	发行利率	发行时间	发行利率
2002 – 07 – 02	1.9966	2004 – 06 – 15	3.3057
2002 – 07 – 09	2.0031	2004 – 07 – 06	3.3057
2002 – 07 – 16	2.0100	2004 – 07 – 13	3.3591
2002 – 07 – 23	2.0300	2004 – 07 – 20	3.3484
2002 – 09 – 10	2.3400	2004 – 07 – 27	3.5089
2003 – 05 – 27	2.3436	2004 – 08 – 03	3.4447
2003 – 06 – 03	2.3227	2004 – 08 – 10	3.4654
2003 – 07 – 22	2.4370	2004 – 08 – 17	3.4554
2003 – 07 – 29	2.4170	2004 – 08 – 24	3.4768
2003 – 08 – 05	2.4170	2004 – 08 – 31	3.4126
2003 – 08 – 12	2.4170	2004 – 09 – 07	3.4554
2003 – 08 – 19	2.4275	2004 – 09 – 14	3.4340
2004 – 02 – 17	2.6694	2004 – 09 – 21	3.5732
2004 – 02 – 24	2.5851	2004 – 09 – 28	3.4982
2004 – 03 – 02	2.6061	2004 – 10 – 12	3.4768
2004 – 03 – 09	2.5956	2004 – 10 – 19	3.4982
2004 – 03 – 16	2.5851	2004 – 10 – 26	3.4982
2004 – 03 – 23	2.8171	2004 – 11 – 02	3.5733
2004 – 03 – 30	2.6062	2004 – 11 – 09	3.5197
2004 – 04 – 06	2.8172	2004 – 11 – 16	3.4661
2004 – 04 – 13	2.8172	2004 – 11 – 23	3.3912
2004 – 04 – 20	2.9548	2004 – 11 – 30	3.2844
2004 – 05 – 11	3.2098	2004 – 12 – 07	3.1779
2004 – 05 – 18	3.2098	2004 – 12 – 14	3.2311
2004 – 05 – 25	3.3057	2004 – 12 – 21	3.2738
2004 – 06 – 01	3.3912	2004 – 12 – 28	3.2418
2004 – 06 – 08	3.3271	2005 – 01 – 04	3.2418

发行时间	发行利率	发行时间	发行利率
2005 - 01 - 11	3.4019	2005 - 09 - 13	1.3274
2005 - 01 - 18	3.2738	2005 - 09 - 20	1.3274
2005 - 01 - 25	3.1353	2005 - 09 - 27	1.3274
2005 - 02 - 22	2.8172	2005 - 10 - 11	1.3274
2005 - 03 - 01	2.8066	2005 - 10 - 18	1.3377
2005 - 03 - 08	2.8172	2005 - 10 - 25	1.3377
2005 - 03 - 15	2.7010	2005 - 11 - 01	1.3788
2005 - 03 - 22	2.1972	2005 - 11 - 08	1.4199
2005 - 03 - 29	2.1555	2005 - 11 - 15	1.5022
2005 - 04 - 05	2.1659	2005 - 11 - 22	1.6467
2005 - 04 - 12	2.0408	2005 - 11 - 29	1.8019
2005 - 04 - 19	1.9992	2005 - 12 - 06	1.9056
2005 - 04 - 26	2.0721	2005 - 12 - 13	1.8641
2005 - 05 - 10	2.0929	2005 - 12 - 20	1.8641
2005 - 05 - 17	2.0200	2005 - 12 - 27	1.8434
2005 - 05 - 24	2.1033	2005 - 12 - 29	1.9109
2005 - 05 - 31	2.0096	2006 - 01 - 05	1.9005
2005 - 06 - 07	1.8434	2006 - 01 - 10	1.9056
2005 - 06 - 14	1.5228	2006 - 01 - 17	1.8537
2005 - 06 - 21	1.6054	2006 - 02 - 07	1.8330
2005 - 06 - 28	1.6363	2006 - 02 - 14	1.8640
2005 - 07 - 05	1.5950	2006 - 02 - 21	1.9518
2005 - 07 - 12	1.4507	2006 - 02 - 28	1.9368
2005 - 07 - 19	1.4199	2006 - 03 - 07	1.9264
2005 - 07 - 26	1.3685	2006 - 03 - 14	1.9264
2005 - 08 - 02	1.3582	2006 - 03 - 21	1.9576
2005 - 08 - 09	1.3377	2006 - 03 - 28	1.9888
2005 - 08 - 16	1.3274	2006 - 04 - 04	1.9992
2005 - 08 - 23	1.3274	2006 - 04 - 11	2.0396
2005 - 08 - 30	1.3274	2006 - 04 - 18	2.1033
2005 - 09 - 06	1.3274	2006 - 04 - 25	2.2077

发行时间	发行利率	发行时间	发行利率
2006 – 05 – 09	2.2495	2006 – 11 – 28	2.7961
2006 – 05 – 16	2.2704	2006 – 12 – 05	2.7961
2006 – 05 – 17	2.1138	2006 – 12 – 11	2.7961
2006 – 05 – 23	2.3332	2006 – 12 – 12	2.7961
2006 – 05 – 30	2.3646	2006 – 12 – 19	2.7961
2006 – 06 – 06	2.4066	2006 – 12 – 26	2.7961
2006 – 06 – 13	2.4800	2007 – 01 – 04	2.7961
2006 – 06 – 14	2.1138	2007 – 01 – 09	2.7961
2006 – 06 – 20	2.5746	2007 – 01 – 16	2.7961
2006 – 06 – 27	2.6378	2007 – 01 – 23	2.7961
2006 – 07 – 04	2.6694	2007 – 01 – 30	2.7961
2006 – 07 – 11	2.6694	2007 – 02 – 06	2.7979
2006 – 07 – 13	2.1138	2007 – 02 – 27	2.7961
2006 – 07 – 18	2.7010	2007 – 03 – 06	2.8383
2006 – 07 – 25	2.7961	2007 – 03 – 13	2.8701
2006 – 08 – 01	2.7961	2007 – 03 – 20	2.9442
2006 – 08 – 08	2.7961	2007 – 03 – 27	2.9760
2006 – 08 – 15	2.7961	2007 – 04 – 03	2.9760
2006 – 08 – 22	2.8912	2007 – 04 – 10	2.9760
2006 – 08 – 29	2.8489	2007 – 04 – 17	2.9760
2006 – 09 – 05	2.8278	2007 – 04 – 24	2.9760
2006 – 09 – 12	2.8278	2007 – 05 – 08	2.9760
2006 – 09 – 19	2.7961	2007 – 05 – 15	2.9760
2006 – 09 – 26	2.7855	2007 – 05 – 22	3.0928
2006 – 10 – 10	2.7855	2007 – 05 – 29	3.0928
2006 – 10 – 17	2.7855	2007 – 06 – 05	3.0928
2006 – 10 – 24	2.7855	2007 – 06 – 12	3.0928
2006 – 10 – 31	2.7855	2007 – 06 – 19	3.0928
2006 – 11 – 07	2.7855	2007 – 06 – 26	3.0928
2006 – 11 – 14	2.7855	2007 – 07 – 03	3.0928
2006 – 11 – 21	2.8172	2007 – 07 – 10	3.0928

续表

发行时间	发行利率	发行时间	发行利率
2007 - 07 - 17	3.0928	2008 - 03 - 04	4.0583
2007 - 07 - 24	3.2418	2008 - 03 - 11	4.0583
2007 - 07 - 31	3.2205	2008 - 03 - 18	4.0583
2007 - 08 - 07	3.2205	2008 - 03 - 25	4.0583
2007 - 08 - 14	3.2205	2008 - 04 - 01	4.0583
2007 - 08 - 21	3.2205	2008 - 04 - 08	4.0583
2007 - 08 - 28	3.3165	2008 - 04 - 15	4.0583
2007 - 09 - 04	3.3165	2008 - 04 - 22	4.0583
2007 - 09 - 11	3.3165	2008 - 04 - 29	4.0583
2007 - 09 - 18	3.4447	2008 - 05 - 06	4.0583
2007 - 09 - 25	3.4447	2008 - 05 - 13	4.0583
2007 - 10 - 09	3.4447	2008 - 05 - 20	4.0583
2007 - 10 - 16	3.4447	2008 - 05 - 27	4.0583
2007 - 10 - 23	3.4554	2008 - 06 - 03	4.0583
2007 - 10 - 30	3.6055	2008 - 06 - 10	4.0583
2007 - 11 - 06	3.7990	2008 - 06 - 17	4.0583
2007 - 11 - 13	3.9393	2008 - 06 - 24	4.0583
2007 - 11 - 20	3.9933	2008 - 07 - 01	4.0583
2007 - 11 - 27	3.9933	2008 - 07 - 08	4.0583
2007 - 12 - 04	3.9933	2008 - 07 - 15	4.0583
2007 - 12 - 11	3.9933	2008 - 07 - 22	4.0583
2007 - 12 - 18	3.9933	2008 - 07 - 29	4.0583
2007 - 12 - 25	4.0583	2008 - 08 - 05	4.0583
2008 - 01 - 03	4.0583	2008 - 08 - 12	4.0583
2008 - 01 - 08	4.0583	2008 - 08 - 19	4.0583
2008 - 01 - 15	4.0583	2008 - 08 - 26	4.0583
2008 - 01 - 22	4.0583	2008 - 09 - 02	4.0583
2008 - 01 - 29	4.0583	2008 - 09 - 09	4.0583
2008 - 02 - 14	4.0583	2008 - 09 - 16	4.0258
2008 - 02 - 19	4.0583	2008 - 09 - 23	4.0042
2008 - 02 - 26	4.0583	2008 - 10 - 07	3.9069

发行时间	发行利率	发行时间	发行利率
2008 – 10 – 14	3.7022	2010 – 01 – 26	1.9264
2008 – 10 – 21	3.5090	2010 – 02 – 02	1.9264
2008 – 11 – 04	3.2098	2010 – 02 – 09	1.9264
2008 – 11 – 18	2.2495	2010 – 02 – 23	1.9264
2009 – 07 – 09	1.5022	2010 – 03 – 02	1.9264
2009 – 07 – 16	1.5950	2010 – 03 – 09	1.9264
2009 – 07 – 21	1.6467	2010 – 03 – 16	1.9264
2009 – 07 – 28	1.6984	2010 – 03 – 23	1.9264
2009 – 08 – 04	1.7397	2010 – 03 – 30	1.9264
2009 – 08 – 11	1.7605	2010 – 04 – 06	1.9264
2009 – 08 – 18	1.7605	2010 – 04 – 13	1.9264
2009 – 08 – 25	1.7605	2010 – 04 – 20	1.9264
2009 – 09 – 01	1.7605	2010 – 04 – 27	1.9264
2009 – 09 – 08	1.7605	2010 – 05 – 04	1.9264
2009 – 09 – 15	1.7605	2010 – 05 – 11	1.9264
2009 – 09 – 22	1.7605	2010 – 05 – 18	1.9264
2009 – 10 – 13	1.7605	2010 – 05 – 25	1.9264
2009 – 10 – 20	1.7605	2010 – 06 – 01	2.0096
2009 – 10 – 27	1.7605	2010 – 06 – 08	2.0929
2009 – 11 – 03	1.7605	2010 – 06 – 17	2.0929
2009 – 11 – 10	1.7605	2010 – 06 – 22	2.0929
2009 – 11 – 17	1.7605	2010 – 06 – 29	2.0929
2009 – 11 – 24	1.7605	2010 – 07 – 06	2.0929
2009 – 12 – 01	1.7605	2010 – 07 – 13	2.0929
2009 – 12 – 08	1.7605	2010 – 07 – 20	2.0929
2009 – 12 – 15	1.7605	2010 – 07 – 27	2.0929
2009 – 12 – 22	1.7605	2010 – 08 – 03	2.0929
2009 – 12 – 29	1.7605	2010 – 08 – 10	2.0929
2010 – 01 – 05	1.7605	2010 – 08 – 17	2.0929
2010 – 01 – 12	1.8434	2010 – 08 – 24	2.0929
2010 – 01 – 19	1.9264	2010 – 08 – 31	2.0929

发行时间	发行利率	发行时间	发行利率
2010 – 09 – 07	2.0929	2011 – 05 – 24	3.3058
2010 – 09 – 14	2.0929	2011 – 05 – 31	3.3058
2010 – 09 – 21	2.0929	2011 – 06 – 07	3.3058
2010 – 09 – 28	2.0929	2011 – 06 – 14	3.3058
2010 – 10 – 12	2.0929	2011 – 06 – 21	3.4019
2010 – 10 – 19	2.0929	2011 – 06 – 28	3.4982
2010 – 10 – 26	2.2913	2011 – 07 – 05	3.4982
2010 – 11 – 02	2.2913	2011 – 07 – 12	3.4982
2010 – 11 – 09	2.3437	2011 – 07 – 19	3.4982
2010 – 11 – 16	2.3437	2011 – 07 – 26	3.4982
2010 – 11 – 23	2.3437	2011 – 08 – 02	3.4982
2010 – 11 – 30	2.3437	2011 – 08 – 09	3.4982
2010 – 12 – 07	2.3437	2011 – 08 – 16	3.5840
2010 – 12 – 14	2.3437	2011 – 08 – 23	3.5840
2010 – 12 – 21	2.3437	2011 – 08 – 30	3.5840
2010 – 12 – 28	2.5115	2011 – 09 – 06	3.5840
2011 – 01 – 04	2.6167	2011 – 09 – 13	3.5840
2011 – 01 – 11	2.7221	2011 – 09 – 20	3.5840
2011 – 02 – 15	2.9972	2011 – 09 – 27	3.5840
2011 – 02 – 22	2.9972	2011 – 10 – 11	3.5840
2011 – 03 – 01	2.9972	2011 – 10 – 18	3.5840
2011 – 03 – 08	2.9972	2011 – 10 – 25	3.5840
2011 – 03 – 15	3.1992	2011 – 11 – 01	3.5840
2011 – 03 – 22	3.1992	2011 – 11 – 08	3.5733
2011 – 03 – 29	3.1992	2011 – 11 – 15	3.4875
2011 – 04 – 07	3.3058	2011 – 11 – 22	3.4875
2011 – 04 – 12	3.3058	2011 – 11 – 29	3.4875
2011 – 04 – 19	3.3058	2011 – 12 – 06	3.4875
2011 – 04 – 26	3.3058	2011 – 12 – 13	3.4875
2011 – 05 – 03	3.3058	2011 – 12 – 20	3.4875
2011 – 05 – 10	3.3058	2011 – 12 – 27	3.4875
2011 – 05 – 17	3.3058		

资料来源：Wind 数据库。

附录5：2004～2015年货币政策指数MP核算

年度	M2增长率（%）	GDP增长率（%）	CPI	货币政策指数
2004	15.3	10.1	3.9	1.3
2005	17.6	11.4	1.8	4.4
2006	17.0	12.7	1.5	2.8
2007	16.7	14.2	4.8	−2.3
2008	17.8	9.7	5.9	2.2
2009	27.7	9.4	−0.7	19.0
2010	19.7	10.6	3.3	5.8
2011	13.6	9.6	5.4	−1.4
2012	13.8	7.9	2.6	3.3
2013	13.6	7.8	2.6	3.2
2014	12.2	7.3	2.0	2.9
2015	13.3	6.9	1.4	5.0

资料来源：国家统计局。

附录6：2007～2015年6个月和1年期上海银行间同业拆放利率20日均值

单位：%

时间	6M	1Y	时间	6M	1Y	时间	6M	1Y
2007−01−04	2.8685	3.0022	2007−01−15	2.8689	3.0024	2007−01−24	2.8693	3.0024
2007−01−05	2.8686	3.0023	2007−01−16	2.8689	3.0024	2007−01−25	2.8694	3.0025
2007−01−08	2.8687	3.0023	2007−01−17	2.8689	3.0024	2007−01−26	2.8694	3.0025
2007−01−09	2.8687	3.0024	2007−01−18	2.8690	3.0024	2007−01−29	2.8695	3.0025
2007−01−10	2.8688	3.0025	2007−01−19	2.8691	3.0024	2007−01−30	2.8696	3.0025
2007−01−11	2.8688	3.0024	2007−01−22	2.8692	3.0024	2007−01−31	2.8696	3.0025
2007−01−12	2.8688	3.0024	2007−01−23	2.8692	3.0024	2007−02−01	2.8697	3.0025

时间	6M	1Y	时间	6M	1Y	时间	6M	1Y
2007－02－02	2.8697	3.0025	2007－03－21	2.9088	3.1096	2007－04－30	2.9879	3.2147
2007－02－05	2.8697	3.0025	2007－03－22	2.9168	3.1202	2007－05－08	2.9867	3.2142
2007－02－06	2.8698	3.0025	2007－03－23	2.9247	3.1304	2007－05－09	2.9856	3.2137
2007－02－07	2.8698	3.0025	2007－03－26	2.9312	3.1386	2007－05－10	2.9866	3.2152
2007－02－08	2.8699	3.0025	2007－03－27	2.9375	3.1504	2007－05－11	2.9892	3.2172
2007－02－09	2.8700	3.0025	2007－03－28	2.9392	3.1589	2007－05－14	2.9894	3.2186
2007－02－12	2.8703	3.0026	2007－03－29	2.9403	3.1665	2007－05－15	2.9903	3.2193
2007－02－13	2.8719	3.0026	2007－03－30	2.9441	3.1783	2007－05－16	2.9913	3.2230
2007－02－14	2.8719	3.0027	2007－04－02	2.9471	3.1841	2007－05－17	2.9905	3.2220
2007－02－15	2.8721	3.0027	2007－04－03	2.9502	3.1880	2007－05－18	2.9902	3.2215
2007－02－16	2.8727	3.0027	2007－04－04	2.9519	3.1900	2007－05－21	3.0203	3.2614
2007－02－17	2.8730	3.0027	2007－04－05	2.9526	3.1907	2007－05－22	3.0493	3.3003
2007－02－25	2.8729	3.0028	2007－04－06	2.9554	3.1943	2007－05－23	3.0680	3.3322
2007－02－26	2.8729	3.0028	2007－04－09	2.9587	3.1973	2007－05－24	3.0794	3.3608
2007－02－27	2.8729	3.0028	2007－04－10	2.9606	3.2003	2007－05－25	3.0839	3.3722
2007－02－28	2.8728	3.0028	2007－04－11	2.9640	3.2032	2007－05－28	3.0905	3.3848
2007－03－01	2.8726	3.0028	2007－04－12	2.9662	3.2051	2007－05－29	3.0934	3.3914
2007－03－02	2.8722	3.0028	2007－04－13	2.9669	3.2054	2007－05－30	3.0957	3.3954
2007－03－05	2.8721	3.0028	2007－04－16	2.9693	3.2071	2007－05－31	3.0990	3.3985
2007－03－06	2.8719	3.0028	2007－04－17	2.9710	3.2091	2007－06－01	3.1000	3.3993
2007－03－07	2.8719	3.0028	2007－04－18	2.9722	3.2097	2007－06－04	3.1027	3.3999
2007－03－08	2.8719	3.0028	2007－04－19	2.9797	3.2128	2007－06－05	3.1037	3.4028
2007－03－09	2.8719	3.0028	2007－04－20	2.9865	3.2163	2007－06－06	3.1037	3.4043
2007－03－12	2.8719	3.0028	2007－04－23	2.9878	3.2190	2007－06－07	3.1025	3.4073
2007－03－13	2.8719	3.0151	2007－04－24	2.9905	3.2213	2007－06－08	3.1030	3.4088
2007－03－14	2.8720	3.0302	2007－04－25	2.9922	3.2232	2007－06－11	3.1076	3.4098
2007－03－15	2.8722	3.0455	2007－04－26	2.9925	3.2225	2007－06－12	3.1091	3.4112
2007－03－16	2.8728	3.0533	2007－04－27	2.9922	3.2216	2007－06－13	3.1106	3.4139
2007－03－19	2.8895	3.0790	2007－04－28	2.9921	3.2180	2007－06－14	3.1142	3.4167
2007－03－20	2.9008	3.0967	2007－04－29	2.9896	3.2157	2007－06－15	3.1177	3.4202

续表

时间	6M	1Y	时间	6M	1Y	时间	6M	1Y
2007-06-18	3.1191	3.4202	2007-07-30	3.2623	3.5907	2007-09-10	3.4312	3.7883
2007-06-19	3.1182	3.4203	2007-07-31	3.2658	3.5931	2007-09-11	3.4417	3.7919
2007-06-20	3.1208	3.4214	2007-08-01	3.2666	3.5970	2007-09-12	3.4520	3.7969
2007-06-21	3.1235	3.4246	2007-08-02	3.2651	3.5992	2007-09-13	3.4648	3.8019
2007-06-22	3.1271	3.4286	2007-08-03	3.2666	3.6011	2007-09-14	3.4795	3.8130
2007-06-25	3.1290	3.4307	2007-08-06	3.2672	3.6013	2007-09-17	3.5463	3.8890
2007-06-26	3.1308	3.4340	2007-08-07	3.2690	3.6009	2007-09-18	3.5820	3.9285
2007-06-27	3.1342	3.4359	2007-08-08	3.2692	3.6038	2007-09-19	3.6116	3.9549
2007-06-28	3.1376	3.4404	2007-08-09	3.2708	3.6026	2007-09-20	3.6321	3.9750
2007-06-29	3.1412	3.4447	2007-08-10	3.2721	3.6016	2007-09-21	3.6464	3.9909
2007-07-02	3.1432	3.4477	2007-08-13	3.2732	3.6023	2007-09-24	3.6628	4.0109
2007-07-03	3.1453	3.4516	2007-08-14	3.2739	3.6032	2007-09-25	3.6786	4.0255
2007-07-04	3.1484	3.4555	2007-08-15	3.2745	3.6045	2007-09-26	3.6869	4.0360
2007-07-05	3.1507	3.4595	2007-08-16	3.2751	3.6052	2007-09-27	3.6927	4.0465
2007-07-06	3.1529	3.4627	2007-08-17	3.2773	3.6057	2007-09-28	3.6962	4.0519
2007-07-09	3.1555	3.4662	2007-08-20	3.2763	3.6069	2007-09-29	3.7085	4.0552
2007-07-10	3.1600	3.4691	2007-08-21	3.2759	3.6061	2007-09-30	3.7144	4.0554
2007-07-11	3.1648	3.4725	2007-08-22	3.3334	3.6741	2007-10-08	3.7212	4.0581
2007-07-12	3.1693	3.4757	2007-08-23	3.3504	3.6955	2007-10-09	3.7293	4.0693
2007-07-13	3.1705	3.4770	2007-08-24	3.3587	3.7078	2007-10-10	3.7529	4.0974
2007-07-16	3.1739	3.4811	2007-08-27	3.3630	3.7188	2007-10-11	3.7653	4.1042
2007-07-17	3.1758	3.4830	2007-08-28	3.3691	3.7278	2007-10-12	3.7812	4.1175
2007-07-18	3.1810	3.4852	2007-08-29	3.3767	3.7371	2007-10-15	3.8006	4.1284
2007-07-19	3.1835	3.4860	2007-08-30	3.3828	3.7470	2007-10-16	3.8244	4.1348
2007-07-20	3.1869	3.4866	2007-08-31	3.3883	3.7536	2007-10-17	3.8340	4.1421
2007-07-23	3.2204	3.5429	2007-09-03	3.3906	3.7574	2007-10-18	3.8515	4.1486
2007-07-24	3.2423	3.5659	2007-09-04	3.3937	3.7603	2007-10-19	3.8699	4.1545
2007-07-25	3.2534	3.5786	2007-09-05	3.4013	3.7657	2007-10-22	3.8874	4.1614
2007-07-26	3.2594	3.5861	2007-09-06	3.4066	3.7704	2007-10-23	3.9023	4.1718
2007-07-27	3.2601	3.5880	2007-09-07	3.4179	3.7808	2007-10-24	3.9358	4.1729

续表

时间	6M	1Y	时间	6M	1Y	时间	6M	1Y
2007 – 10 – 25	3.9264	4.1798	2007 – 12 – 06	4.3463	4.4654	2008 – 01 – 18	4.5237	4.6350
2007 – 10 – 26	3.9294	4.1833	2007 – 12 – 07	4.3533	4.4697	2008 – 01 – 21	4.5278	4.6370
2007 – 10 – 29	3.9317	4.1857	2007 – 12 – 10	4.3590	4.4733	2008 – 01 – 22	4.5337	4.6414
2007 – 10 – 30	3.9537	4.1956	2007 – 12 – 11	4.3624	4.4772	2008 – 01 – 23	4.5386	4.6461
2007 – 10 – 31	3.9782	4.2048	2007 – 12 – 12	4.3653	4.4804	2008 – 01 – 24	4.5446	4.6491
2007 – 11 – 01	3.9955	4.2187	2007 – 12 – 13	4.3706	4.4851	2008 – 01 – 25	4.5460	4.6508
2007 – 11 – 02	4.0117	4.2271	2007 – 12 – 14	4.3753	4.4884	2008 – 01 – 28	4.5454	4.6517
2007 – 11 – 05	4.0311	4.2294	2007 – 12 – 17	4.3790	4.4927	2008 – 01 – 29	4.5475	4.6546
2007 – 11 – 06	4.0499	4.2362	2007 – 12 – 18	4.3817	4.4965	2008 – 01 – 30	4.5477	4.6569
2007 – 11 – 07	4.0731	4.2602	2007 – 12 – 19	4.3857	4.5019	2008 – 01 – 31	4.5518	4.6600
2007 – 11 – 08	4.0911	4.2763	2007 – 12 – 20	4.3894	4.5087	2008 – 02 – 01	4.5540	4.6615
2007 – 11 – 09	4.1343	4.3023	2007 – 12 – 21	4.4193	4.5321	2008 – 02 – 02	4.5541	4.6621
2007 – 11 – 12	4.1407	4.3130	2007 – 12 – 24	4.4285	4.5501	2008 – 02 – 03	4.5549	4.6629
2007 – 11 – 13	4.1540	4.3231	2007 – 12 – 25	4.4346	4.5582	2008 – 02 – 04	4.5561	4.6646
2007 – 11 – 14	4.1789	4.3359	2007 – 12 – 26	4.4419	4.5629	2008 – 02 – 05	4.5558	4.6639
2007 – 11 – 15	4.1989	4.3507	2007 – 12 – 27	4.4495	4.5697	2008 – 02 – 13	4.5568	4.6656
2007 – 11 – 16	4.2121	4.3642	2007 – 12 – 28	4.4554	4.5751	2008 – 02 – 14	4.5567	4.6664
2007 – 11 – 19	4.2226	4.3703	2007 – 12 – 29	4.4618	4.5825	2008 – 02 – 15	4.5604	4.6684
2007 – 11 – 20	4.2475	4.3838	2008 – 01 – 02	4.4662	4.5853	2008 – 02 – 18	4.5648	4.6684
2007 – 11 – 21	4.2596	4.3975	2008 – 01 – 03	4.4668	4.5884	2008 – 02 – 19	4.5680	4.6705
2007 – 11 – 22	4.2632	4.4068	2008 – 01 – 04	4.4699	4.5905	2008 – 02 – 20	4.5731	4.6781
2007 – 11 – 23	4.2729	4.4178	2008 – 01 – 07	4.4748	4.5930	2008 – 02 – 21	4.5758	4.6802
2007 – 11 – 26	4.2818	4.4214	2008 – 01 – 08	4.4879	4.5989	2008 – 02 – 22	4.5811	4.6841
2007 – 11 – 27	4.2862	4.4247	2008 – 01 – 09	4.4935	4.6057	2008 – 02 – 25	4.5850	4.6874
2007 – 11 – 28	4.2988	4.4332	2008 – 01 – 10	4.5064	4.6110	2008 – 02 – 26	4.5879	4.6896
2007 – 11 – 29	4.3076	4.4421	2008 – 01 – 11	4.5095	4.6166	2008 – 02 – 27	4.5904	4.6914
2007 – 11 – 30	4.3103	4.4505	2008 – 01 – 14	4.5085	4.6208	2008 – 02 – 28	4.5944	4.6937
2007 – 12 – 03	4.3252	4.4522	2008 – 01 – 15	4.5103	4.6252	2008 – 02 – 29	4.5956	4.6953
2007 – 12 – 04	4.3311	4.4654	2008 – 01 – 16	4.5137	4.6287	2008 – 03 – 03	4.5949	4.6960
2007 – 12 – 05	4.3405	4.4636	2008 – 01 – 17	4.5182	4.6322	2008 – 03 – 04	4.5932	4.6966

时间	6M	1Y	时间	6M	1Y	时间	6M	1Y
2008 – 03 – 05	4. 5919	4. 6977	2008 – 04 – 17	4. 5933	4. 7029	2008 – 05 – 30	4. 5897	4. 7097
2008 – 03 – 06	4. 5883	4. 6989	2008 – 04 – 18	4. 5924	4. 7033	2008 – 06 – 02	4. 5900	4. 7100
2008 – 03 – 07	4. 5877	4. 6998	2008 – 04 – 21	4. 5886	4. 7028	2008 – 06 – 03	4. 5896	4. 7086
2008 – 03 – 10	4. 5885	4. 7014	2008 – 04 – 22	4. 5888	4. 7025	2008 – 06 – 04	4. 5900	4. 7095
2008 – 03 – 11	4. 5911	4. 7035	2008 – 04 – 23	4. 5876	4. 7024	2008 – 06 – 05	4. 5895	4. 7086
2008 – 03 – 12	4. 5915	4. 7054	2008 – 04 – 24	4. 5865	4. 7025	2008 – 06 – 06	4. 5897	4. 7095
2008 – 03 – 13	4. 5924	4. 7066	2008 – 04 – 25	4. 5863	4. 7025	2008 – 06 – 10	4. 5904	4. 7102
2008 – 03 – 14	4. 5923	4. 7079	2008 – 04 – 28	4. 5861	4. 7028	2008 – 06 – 11	4. 5911	4. 7132
2008 – 03 – 17	4. 5920	4. 7086	2008 – 04 – 29	4. 5861	4. 7030	2008 – 06 – 12	4. 5919	4. 7145
2008 – 03 – 18	4. 5928	4. 7087	2008 – 04 – 30	4. 5858	4. 7027	2008 – 06 – 13	4. 5923	4. 7161
2008 – 03 – 19	4. 5941	4. 7086	2008 – 05 – 04	4. 5863	4. 7018	2008 – 06 – 16	4. 5921	4. 7160
2008 – 03 – 20	4. 5947	4. 7057	2008 – 05 – 05	4. 5857	4. 7023	2008 – 06 – 17	4. 5915	4. 7146
2008 – 03 – 21	4. 5946	4. 7065	2008 – 05 – 06	4. 5853	4. 7024	2008 – 06 – 18	4. 5907	4. 7140
2008 – 03 – 24	4. 5937	4. 7051	2008 – 05 – 07	4. 5857	4. 7042	2008 – 06 – 19	4. 5913	4. 7133
2008 – 03 – 25	4. 5923	4. 7041	2008 – 05 – 08	4. 5859	4. 7041	2008 – 06 – 20	4. 5909	4. 7122
2008 – 03 – 26	4. 5927	4. 7006	2008 – 05 – 09	4. 5869	4. 7047	2008 – 06 – 23	4. 5923	4. 7123
2008 – 03 – 27	4. 5930	4. 6998	2008 – 05 – 12	4. 5874	4. 7055	2008 – 06 – 24	4. 5912	4. 7114
2008 – 03 – 28	4. 5927	4. 7002	2008 – 05 – 13	4. 5880	4. 7056	2008 – 06 – 25	4. 5908	4. 7110
2008 – 03 – 31	4. 5925	4. 7014	2008 – 05 – 14	4. 5883	4. 7063	2008 – 06 – 26	4. 5912	4. 7110
2008 – 04 – 01	4. 5923	4. 7034	2008 – 05 – 15	4. 5881	4. 7062	2008 – 06 – 27	4. 5913	4. 7115
2008 – 04 – 02	4. 5934	4. 7038	2008 – 05 – 16	4. 5875	4. 7048	2008 – 06 – 30	4. 5913	4. 7124
2008 – 04 – 03	4. 5942	4. 7032	2008 – 05 – 19	4. 5877	4. 7062	2008 – 07 – 01	4. 5916	4. 7126
2008 – 04 – 07	4. 5947	4. 7033	2008 – 05 – 20	4. 5876	4. 7068	2008 – 07 – 02	4. 5925	4. 7136
2008 – 04 – 08	4. 5954	4. 7040	2008 – 05 – 21	4. 5863	4. 7080	2008 – 07 – 03	4. 5924	4. 7130
2008 – 04 – 09	4. 5967	4. 7046	2008 – 05 – 22	4. 5876	4. 7098	2008 – 07 – 04	4. 5922	4. 7126
2008 – 04 – 10	4. 5973	4. 7051	2008 – 05 – 23	4. 5883	4. 7111	2008 – 07 – 07	4. 5913	4. 7135
2008 – 04 – 11	4. 5955	4. 7042	2008 – 05 – 26	4. 5889	4. 7097	2008 – 07 – 08	4. 5909	4. 7133
2008 – 04 – 14	4. 5940	4. 7022	2008 – 05 – 27	4. 5898	4. 7112	2008 – 07 – 09	4. 5894	4. 7117
2008 – 04 – 15	4. 5944	4. 7031	2008 – 05 – 28	4. 5891	4. 7114	2008 – 07 – 10	4. 5893	4. 7106
2008 – 04 – 16	4. 5953	4. 7034	2008 – 05 – 29	4. 5896	4. 7103	2008 – 07 – 11	4. 5890	4. 7097

时间	6M	1Y	时间	6M	1Y	时间	6M	1Y
2008 – 07 – 14	4.5885	4.7092	2008 – 08 – 26	4.5697	4.7045	2008 – 10 – 14	4.4813	4.5874
2008 – 07 – 15	4.5882	4.7085	2008 – 08 – 27	4.5681	4.7037	2008 – 10 – 15	4.4746	4.5796
2008 – 07 – 16	4.5880	4.7077	2008 – 08 – 28	4.5676	4.7036	2008 – 10 – 16	4.4664	4.5722
2008 – 07 – 17	4.5874	4.7069	2008 – 08 – 29	4.5670	4.7036	2008 – 10 – 17	4.4612	4.5661
2008 – 07 – 18	4.5858	4.7071	2008 – 09 – 01	4.5679	4.7040	2008 – 10 – 20	4.4562	4.5596
2008 – 07 – 21	4.5847	4.7067	2008 – 09 – 02	4.5685	4.7041	2008 – 10 – 21	4.4526	4.5557
2008 – 07 – 22	4.5839	4.7062	2008 – 09 – 03	4.5683	4.7048	2008 – 10 – 22	4.4515	4.5520
2008 – 07 – 23	4.5828	4.7058	2008 – 09 – 04	4.5676	4.7038	2008 – 10 – 23	4.4497	4.5491
2008 – 07 – 24	4.5811	4.7058	2008 – 09 – 05	4.5658	4.7035	2008 – 10 – 24	4.4435	4.5458
2008 – 07 – 25	4.5818	4.7056	2008 – 09 – 08	4.5662	4.7043	2008 – 10 – 27	4.4387	4.5387
2008 – 07 – 28	4.5796	4.7061	2008 – 09 – 09	4.5646	4.7031	2008 – 10 – 28	4.4271	4.5318
2008 – 07 – 29	4.5787	4.7065	2008 – 09 – 10	4.5646	4.7030	2008 – 10 – 29	4.4173	4.5252
2008 – 07 – 30	4.5790	4.7063	2008 – 09 – 11	4.5643	4.7026	2008 – 10 – 30	4.3652	4.4759
2008 – 07 – 31	4.5787	4.7070	2008 – 09 – 12	4.5639	4.7025	2008 – 10 – 31	4.3450	4.4482
2008 – 08 – 01	4.5762	4.7073	2008 – 09 – 16	4.5532	4.6928	2008 – 11 – 03	4.3316	4.4389
2008 – 08 – 04	4.5765	4.7077	2008 – 09 – 17	4.5470	4.6847	2008 – 11 – 04	4.3206	4.4262
2008 – 08 – 05	4.5771	4.7077	2008 – 09 – 18	4.5447	4.6852	2008 – 11 – 05	4.3063	4.4118
2008 – 08 – 06	4.5777	4.7074	2008 – 09 – 19	4.5455	4.6801	2008 – 11 – 06	4.2959	4.4045
2008 – 08 – 07	4.5771	4.7072	2008 – 09 – 22	4.5444	4.6792	2008 – 11 – 07	4.2820	4.3950
2008 – 08 – 08	4.5750	4.7066	2008 – 09 – 23	4.5453	4.6772	2008 – 11 – 10	4.2735	4.3848
2008 – 08 – 11	4.5755	4.7065	2008 – 09 – 24	4.5437	4.6757	2008 – 11 – 11	4.2383	4.3754
2008 – 08 – 12	4.5745	4.7064	2008 – 09 – 25	4.5447	4.6748	2008 – 11 – 12	4.2130	4.3645
2008 – 08 – 13	4.5744	4.7065	2008 – 09 – 26	4.5425	4.6742	2008 – 11 – 13	4.1775	4.3497
2008 – 08 – 14	4.5731	4.7059	2008 – 09 – 27	4.5415	4.6726	2008 – 11 – 14	4.1458	4.3346
2008 – 08 – 15	4.5727	4.7056	2008 – 09 – 28	4.5395	4.6720	2008 – 11 – 17	4.1124	4.3143
2008 – 08 – 18	4.5714	4.7051	2008 – 10 – 06	4.5397	4.6719	2008 – 11 – 18	4.0656	4.2894
2008 – 08 – 19	4.5717	4.7054	2008 – 10 – 07	4.5358	4.6686	2008 – 11 – 19	4.0333	4.2611
2008 – 08 – 20	4.5714	4.7050	2008 – 10 – 08	4.5323	4.6653	2008 – 11 – 20	3.9791	4.2250
2008 – 08 – 21	4.5718	4.7052	2008 – 10 – 09	4.5028	4.6230	2008 – 11 – 21	3.9433	4.1794
2008 – 08 – 22	4.5708	4.7058	2008 – 10 – 10	4.4922	4.6045	2008 – 11 – 24	3.9161	4.1470
2008 – 08 – 25	4.5711	4.7049	2008 – 10 – 13	4.4890	4.5941	2008 – 11 – 25	3.8893	4.1178

时间	6M	1Y	时间	6M	1Y	时间	6M	1Y
2008 – 11 – 26	3.8511	4.0874	2009 – 01 – 08	1.9158	2.2293	2009 – 02 – 24	1.5624	1.9350
2008 – 11 – 27	3.0861	3.3213	2009 – 01 – 09	1.8805	2.2003	2009 – 02 – 25	1.5591	1.9316
2008 – 11 – 28	3.0018	3.2570	2009 – 01 – 12	1.8423	2.1855	2009 – 02 – 26	1.5536	1.9301
2008 – 12 – 01	2.9602	3.1986	2009 – 01 – 13	1.8125	2.1647	2009 – 02 – 27	1.5487	1.9275
2008 – 12 – 02	2.9163	3.1575	2009 – 01 – 14	1.7976	2.1539	2009 – 03 – 02	1.5440	1.9248
2008 – 12 – 03	2.8838	3.1294	2009 – 01 – 15	1.7757	2.1339	2009 – 03 – 03	1.5416	1.9230
2008 – 12 – 04	2.8599	3.1001	2009 – 01 – 16	1.7516	2.1147	2009 – 03 – 04	1.5443	1.9223
2008 – 12 – 05	2.8200	3.0623	2009 – 01 – 19	1.7329	2.0902	2009 – 03 – 05	1.5394	1.9195
2008 – 12 – 08	2.7887	3.0280	2009 – 01 – 20	1.7167	2.0699	2009 – 03 – 06	1.5346	1.9182
2008 – 12 – 09	2.7586	3.0002	2009 – 01 – 21	1.7042	2.0543	2009 – 03 – 09	1.5332	1.9141
2008 – 12 – 10	2.7289	2.9780	2009 – 01 – 22	1.6951	2.0367	2009 – 03 – 10	1.5311	1.9119
2008 – 12 – 11	2.6942	2.9497	2009 – 01 – 23	1.6774	2.0252	2009 – 03 – 11	1.5296	1.9111
2008 – 12 – 12	2.6527	2.9091	2009 – 01 – 24	1.6702	2.0190	2009 – 03 – 12	1.5276	1.9101
2008 – 12 – 15	2.6238	2.8858	2009 – 02 – 01	1.6596	2.0057	2009 – 03 – 13	1.5250	1.9088
2008 – 12 – 16	2.5893	2.8526	2009 – 02 – 02	1.6471	1.9967	2009 – 03 – 16	1.5218	1.9037
2008 – 12 – 17	2.5555	2.8189	2009 – 02 – 03	1.6378	1.9875	2009 – 03 – 17	1.5188	1.9005
2008 – 12 – 18	2.5306	2.7901	2009 – 02 – 04	1.6294	1.9807	2009 – 03 – 18	1.5125	1.8979
2008 – 12 – 19	2.4996	2.7623	2009 – 02 – 05	1.6230	1.9770	2009 – 03 – 19	1.5109	1.8951
2008 – 12 – 22	2.4575	2.7410	2009 – 02 – 06	1.6117	1.9695	2009 – 03 – 20	1.5080	1.8935
2008 – 12 – 23	2.3553	2.6424	2009 – 02 – 09	1.6051	1.9603	2009 – 03 – 23	1.5038	1.8897
2008 – 12 – 24	2.2715	2.5614	2009 – 02 – 10	1.6022	1.9541	2009 – 03 – 24	1.5006	1.8866
2008 – 12 – 25	2.2131	2.5016	2009 – 02 – 11	1.5986	1.9498	2009 – 03 – 25	1.5006	1.8835
2008 – 12 – 26	2.1833	2.4582	2009 – 02 – 12	1.5940	1.9472	2009 – 03 – 26	1.4993	1.8809
2008 – 12 – 29	2.1480	2.4202	2009 – 02 – 13	1.5885	1.9454	2009 – 03 – 27	1.4961	1.8796
2008 – 12 – 30	2.1045	2.3885	2009 – 02 – 16	1.5837	1.9437	2009 – 03 – 30	1.4944	1.8779
2008 – 12 – 31	2.0803	2.3597	2009 – 02 – 17	1.5789	1.9432	2009 – 03 – 31	1.4923	1.8754
2009 – 01 – 04	2.0452	2.3341	2009 – 02 – 18	1.5749	1.9407	2009 – 04 – 01	1.4923	1.8739
2009 – 01 – 05	2.0174	2.3003	2009 – 02 – 19	1.5728	1.9399	2009 – 04 – 02	1.4918	1.8734
2009 – 01 – 06	1.9890	2.2768	2009 – 02 – 20	1.5708	1.9380	2009 – 04 – 03	1.4914	1.8719
2009 – 01 – 07	1.9596	2.2512	2009 – 02 – 23	1.5678	1.9369	2009 – 04 – 07	1.4898	1.8689

时间	6M	1Y	时间	6M	1Y	时间	6M	1Y
2009－04－08	1.4875	1.8664	2009－05－21	1.4670	1.8509	2009－07－03	1.5032	1.8712
2009－04－09	1.4854	1.8633	2009－05－22	1.4656	1.8504	2009－07－06	1.5033	1.8727
2009－04－10	1.4844	1.8604	2009－05－25	1.4679	1.8522	2009－07－07	1.5050	1.8762
2009－04－13	1.4826	1.8588	2009－05－26	1.4696	1.8531	2009－07－08	1.5063	1.8780
2009－04－14	1.4804	1.8572	2009－05－27	1.4707	1.8529	2009－07－09	1.5229	1.8948
2009－04－15	1.4789	1.8550	2009－05－31	1.4713	1.8527	2009－07－10	1.5377	1.9096
2009－04－16	1.4779	1.8543	2009－06－01	1.4714	1.8519	2009－07－13	1.5521	1.9233
2009－04－17	1.4772	1.8538	2009－06－02	1.4716	1.8519	2009－07－14	1.5573	1.9331
2009－04－20	1.4767	1.8542	2009－06－03	1.4719	1.8528	2009－07－15	1.5665	1.9434
2009－04－21	1.4781	1.8554	2009－06－04	1.4723	1.8532	2009－07－16	1.5783	1.9548
2009－04－22	1.4782	1.8556	2009－06－05	1.4724	1.8526	2009－07－17	1.6068	1.9735
2009－04－23	1.4777	1.8511	2009－06－08	1.4723	1.8535	2009－07－20	1.6267	1.9909
2009－04－24	1.4767	1.8519	2009－06－09	1.4724	1.8530	2009－07－21	1.6586	2.0187
2009－04－27	1.4767	1.8520	2009－06－10	1.4723	1.8535	2009－07－22	1.6826	2.0340
2009－04－28	1.4774	1.8521	2009－06－11	1.4723	1.8534	2009－07－23	1.6987	2.0453
2009－04－29	1.4770	1.8529	2009－06－12	1.4725	1.8533	2009－07－24	1.7093	2.0526
2009－04－30	1.4759	1.8524	2009－06－15	1.4726	1.8533	2009－07－27	1.7202	2.0619
2009－05－04	1.4755	1.8513	2009－06－16	1.4731	1.8534	2009－07－28	1.7296	2.0708
2009－05－05	1.4755	1.8517	2009－06－17	1.4728	1.8534	2009－07－29	1.7369	2.0807
2009－05－06	1.4748	1.8528	2009－06－18	1.4747	1.8544	2009－07－30	1.7469	2.0920
2009－05－07	1.4737	1.8533	2009－06－19	1.4815	1.8602	2009－07－31	1.7566	2.1009
2009－05－08	1.4726	1.8537	2009－06－22	1.4892	1.8639	2009－08－03	1.7640	2.1128
2009－05－11	1.4710	1.8536	2009－06－23	1.4904	1.8655	2009－08－04	1.7705	2.1216
2009－05－12	1.4709	1.8541	2009－06－24	1.4948	1.8663	2009－08－05	1.7793	2.1276
2009－05－13	1.4703	1.8530	2009－06－25	1.4953	1.8666	2009－08－06	1.7872	2.1334
2009－05－14	1.4700	1.8525	2009－06－26	1.4957	1.8672	2009－08－07	1.7942	2.1408
2009－05－15	1.4691	1.8513	2009－06－29	1.4961	1.8678	2009－08－10	1.8017	2.1479
2009－05－18	1.4676	1.8516	2009－06－30	1.4977	1.8688	2009－08－11	1.8098	2.1534
2009－05－19	1.4656	1.8510	2009－07－01	1.4997	1.8698	2009－08－12	1.8143	2.1575
2009－05－20	1.4673	1.8509	2009－07－02	1.5025	1.8709	2009－08－13	1.8206	2.1607

续表

时间	6M	1Y	时间	6M	1Y	时间	6M	1Y
2009 - 08 - 14	1.8254	2.1662	2009 - 09 - 25	1.8592	2.1978	2009 - 11 - 12	1.8877	2.2277
2009 - 08 - 17	1.8299	2.1718	2009 - 09 - 27	1.8611	2.1979	2009 - 11 - 13	1.8878	2.2277
2009 - 08 - 18	1.8325	2.1749	2009 - 09 - 28	1.8629	2.1979	2009 - 11 - 16	1.8894	2.2302
2009 - 08 - 19	1.8338	2.1769	2009 - 09 - 29	1.8652	2.1982	2009 - 11 - 17	1.8906	2.2320
2009 - 08 - 20	1.8348	2.1788	2009 - 09 - 30	1.8669	2.2000	2009 - 11 - 18	1.8917	2.2337
2009 - 08 - 21	1.8348	2.1799	2009 - 10 - 09	1.8684	2.2022	2009 - 11 - 19	1.8937	2.2361
2009 - 08 - 24	1.8350	2.1799	2009 - 10 - 10	1.8690	2.2039	2009 - 11 - 20	1.8946	2.2367
2009 - 08 - 25	1.8350	2.1790	2009 - 10 - 12	1.8693	2.2078	2009 - 11 - 23	1.8951	2.2369
2009 - 08 - 26	1.8352	2.1789	2009 - 10 - 13	1.8707	2.2086	2009 - 11 - 24	1.8957	2.2374
2009 - 08 - 27	1.8359	2.1785	2009 - 10 - 14	1.8717	2.2089	2009 - 11 - 25	1.8951	2.2376
2009 - 08 - 28	1.8364	2.1783	2009 - 10 - 15	1.8734	2.2112	2009 - 11 - 26	1.8957	2.2377
2009 - 08 - 31	1.8380	2.1798	2009 - 10 - 16	1.8754	2.2139	2009 - 11 - 27	1.8954	2.2369
2009 - 09 - 01	1.8384	2.1806	2009 - 10 - 19	1.8775	2.2152	2009 - 11 - 30	1.8974	2.2383
2009 - 09 - 02	1.8391	2.1813	2009 - 10 - 20	1.8789	2.2175	2009 - 12 - 01	1.8980	2.2388
2009 - 09 - 03	1.8399	2.1822	2009 - 10 - 21	1.8798	2.2191	2009 - 12 - 02	1.8990	2.2392
2009 - 09 - 04	1.8401	2.1817	2009 - 10 - 22	1.8800	2.2204	2009 - 12 - 03	1.8996	2.2397
2009 - 09 - 07	1.8406	2.1817	2009 - 10 - 23	1.8801	2.2207	2009 - 12 - 04	1.8999	2.2400
2009 - 09 - 08	1.8407	2.1822	2009 - 10 - 26	1.8802	2.2209	2009 - 12 - 07	1.9000	2.2400
2009 - 09 - 09	1.8410	2.1826	2009 - 10 - 27	1.8806	2.2213	2009 - 12 - 08	1.9000	2.2409
2009 - 09 - 10	1.8411	2.1826	2009 - 10 - 28	1.8806	2.2216	2009 - 12 - 09	1.9002	2.2417
2009 - 09 - 11	1.8415	2.1834	2009 - 10 - 29	1.8813	2.2219	2009 - 12 - 10	1.9010	2.2429
2009 - 09 - 14	1.8431	2.1837	2009 - 10 - 30	1.8816	2.2221	2009 - 12 - 11	1.9023	2.2442
2009 - 09 - 15	1.8441	2.1855	2009 - 11 - 02	1.8816	2.2226	2009 - 12 - 14	1.9031	2.2451
2009 - 09 - 16	1.8456	2.1878	2009 - 11 - 03	1.8827	2.2231	2009 - 12 - 15	1.9030	2.2465
2009 - 09 - 17	1.8483	2.1906	2009 - 11 - 04	1.8825	2.2233	2009 - 12 - 16	1.9031	2.2480
2009 - 09 - 18	1.8497	2.1917	2009 - 11 - 05	1.8839	2.2245	2009 - 12 - 17	1.9031	2.2487
2009 - 09 - 21	1.8505	2.1940	2009 - 11 - 06	1.8843	2.2245	2009 - 12 - 18	1.9031	2.2491
2009 - 09 - 22	1.8520	2.1951	2009 - 11 - 09	1.8852	2.2251	2009 - 12 - 21	1.9031	2.2492
2009 - 09 - 23	1.8537	2.1963	2009 - 11 - 10	1.8870	2.2269	2009 - 12 - 22	1.9040	2.2492
2009 - 09 - 24	1.8566	2.1971	2009 - 11 - 11	1.8876	2.2275	2009 - 12 - 23	1.9053	2.2497

续表

时间	6M	1Y	时间	6M	1Y	时间	6M	1Y
2009 - 12 - 24	1.9069	2.2500	2010 - 02 - 05	1.9859	2.3348	2010 - 03 - 24	2.0134	2.3530
2009 - 12 - 25	1.9077	2.2501	2010 - 02 - 08	1.9859	2.3359	2010 - 03 - 25	2.0123	2.3528
2009 - 12 - 28	1.9084	2.2501	2010 - 02 - 09	1.9860	2.3370	2010 - 03 - 26	2.0133	2.3525
2009 - 12 - 29	1.9095	2.2502	2010 - 02 - 10	1.9865	2.3378	2010 - 03 - 29	2.0154	2.3533
2009 - 12 - 30	1.9098	2.2502	2010 - 02 - 11	2.0026	2.3445	2010 - 03 - 30	2.0131	2.3526
2009 - 12 - 31	1.9100	2.2502	2010 - 02 - 12	2.0027	2.3473	2010 - 03 - 31	2.0123	2.3525
2010 - 01 - 04	1.9100	2.2502	2010 - 02 - 20	2.0092	2.3510	2010 - 04 - 01	2.0118	2.3525
2010 - 01 - 05	1.9109	2.2501	2010 - 02 - 21	2.0210	2.3492	2010 - 04 - 02	2.0124	2.3523
2010 - 01 - 06	1.9116	2.2501	2010 - 02 - 22	2.0238	2.3497	2010 - 04 - 06	2.0148	2.3522
2010 - 01 - 07	1.9155	2.2551	2010 - 02 - 23	2.0189	2.3489	2010 - 04 - 07	2.0215	2.3556
2010 - 01 - 08	1.9203	2.2594	2010 - 02 - 24	2.0166	2.3496	2010 - 04 - 08	2.0260	2.3583
2010 - 01 - 11	1.9232	2.2629	2010 - 02 - 25	2.0156	2.3500	2010 - 04 - 09	2.0304	2.3595
2010 - 01 - 12	1.9280	2.2682	2010 - 02 - 26	2.0153	2.3501	2010 - 04 - 12	2.0320	2.3607
2010 - 01 - 13	1.9384	2.2802	2010 - 03 - 01	2.0138	2.3510	2010 - 04 - 13	2.0333	2.3610
2010 - 01 - 14	1.9421	2.2869	2010 - 03 - 02	2.0154	2.3518	2010 - 04 - 14	2.0340	2.3619
2010 - 01 - 15	1.9474	2.2916	2010 - 03 - 03	2.0169	2.3522	2010 - 04 - 15	2.0356	2.3624
2010 - 01 - 18	1.9534	2.2960	2010 - 03 - 04	2.0172	2.3525	2010 - 04 - 16	2.0367	2.3632
2010 - 01 - 19	1.9592	2.3027	2010 - 03 - 05	2.0169	2.3524	2010 - 04 - 19	2.0368	2.3633
2010 - 01 - 20	1.9638	2.3120	2010 - 03 - 08	2.0167	2.3521	2010 - 04 - 20	2.0359	2.3619
2010 - 01 - 21	1.9684	2.3176	2010 - 03 - 09	2.0211	2.3520	2010 - 04 - 21	2.0351	2.3615
2010 - 01 - 22	1.9717	2.3213	2010 - 03 - 10	2.0198	2.3520	2010 - 04 - 22	2.0365	2.3636
2010 - 01 - 25	1.9728	2.3238	2010 - 03 - 11	2.0185	2.3521	2010 - 04 - 23	2.0380	2.3650
2010 - 01 - 26	1.9746	2.3261	2010 - 03 - 12	2.0174	2.3524	2010 - 04 - 26	2.0384	2.3656
2010 - 01 - 27	1.9787	2.3286	2010 - 03 - 15	2.0160	2.3520	2010 - 04 - 27	2.0374	2.3655
2010 - 01 - 28	1.9821	2.3311	2010 - 03 - 16	2.0205	2.3521	2010 - 04 - 28	2.0379	2.3655
2010 - 01 - 29	1.9867	2.3326	2010 - 03 - 17	2.0197	2.3521	2010 - 04 - 29	2.0400	2.3664
2010 - 02 - 01	1.9887	2.3332	2010 - 03 - 18	2.0193	2.3526	2010 - 04 - 30	2.0402	2.3665
2010 - 02 - 02	1.9866	2.3339	2010 - 03 - 19	2.0183	2.3525	2010 - 05 - 04	2.0406	2.3668
2010 - 02 - 03	1.9862	2.3336	2010 - 03 - 22	2.0178	2.3530	2010 - 05 - 05	2.0414	2.3678
2010 - 02 - 04	1.9860	2.3340	2010 - 03 - 23	2.0136	2.3535	2010 - 05 - 06	2.0426	2.3682

时间	6M	1Y	时间	6M	1Y	时间	6M	1Y
2010－05－07	2.0439	2.3677	2010－06－21	2.3762	2.5326	2010－08－02	2.5053	2.6130
2010－05－10	2.0445	2.3684	2010－06－22	2.4038	2.5436	2010－08－03	2.5043	2.6123
2010－05－11	2.0454	2.3702	2010－06－23	2.4195	2.5497	2010－08－04	2.5041	2.6121
2010－05－12	2.0447	2.3680	2010－06－24	2.4323	2.5574	2010－08－05	2.5070	2.6122
2010－05－13	2.0443	2.3685	2010－06－25	2.4444	2.5676	2010－08－06	2.5094	2.6130
2010－05－14	2.0451	2.3695	2010－06－28	2.4629	2.5997	2010－08－09	2.5123	2.6140
2010－05－17	2.0456	2.3698	2010－06－29	2.4777	2.6123	2010－08－10	2.5152	2.6139
2010－05－18	2.0453	2.3677	2010－06－30	2.4880	2.6183	2010－08－11	2.5191	2.6158
2010－05－19	2.0443	2.3695	2010－07－01	2.4875	2.6138	2010－08－12	2.5165	2.6166
2010－05－20	2.0443	2.3698	2010－07－02	2.4869	2.6082	2010－08－13	2.5148	2.6173
2010－05－21	2.0455	2.3679	2010－07－05	2.4837	2.6059	2010－08－16	2.5179	2.6192
2010－05－24	2.0527	2.3749	2010－07－06	2.4888	2.6081	2010－08－17	2.5197	2.6204
2010－05－25	2.0606	2.3810	2010－07－07	2.4839	2.6033	2010－08－18	2.5218	2.6205
2010－05－26	2.1079	2.3958	2010－07－08	2.4799	2.6011	2010－08－19	2.5238	2.6227
2010－05－27	2.1340	2.4012	2010－07－09	2.5047	2.6136	2010－08－20	2.5224	2.6235
2010－05－28	2.1527	2.4140	2010－07－12	2.5057	2.6183	2010－08－23	2.5218	2.6241
2010－05－31	2.1771	2.4238	2010－07－13	2.5070	2.6192	2010－08－24	2.5232	2.6243
2010－06－01	2.2134	2.4498	2010－07－14	2.5047	2.6187	2010－08－25	2.5236	2.6238
2010－06－02	2.2448	2.4571	2010－07－15	2.5083	2.6161	2010－08－26	2.5269	2.6276
2010－06－03	2.2699	2.4669	2010－07－16	2.5113	2.6158	2010－08－27	2.5348	2.6336
2010－06－04	2.2783	2.4741	2010－07－19	2.5143	2.6140	2010－08－30	2.5423	2.6417
2010－06－07	2.2820	2.4767	2010－07－20	2.5160	2.6138	2010－08－31	2.5470	2.6455
2010－06－08	2.2944	2.4823	2010－07－21	2.5158	2.6145	2010－09－01	2.5469	2.6456
2010－06－09	2.2975	2.4874	2010－07－22	2.5231	2.6138	2010－09－02	2.5452	2.6443
2010－06－10	2.3043	2.4930	2010－07－23	2.5234	2.6154	2010－09－03	2.5448	2.6424
2010－06－11	2.3160	2.4997	2010－07－26	2.5266	2.6149	2010－09－06	2.5455	2.6441
2010－06－12	2.3218	2.5023	2010－07－27	2.5179	2.6147	2010－09－07	2.5473	2.6449
2010－06－13	2.3333	2.5188	2010－07－28	2.5117	2.6138	2010－09－08	2.5473	2.6451
2010－06－17	2.3453	2.5201	2010－07－29	2.5085	2.6126	2010－09－09	2.5477	2.6451
2010－06－18	2.3586	2.5261	2010－07－30	2.5057	2.6129	2010－09－10	2.5502	2.6463

时间	6M	1Y	时间	6M	1Y	时间	6M	1Y
2010 - 09 - 13	2.5556	2.6495	2010 - 09 - 13	2.5556	2.6495	2010 - 11 - 26	3.0129	3.0618
2010 - 09 - 14	2.5589	2.6520	2010 - 09 - 14	2.5589	2.6520	2010 - 11 - 29	3.0300	3.0786
2010 - 09 - 15	2.5638	2.6536	2010 - 09 - 15	2.5638	2.6536	2010 - 11 - 30	3.0497	3.0967
2010 - 09 - 16	2.5687	2.6555	2010 - 09 - 16	2.5687	2.6555	2010 - 12 - 01	3.0644	3.1103
2010 - 09 - 17	2.5707	2.6580	2010 - 09 - 17	2.5707	2.6580	2010 - 12 - 02	3.0792	3.1237
2010 - 09 - 19	2.5724	2.6592	2010 - 09 - 19	2.5724	2.6592	2010 - 12 - 03	3.0864	3.1381
2010 - 09 - 20	2.5757	2.6597	2010 - 09 - 20	2.5757	2.6597	2010 - 12 - 06	3.0919	3.1449
2010 - 09 - 21	2.5786	2.6611	2010 - 10 - 25	2.8129	2.8839	2010 - 12 - 07	3.0990	3.1510
2010 - 09 - 25	2.5834	2.6652	2010 - 10 - 26	2.8249	2.8939	2010 - 12 - 08	3.1072	3.1568
2010 - 09 - 26	2.5875	2.6700	2010 - 10 - 27	2.8362	2.9066	2010 - 12 - 09	3.1141	3.1646
2010 - 09 - 27	2.5933	2.6711	2010 - 10 - 28	2.8450	2.9142	2010 - 12 - 10	3.1233	3.1743
2010 - 09 - 28	2.6012	2.6736	2010 - 10 - 29	2.8562	2.9212	2010 - 12 - 13	3.1325	3.1815
2010 - 09 - 29	2.6036	2.6755	2010 - 11 - 01	2.8609	2.9257	2010 - 12 - 14	3.1428	3.1905
2010 - 09 - 30	2.6090	2.6793	2010 - 11 - 02	2.8654	2.9310	2010 - 12 - 15	3.1572	3.2062
2010 - 10 - 08	2.6088	2.6781	2010 - 11 - 03	2.8656	2.9339	2010 - 12 - 16	3.1664	3.2150
2010 - 10 - 09	2.6098	2.6776	2010 - 11 - 04	2.8671	2.9347	2010 - 12 - 17	3.1747	3.2230
2010 - 10 - 11	2.6135	2.6785	2010 - 11 - 05	2.8662	2.9348	2010 - 12 - 20	3.2030	3.2574
2010 - 10 - 12	2.6176	2.6811	2010 - 11 - 08	2.8690	2.9389	2010 - 12 - 21	3.2405	3.2955
2010 - 10 - 13	2.6232	2.6831	2010 - 11 - 09	2.8768	2.9430	2010 - 12 - 22	3.2715	3.3239
2010 - 10 - 14	2.6272	2.6843	2010 - 11 - 10	2.8798	2.9458	2010 - 12 - 23	3.3234	3.3617
2010 - 10 - 15	2.6314	2.6847	2010 - 11 - 11	2.8928	2.9568	2010 - 12 - 24	3.3607	3.3950
2010 - 10 - 18	2.6317	2.6847	2010 - 11 - 12	2.9037	2.9663	2010 - 12 - 27	3.4592	3.5246
2010 - 10 - 19	2.6339	2.6855	2010 - 11 - 15	2.9082	2.9725	2010 - 12 - 28	3.5034	3.5767
2010 - 10 - 20	2.7272	2.7946	2010 - 11 - 16	2.9121	2.9758	2010 - 12 - 29	3.5152	3.5950
2010 - 10 - 21	2.7650	2.8392	2010 - 11 - 17	2.9133	2.9762	2010 - 12 - 30	3.5447	3.6169
2010 - 10 - 22	2.7895	2.8644	2010 - 11 - 18	2.9145	2.9765	2010 - 12 - 31	3.5614	3.6312
2010 - 09 - 07	2.5473	2.6449	2010 - 11 - 19	2.9196	2.9798	2011 - 01 - 04	3.5598	3.6383
2010 - 09 - 08	2.5473	2.6451	2010 - 11 - 22	2.9365	2.9916	2011 - 01 - 05	3.5789	3.6461
2010 - 09 - 09	2.5477	2.6451	2010 - 11 - 23	2.9552	3.0103	2011 - 01 - 06	3.5806	3.6521
2010 - 09 - 10	2.5502	2.6463	2010 - 11 - 24	2.9711	3.0241	2011 - 01 - 07	3.6009	3.6620
			2010 - 11 - 25	2.9900	3.0367			

时间	6M	1Y	时间	6M	1Y	时间	6M	1Y
2011 – 01 – 10	3.6113	3.6774	2011 – 02 – 24	4.4202	4.5795	2011 – 04 – 08	4.5598	4.7809
2011 – 01 – 11	3.6271	3.6895	2011 – 02 – 25	4.4373	4.5953	2011 – 04 – 11	4.5609	4.7829
2011 – 01 – 12	3.6359	3.6929	2011 – 02 – 28	4.4494	4.6080	2011 – 04 – 12	4.5636	4.7871
2011 – 01 – 13	3.6451	3.6992	2011 – 03 – 01	4.4641	4.6208	2011 – 04 – 13	4.5730	4.7899
2011 – 01 – 14	3.6549	3.7076	2011 – 03 – 02	4.4697	4.6284	2011 – 04 – 14	4.5754	4.7912
2011 – 01 – 17	3.6621	3.7155	2011 – 03 – 03	4.4714	4.6238	2011 – 04 – 15	4.5789	4.7922
2011 – 01 – 18	3.6665	3.7196	2011 – 03 – 04	4.4730	4.6301	2011 – 04 – 18	4.5834	4.8016
2011 – 01 – 19	3.6916	3.7344	2011 – 03 – 07	4.4610	4.6344	2011 – 04 – 19	4.5871	4.8089
2011 – 01 – 20	3.7157	3.7539	2011 – 03 – 08	4.4366	4.6355	2011 – 04 – 20	4.5893	4.8116
2011 – 01 – 21	3.7430	3.7855	2011 – 03 – 09	4.4208	4.6353	2011 – 04 – 21	4.5996	4.8177
2011 – 01 – 24	3.7702	3.8160	2011 – 03 – 10	4.4294	4.6366	2011 – 04 – 22	4.6127	4.8317
2011 – 01 – 25	3.8251	3.8568	2011 – 03 – 11	4.4311	4.6382	2011 – 04 – 25	4.6360	4.8450
2011 – 01 – 26	3.8646	3.9187	2011 – 03 – 14	4.4429	4.6378	2011 – 04 – 26	4.6610	4.8564
2011 – 01 – 27	3.8969	3.9600	2011 – 03 – 15	4.4489	4.6459	2011 – 04 – 27	4.6644	4.8614
2011 – 01 – 28	3.9385	4.0101	2011 – 03 – 16	4.4525	4.6525	2011 – 04 – 28	4.6669	4.8667
2011 – 01 – 30	3.9716	4.0561	2011 – 03 – 17	4.4511	4.6558	2011 – 04 – 29	4.6788	4.8706
2011 – 01 – 31	3.9931	4.0808	2011 – 03 – 18	4.4388	4.6566	2011 – 05 – 03	4.6754	4.8642
2011 – 02 – 01	3.9943	4.0894	2011 – 03 – 21	4.4560	4.6647	2011 – 05 – 04	4.6745	4.8636
2011 – 02 – 09	4.1170	4.2211	2011 – 03 – 22	4.4618	4.6663	2011 – 05 – 05	4.6593	4.8572
2011 – 02 – 10	4.1684	4.2827	2011 – 03 – 23	4.4543	4.6673	2011 – 05 – 06	4.6641	4.8562
2011 – 02 – 11	4.1960	4.3067	2011 – 03 – 24	4.4428	4.6621	2011 – 05 – 09	4.6620	4.8594
2011 – 02 – 12	4.2063	4.3238	2011 – 03 – 25	4.4374	4.6583	2011 – 05 – 10	4.6544	4.8511
2011 – 02 – 14	4.2122	4.3464	2011 – 03 – 28	4.4329	4.6601	2011 – 05 – 11	4.6578	4.8519
2011 – 02 – 15	4.2195	4.3686	2011 – 03 – 29	4.4196	4.6603	2011 – 05 – 12	4.6432	4.8521
2011 – 02 – 16	4.2361	4.3930	2011 – 03 – 30	4.4233	4.6604	2011 – 05 – 13	4.6678	4.8573
2011 – 02 – 17	4.2579	4.4259	2011 – 03 – 31	4.4271	4.6618	2011 – 05 – 16	4.6671	4.8562
2011 – 02 – 18	4.2932	4.4529	2011 – 04 – 01	4.4274	4.6623	2011 – 05 – 17	4.6773	4.8546
2011 – 02 – 21	4.3423	4.4897	2011 – 04 – 02	4.4476	4.6624	2011 – 05 – 18	4.6773	4.8566
2011 – 02 – 22	4.3659	4.5232	2011 – 04 – 06	4.5244	4.7347	2011 – 05 – 19	4.6791	4.8580
2011 – 02 – 23	4.4025	4.5499	2011 – 04 – 07	4.5487	4.7615	2011 – 05 – 20	4.6841	4.8640

续表

时间	6M	1Y	时间	6M	1Y	时间	6M	1Y
2011－05－23	4.6996	4.8746	2011－07－05	5.2069	5.1496	2011－08－16	5.2535	5.2181
2011－05－24	4.7017	4.8841	2011－07－06	5.2105	5.1466	2011－08－17	5.2493	5.2214
2011－05－25	4.7161	4.8879	2011－07－07	5.2385	5.1923	2011－08－18	5.2483	5.2247
2011－05－26	4.7315	4.8956	2011－07－08	5.2328	5.1978	2011－08－19	5.2501	5.2255
2011－05－27	4.7278	4.8963	2011－07－11	5.2410	5.2027	2011－08－22	5.2494	5.2262
2011－05－30	4.6968	4.9054	2011－07－12	5.2435	5.2016	2011－08－23	5.2441	5.2271
2011－05－31	4.7130	4.8940	2011－07－13	5.2579	5.2020	2011－08－24	5.2396	5.2288
2011－06－01	4.7188	4.8916	2011－07－14	5.3093	5.2041	2011－08－25	5.2379	5.2279
2011－06－02	4.7191	4.8902	2011－07－15	5.2788	5.2061	2011－08－26	5.2344	5.2268
2011－06－03	4.7150	4.8835	2011－07－18	5.2722	5.2065	2011－08－29	5.2646	5.2343
2011－06－07	4.7278	4.8832	2011－07－19	5.2785	5.2068	2011－08－30	5.2828	5.2373
2011－06－08	4.7676	4.8898	2011－07－20	5.2909	5.2093	2011－08－31	5.2910	5.2407
2011－06－09	4.7726	4.9043	2011－07－21	5.2963	5.2125	2011－09－01	5.2903	5.2439
2011－06－10	4.7848	4.9152	2011－07－22	5.2807	5.2197	2011－09－02	5.2905	5.2485
2011－06－13	4.7982	4.9206	2011－07－25	5.2775	5.2239	2011－09－05	5.2947	5.2494
2011－06－14	4.8606	4.9338	2011－07－26	5.2856	5.2293	2011－09－06	5.2998	5.2508
2011－06－15	4.9211	4.9569	2011－07－27	5.2763	5.2296	2011－09－07	5.3031	5.2544
2011－06－16	4.9831	4.9771	2011－07－28	5.2647	5.2297	2011－09－08	5.3043	5.2555
2011－06－17	5.0152	4.9913	2011－07－29	5.2622	5.2285	2011－09－09	5.3059	5.2552
2011－06－20	5.0457	5.0259	2011－08－01	5.2568	5.2273	2011－09－13	5.3006	5.2543
2011－06－21	5.0808	5.0406	2011－08－02	5.2455	5.2300	2011－09－14	5.3000	5.2543
2011－06－22	5.1101	5.0575	2011－08－03	5.2446	5.2285	2011－09－15	5.2992	5.2553
2011－06－23	5.1547	5.0813	2011－08－04	5.2395	5.2257	2011－09－16	5.2979	5.2558
2011－06－24	5.1735	5.1024	2011－08－05	5.2274	5.2260	2011－09－19	5.2977	5.2552
2011－06－27	5.1832	5.1071	2011－08－08	5.2239	5.2237	2011－09－20	5.2968	5.2551
2011－06－28	5.1976	5.1220	2011－08－09	5.2286	5.2249	2011－09－21	5.2979	5.2529
2011－06－29	5.2038	5.1309	2011－08－10	5.2292	5.2269	2011－09－22	5.2981	5.2543
2011－06－30	5.2079	5.1367	2011－08－11	5.2243	5.2256	2011－09－23	5.2973	5.2537
2011－07－01	5.2155	5.1405	2011－08－12	5.2753	5.2252	2011－09－26	5.2973	5.2540
2011－07－04	5.2140	5.1485	2011－08－15	5.2777	5.2226	2011－09－27	5.2948	5.2541

续表

时间	6M	1Y	时间	6M	1Y	时间	6M	1Y
2011 – 09 – 28	5.2979	5.2543	2011 – 11 – 14	5.4638	5.2539	2011 – 12 – 26	5.4154	5.2337
2011 – 09 – 29	5.2978	5.2543	2011 – 11 – 15	5.4629	5.2517	2011 – 12 – 27	5.4219	5.2345
2011 – 09 – 30	5.3028	5.2534	2011 – 11 – 16	5.4667	5.2508	2011 – 12 – 28	5.4233	5.2343
2011 – 10 – 08	5.3023	5.2531	2011 – 11 – 17	5.4853	5.2515	2011 – 12 – 29	5.4218	5.2373
2011 – 10 – 09	5.3023	5.2522	2011 – 11 – 18	5.4803	5.2520	2011 – 12 – 30	5.4260	5.2378
2011 – 10 – 10	5.3039	5.2521	2011 – 11 – 21	5.4975	5.2512	2011 – 12 – 31	5.4223	5.2373
2011 – 10 – 11	5.3016	5.2512	2011 – 11 – 22	5.5221	5.2524	2012 – 01 – 04	5.4243	5.2364
2011 – 10 – 12	5.3130	5.2528	2011 – 11 – 23	5.5204	5.2500	2012 – 01 – 05	5.4224	5.2376
2011 – 10 – 13	5.3232	5.2539	2011 – 11 – 24	5.5121	5.2498	2012 – 01 – 06	5.4214	5.2393
2011 – 10 – 14	5.3566	5.2558	2011 – 11 – 25	5.5108	5.2485	2012 – 01 – 09	5.4203	5.2375
2011 – 10 – 17	5.3714	5.2562	2011 – 11 – 28	5.5242	5.2482	2012 – 01 – 10	5.4218	5.2373
2011 – 10 – 18	5.3940	5.2537	2011 – 11 – 29	5.5058	5.2518	2012 – 01 – 11	5.4205	5.2373
2011 – 10 – 19	5.3896	5.2538	2011 – 11 – 30	5.5013	5.2517	2012 – 01 – 12	5.4201	5.2377
2011 – 10 – 20	5.3983	5.2516	2011 – 12 – 01	5.4788	5.2444	2012 – 01 – 13	5.4202	5.2380
2011 – 10 – 21	5.4008	5.2547	2011 – 12 – 02	5.4526	5.2395	2012 – 01 – 16	5.4227	5.2381
2011 – 10 – 24	5.4030	5.2536	2011 – 12 – 05	5.4417	5.2368	2012 – 01 – 17	5.4266	5.2369
2011 – 10 – 25	5.4133	5.2536	2011 – 12 – 06	5.4367	5.2375	2012 – 01 – 18	5.4251	5.2377
2011 – 10 – 26	5.4214	5.2534	2011 – 12 – 07	5.4283	5.2356	2012 – 01 – 19	5.4232	5.2368
2011 – 10 – 27	5.4370	5.2474	2011 – 12 – 08	5.4338	5.2374	2012 – 01 – 20	5.4208	5.2367
2011 – 10 – 28	5.4450	5.2499	2011 – 12 – 09	5.4358	5.2371	2012 – 01 – 21	5.4196	5.2392
2011 – 10 – 31	5.4546	5.2533	2011 – 12 – 12	5.4296	5.2375	2012 – 01 – 29	5.4175	5.2386
2011 – 11 – 01	5.4546	5.2501	2011 – 12 – 13	5.4306	5.2370	2012 – 01 – 30	5.4170	5.2369
2011 – 11 – 02	5.4346	5.2543	2011 – 12 – 14	5.4319	5.2356	2012 – 01 – 31	5.4164	5.2367
2011 – 11 – 03	5.4475	5.2545	2011 – 12 – 15	5.4328	5.2366	2012 – 02 – 01	5.4146	5.2374
2011 – 11 – 04	5.4513	5.2546	2011 – 12 – 16	5.4334	5.2361	2012 – 02 – 02	5.4135	5.2367
2011 – 11 – 07	5.4501	5.2552	2011 – 12 – 19	5.4293	5.2363	2012 – 02 – 03	5.4131	5.2366
2011 – 11 – 08	5.4544	5.2559	2011 – 12 – 20	5.4285	5.2357	2012 – 02 – 06	5.4114	5.2370
2011 – 11 – 09	5.4538	5.2528	2011 – 12 – 21	5.4262	5.2362	2012 – 02 – 07	5.4035	5.2367
2011 – 11 – 10	5.4579	5.2526	2011 – 12 – 22	5.4233	5.2362	2012 – 02 – 08	5.3890	5.2344
2011 – 11 – 11	5.4608	5.2509	2011 – 12 – 23	5.4177	5.2341	2012 – 02 – 09	5.3791	5.2323

续表

时间	6M	1Y	时间	6M	1Y	时间	6M	1Y
2012 - 02 - 10	5.3628	5.2316	2012 - 03 - 23	5.1337	5.1855	2012 - 05 - 08	4.9937	5.1013
2012 - 02 - 13	5.3496	5.2317	2012 - 03 - 26	5.1294	5.1798	2012 - 05 - 09	4.9886	5.1000
2012 - 02 - 14	5.3379	5.2317	2012 - 03 - 27	5.1169	5.1767	2012 - 05 - 10	4.9764	5.0992
2012 - 02 - 15	5.3287	5.2317	2012 - 03 - 28	5.1147	5.1739	2012 - 05 - 11	4.9666	5.0966
2012 - 02 - 16	5.3293	5.2325	2012 - 03 - 29	5.1060	5.1668	2012 - 05 - 14	4.9042	5.0792
2012 - 02 - 17	5.3251	5.2331	2012 - 03 - 30	5.0997	5.1585	2012 - 05 - 15	4.8916	5.0563
2012 - 02 - 20	5.3136	5.2289	2012 - 03 - 31	5.0908	5.1524	2012 - 05 - 16	4.8587	5.0491
2012 - 02 - 21	5.3070	5.2295	2012 - 04 - 01	5.0882	5.1503	2012 - 05 - 17	4.8364	5.0339
2012 - 02 - 22	5.3060	5.2294	2012 - 04 - 05	5.0880	5.1481	2012 - 05 - 18	4.8126	5.0236
2012 - 02 - 23	5.3050	5.2293	2012 - 04 - 06	5.0844	5.1463	2012 - 05 - 21	4.7972	5.0156
2012 - 02 - 24	5.3035	5.2286	2012 - 04 - 09	5.0770	5.1450	2012 - 05 - 22	4.7903	5.0100
2012 - 02 - 27	5.3005	5.2274	2012 - 04 - 10	5.0705	5.1437	2012 - 05 - 23	4.7608	5.0013
2012 - 02 - 28	5.2966	5.2244	2012 - 04 - 11	5.0724	5.1416	2012 - 05 - 24	4.7357	4.9898
2012 - 02 - 29	5.2934	5.2229	2012 - 04 - 12	5.0725	5.1397	2012 - 05 - 25	4.7104	4.9765
2012 - 03 - 01	5.2861	5.2210	2012 - 04 - 13	5.0709	5.1378	2012 - 05 - 28	4.6981	4.9669
2012 - 03 - 02	5.2786	5.2203	2012 - 04 - 16	5.0643	5.1367	2012 - 05 - 29	4.6695	4.9546
2012 - 03 - 05	5.2681	5.2198	2012 - 04 - 17	5.0600	5.1351	2012 - 05 - 30	4.6571	4.9458
2012 - 03 - 06	5.2596	5.2138	2012 - 04 - 18	5.0566	5.1336	2012 - 05 - 31	4.6308	4.9317
2012 - 03 - 07	5.2532	5.2110	2012 - 04 - 19	5.0491	5.1326	2012 - 06 - 01	4.6229	4.9262
2012 - 03 - 08	5.2458	5.2086	2012 - 04 - 20	5.0441	5.1311	2012 - 06 - 04	4.6190	4.9241
2012 - 03 - 09	5.2315	5.2044	2012 - 04 - 23	5.0396	5.1278	2012 - 06 - 05	4.6095	4.9183
2012 - 03 - 12	5.2200	5.2015	2012 - 04 - 24	5.0351	5.1244	2012 - 06 - 06	4.6004	4.9141
2012 - 03 - 13	5.2059	5.2011	2012 - 04 - 25	5.0324	5.1216	2012 - 06 - 07	4.5968	4.9115
2012 - 03 - 14	5.2027	5.2002	2012 - 04 - 26	5.0287	5.1191	2012 - 06 - 08	4.5370	4.8669
2012 - 03 - 15	5.1964	5.2005	2012 - 04 - 27	5.0241	5.1160	2012 - 06 - 11	4.5152	4.8501
2012 - 03 - 16	5.1872	5.1965	2012 - 04 - 28	5.0177	5.1114	2012 - 06 - 12	4.5021	4.8402
2012 - 03 - 19	5.1783	5.1926	2012 - 05 - 02	5.0121	5.1095	2012 - 06 - 13	4.4880	4.8296
2012 - 03 - 20	5.1620	5.1884	2012 - 05 - 03	5.0081	5.1073	2012 - 06 - 14	4.4711	4.8186
2012 - 03 - 21	5.1533	5.1859	2012 - 05 - 04	5.0025	5.1038	2012 - 06 - 15	4.4619	4.8055
2012 - 03 - 22	5.1480	5.1867	2012 - 05 - 07	4.9985	5.1025	2012 - 06 - 18	4.4533	4.7953

时间	6M	1Y	时间	6M	1Y	时间	6M	1Y
2012 – 06 – 19	4.4490	4.7851	2012 – 08 – 01	4.1570	4.4896	2012 – 09 – 12	4.0874	4.4043
2012 – 06 – 20	4.4477	4.7788	2012 – 08 – 02	4.1547	4.4800	2012 – 09 – 13	4.0888	4.4042
2012 – 06 – 21	4.4435	4.7740	2012 – 08 – 03	4.1422	4.4717	2012 – 09 – 14	4.0894	4.4024
2012 – 06 – 25	4.4458	4.7808	2012 – 08 – 06	4.1401	4.4646	2012 – 09 – 17	4.0897	4.4014
2012 – 06 – 26	4.4362	4.7755	2012 – 08 – 07	4.1397	4.4581	2012 – 09 – 18	4.0889	4.4010
2012 – 06 – 27	4.4367	4.7659	2012 – 08 – 08	4.1341	4.4519	2012 – 09 – 19	4.0886	4.4010
2012 – 06 – 28	4.4234	4.7507	2012 – 08 – 09	4.1217	4.4494	2012 – 09 – 20	4.0892	4.4010
2012 – 06 – 29	4.4200	4.7454	2012 – 08 – 10	4.1125	4.4452	2012 – 09 – 21	4.0898	4.4008
2012 – 07 – 02	4.4149	4.7426	2012 – 08 – 13	4.1072	4.4421	2012 – 09 – 24	4.0907	4.4006
2012 – 07 – 03	4.4038	4.7357	2012 – 08 – 14	4.1052	4.4404	2012 – 09 – 25	4.0917	4.4006
2012 – 07 – 04	4.3918	4.7289	2012 – 08 – 15	4.1042	4.4403	2012 – 09 – 26	4.0917	4.4005
2012 – 07 – 05	4.3787	4.7181	2012 – 08 – 16	4.1041	4.4403	2012 – 09 – 27	4.0907	4.4003
2012 – 07 – 06	4.3434	4.6876	2012 – 08 – 17	4.1030	4.4421	2012 – 09 – 28	4.0903	4.4000
2012 – 07 – 09	4.3290	4.6735	2012 – 08 – 20	4.1085	4.4438	2012 – 09 – 29	4.0894	4.4000
2012 – 07 – 10	4.3119	4.6442	2012 – 08 – 21	4.1117	4.4440	2012 – 10 – 08	4.0894	4.4004
2012 – 07 – 11	4.2915	4.6177	2012 – 08 – 22	4.1106	4.4419	2012 – 10 – 09	4.0895	4.4002
2012 – 07 – 12	4.2782	4.5965	2012 – 08 – 23	4.1089	4.4412	2012 – 10 – 10	4.0847	4.4002
2012 – 07 – 13	4.2556	4.5721	2012 – 08 – 24	4.1064	4.4399	2012 – 10 – 11	4.0832	4.4002
2012 – 07 – 16	4.2410	4.5606	2012 – 08 – 27	4.0975	4.4380	2012 – 10 – 12	4.0871	4.4001
2012 – 07 – 17	4.2313	4.5507	2012 – 08 – 28	4.0944	4.4338	2012 – 10 – 15	4.0881	4.4001
2012 – 07 – 18	4.2200	4.5435	2012 – 08 – 29	4.0924	4.4326	2012 – 10 – 16	4.0889	4.4001
2012 – 07 – 19	4.2177	4.5388	2012 – 08 – 30	4.0914	4.4324	2012 – 10 – 17	4.0863	4.4001
2012 – 07 – 20	4.2071	4.5278	2012 – 08 – 31	4.0905	4.4250	2012 – 10 – 18	4.0884	4.4001
2012 – 07 – 23	4.2046	4.5214	2012 – 09 – 03	4.0883	4.4247	2012 – 10 – 19	4.0889	4.4001
2012 – 07 – 24	4.1911	4.5168	2012 – 09 – 04	4.0883	4.4175	2012 – 10 – 22	4.0873	4.4001
2012 – 07 – 25	4.1893	4.5136	2012 – 09 – 05	4.0881	4.4144	2012 – 10 – 23	4.0876	4.4001
2012 – 07 – 26	4.1842	4.5086	2012 – 09 – 06	4.0838	4.4090	2012 – 10 – 24	4.0862	4.4001
2012 – 07 – 27	4.1745	4.5037	2012 – 09 – 07	4.0782	4.4077	2012 – 10 – 25	4.0859	4.4000
2012 – 07 – 30	4.1667	4.4948	2012 – 09 – 10	4.0825	4.4050	2012 – 10 – 26	4.0877	4.4000
2012 – 07 – 31	4.1607	4.4904	2012 – 09 – 11	4.0857	4.4057	2012 – 10 – 29	4.0899	4.4000

时间	6M	1Y	时间	6M	1Y	时间	6M	1Y
2012 – 10 – 30	4.0922	4.4000	2012 – 12 – 11	4.1000	4.4000	2013 – 01 – 23	4.1000	4.4000
2012 – 10 – 31	4.0921	4.4000	2012 – 12 – 12	4.1000	4.4000	2013 – 01 – 24	4.1000	4.4000
2012 – 11 – 01	4.0918	4.4000	2012 – 12 – 13	4.1000	4.4000	2013 – 01 – 25	4.1000	4.4000
2012 – 11 – 02	4.0926	4.4000	2012 – 12 – 14	4.1000	4.4001	2013 – 01 – 28	4.1001	4.4000
2012 – 11 – 05	4.0927	4.4000	2012 – 12 – 17	4.1000	4.4002	2013 – 01 – 29	4.1000	4.4000
2012 – 11 – 06	4.0977	4.4000	2012 – 12 – 18	4.1000	4.4002	2013 – 01 – 30	4.1001	4.4000
2012 – 11 – 07	4.0953	4.4000	2012 – 12 – 19	4.1000	4.4002	2013 – 01 – 31	4.1007	4.4000
2012 – 11 – 08	4.0951	4.4000	2012 – 12 – 20	4.1000	4.4003	2013 – 02 – 01	4.1001	4.4000
2012 – 11 – 09	4.0953	4.4000	2012 – 12 – 21	4.1000	4.4003	2013 – 02 – 04	4.1002	4.4000
2012 – 11 – 12	4.1005	4.4000	2012 – 12 – 24	4.1000	4.4004	2013 – 02 – 05	4.1007	4.4000
2012 – 11 – 13	4.0994	4.4000	2012 – 12 – 25	4.1000	4.4005	2013 – 02 – 06	4.1003	4.4000
2012 – 11 – 14	4.0993	4.4000	2012 – 12 – 26	4.1000	4.4005	2013 – 02 – 07	4.1003	4.4000
2012 – 11 – 15	4.0994	4.4000	2012 – 12 – 27	4.1000	4.4003	2013 – 02 – 08	4.1003	4.4000
2012 – 11 – 16	4.0994	4.4000	2012 – 12 – 28	4.1000	4.4002	2013 – 02 – 16	4.1000	4.4000
2012 – 11 – 19	4.0995	4.4000	2012 – 12 – 31	4.1000	4.4002	2013 – 02 – 17	4.1000	4.4000
2012 – 11 – 20	4.0988	4.4000	2013 – 01 – 04	4.1000	4.4004	2013 – 02 – 18	4.1000	4.4000
2012 – 11 – 21	4.0979	4.4000	2013 – 01 – 05	4.1000	4.4004	2013 – 02 – 19	4.1000	4.4000
2012 – 11 – 22	4.0992	4.4000	2013 – 01 – 06	4.1000	4.4004	2013 – 02 – 20	4.1000	4.4000
2012 – 11 – 23	4.0997	4.4000	2013 – 01 – 07	4.1000	4.4004	2013 – 02 – 21	4.1000	4.4000
2012 – 11 – 26	4.0998	4.4000	2013 – 01 – 08	4.1000	4.4004	2013 – 02 – 22	4.1003	4.4000
2012 – 11 – 27	4.0990	4.4000	2013 – 01 – 09	4.1000	4.4002	2013 – 02 – 25	4.1003	4.4000
2012 – 11 – 28	4.0999	4.4000	2013 – 01 – 10	4.1000	4.4004	2013 – 02 – 26	4.1005	4.4000
2012 – 11 – 29	4.0999	4.4000	2013 – 01 – 11	4.1000	4.4002	2013 – 02 – 27	4.1010	4.4000
2012 – 11 – 30	4.1000	4.4000	2013 – 01 – 14	4.1003	4.4003	2013 – 02 – 28	4.1017	4.4000
2012 – 12 – 03	4.1001	4.4000	2013 – 01 – 15	4.1001	4.4002	2013 – 03 – 01	4.1024	4.4000
2012 – 12 – 04	4.1000	4.4000	2013 – 01 – 16	4.1012	4.4003	2013 – 03 – 04	4.1004	4.4000
2012 – 12 – 05	4.1000	4.4000	2013 – 01 – 17	4.1005	4.4003	2013 – 03 – 05	4.1002	4.4000
2012 – 12 – 06	4.1000	4.4000	2013 – 01 – 18	4.1001	4.4001	2013 – 03 – 06	4.1001	4.4000
2012 – 12 – 07	4.1000	4.4000	2013 – 01 – 21	4.1000	4.4000	2013 – 03 – 07	4.1001	4.4000
2012 – 12 – 10	4.1000	4.4000	2013 – 01 – 22	4.1000	4.4000	2013 – 03 – 08	4.1001	4.4000

续表

时间	6M	1Y	时间	6M	1Y	时间	6M	1Y
2013 – 03 – 11	4.1001	4.4000	2013 – 04 – 23	4.1000	4.4000	2013 – 06 – 05	4.1000	4.4000
2013 – 03 – 12	4.1001	4.4000	2013 – 04 – 24	4.1000	4.4000	2013 – 06 – 06	4.1000	4.4000
2013 – 03 – 13	4.1001	4.4000	2013 – 04 – 25	4.1000	4.4000	2013 – 06 – 07	4.1000	4.4000
2013 – 03 – 14	4.1001	4.4000	2013 – 04 – 26	4.1000	4.4000	2013 – 06 – 08	4.1000	4.4000
2013 – 03 – 15	4.1001	4.4000	2013 – 04 – 27	4.1000	4.4000	2013 – 06 – 09	4.1000	4.4000
2013 – 03 – 18	4.1001	4.4000	2013 – 04 – 28	4.1000	4.4000	2013 – 06 – 13	4.1000	4.4000
2013 – 03 – 19	4.1001	4.4000	2013 – 05 – 02	4.1000	4.4000	2013 – 06 – 14	4.1001	4.4000
2013 – 03 – 20	4.1001	4.4000	2013 – 05 – 03	4.1000	4.4000	2013 – 06 – 17	4.1000	4.4000
2013 – 03 – 21	4.1001	4.4000	2013 – 05 – 06	4.1000	4.4000	2013 – 06 – 18	4.1026	4.4000
2013 – 03 – 22	4.1001	4.4000	2013 – 05 – 07	4.1000	4.4000	2013 – 06 – 19	4.1032	4.4000
2013 – 03 – 25	4.1000	4.4000	2013 – 05 – 08	4.1000	4.4000	2013 – 06 – 20	4.2425	4.4005
2013 – 03 – 26	4.1000	4.4000	2013 – 05 – 09	4.1000	4.4000	2013 – 06 – 21	4.2591	4.4156
2013 – 03 – 27	4.1000	4.4000	2013 – 05 – 10	4.1000	4.4000	2013 – 06 – 24	4.2450	4.4210
2013 – 03 – 28	4.1000	4.4000	2013 – 05 – 13	4.1000	4.4000	2013 – 06 – 25	4.2551	4.4295
2013 – 03 – 29	4.1000	4.4000	2013 – 05 – 14	4.1000	4.4000	2013 – 06 – 26	4.2444	4.4215
2013 – 04 – 01	4.1000	4.4000	2013 – 05 – 15	4.1000	4.4000	2013 – 06 – 27	4.2425	4.4198
2013 – 04 – 02	4.1000	4.4000	2013 – 05 – 16	4.1000	4.4000	2013 – 06 – 28	4.2412	4.4148
2013 – 04 – 03	4.1000	4.4000	2013 – 05 – 17	4.1000	4.4000	2013 – 07 – 01	4.2390	4.4125
2013 – 04 – 07	4.1000	4.4000	2013 – 05 – 20	4.1000	4.4000	2013 – 07 – 02	4.2344	4.4070
2013 – 04 – 08	4.1000	4.4000	2013 – 05 – 21	4.1000	4.4000	2013 – 07 – 03	4.2300	4.4022
2013 – 04 – 09	4.1000	4.4000	2013 – 05 – 22	4.1000	4.4000	2013 – 07 – 04	4.2287	4.4000
2013 – 04 – 10	4.1000	4.4000	2013 – 05 – 23	4.1000	4.4000	2013 – 07 – 05	4.2273	4.4000
2013 – 04 – 11	4.1000	4.4000	2013 – 05 – 24	4.1000	4.4000	2013 – 07 – 08	4.2238	4.4000
2013 – 04 – 12	4.1000	4.4000	2013 – 05 – 27	4.1000	4.4000	2013 – 07 – 09	4.2215	4.4000
2013 – 04 – 15	4.1000	4.4000	2013 – 05 – 28	4.1000	4.4000	2013 – 07 – 10	4.2200	4.4000
2013 – 04 – 16	4.1000	4.4000	2013 – 05 – 29	4.1000	4.4000	2013 – 07 – 11	4.2199	4.4000
2013 – 04 – 17	4.1000	4.4000	2013 – 05 – 30	4.1000	4.4000	2013 – 07 – 12	4.2189	4.4000
2013 – 04 – 18	4.1000	4.4000	2013 – 05 – 31	4.1000	4.4000	2013 – 07 – 15	4.2185	4.4000
2013 – 04 – 19	4.1000	4.4000	2013 – 06 – 03	4.1000	4.4000	2013 – 07 – 16	4.2176	4.4000
2013 – 04 – 22	4.1000	4.4000	2013 – 06 – 04	4.1000	4.4000	2013 – 07 – 17	4.2166	4.4000

时间	6M	1Y	时间	6M	1Y	时间	6M	1Y
2013 - 07 - 18	4. 2173	4. 4000	2013 - 08 - 29	4. 2198	4. 4000	2013 - 10 - 16	4. 2200	4. 4000
2013 - 07 - 19	4. 2173	4. 4000	2013 - 08 - 30	4. 2198	4. 4000	2013 - 10 - 17	4. 2200	4. 4000
2013 - 07 - 22	4. 2173	4. 4000	2013 - 09 - 02	4. 2198	4. 4000	2013 - 10 - 18	4. 2200	4. 4000
2013 - 07 - 23	4. 2173	4. 4000	2013 - 09 - 03	4. 2198	4. 4000	2013 - 10 - 21	4. 2200	4. 4000
2013 - 07 - 24	4. 2189	4. 4000	2013 - 09 - 04	4. 2198	4. 4000	2013 - 10 - 22	4. 2200	4. 4000
2013 - 07 - 25	4. 2185	4. 4000	2013 - 09 - 05	4. 2200	4. 4000	2013 - 10 - 23	4. 2200	4. 4000
2013 - 07 - 26	4. 2189	4. 4000	2013 - 09 - 06	4. 2198	4. 4000	2013 - 10 - 24	4. 2201	4. 4000
2013 - 07 - 29	4. 2201	4. 4000	2013 - 09 - 09	4. 2198	4. 4000	2013 - 10 - 25	4. 2201	4. 4000
2013 - 07 - 30	4. 2203	4. 4000	2013 - 09 - 10	4. 2198	4. 4000	2013 - 10 - 28	4. 2201	4. 4000
2013 - 07 - 31	4. 2199	4. 4000	2013 - 09 - 11	4. 2198	4. 4000	2013 - 10 - 29	4. 2200	4. 4000
2013 - 08 - 01	4. 2193	4. 4000	2013 - 09 - 12	4. 2198	4. 4000	2013 - 10 - 30	4. 2195	4. 4000
2013 - 08 - 02	4. 2198	4. 4000	2013 - 09 - 13	4. 2200	4. 4000	2013 - 10 - 31	4. 2200	4. 4000
2013 - 08 - 05	4. 2198	4. 4000	2013 - 09 - 16	4. 2200	4. 4000	2013 - 11 - 01	4. 2200	4. 4000
2013 - 08 - 06	4. 2193	4. 4000	2013 - 09 - 17	4. 2200	4. 4000	2013 - 11 - 04	4. 2200	4. 4000
2013 - 08 - 07	4. 2197	4. 4000	2013 - 09 - 18	4. 2200	4. 4000	2013 - 11 - 05	4. 2200	4. 4000
2013 - 08 - 08	4. 2198	4. 4000	2013 - 09 - 22	4. 2200	4. 4000	2013 - 11 - 06	4. 2200	4. 4000
2013 - 08 - 09	4. 2198	4. 4000	2013 - 09 - 23	4. 2200	4. 4000	2013 - 11 - 07	4. 2204	4. 4000
2013 - 08 - 12	4. 2200	4. 4000	2013 - 09 - 24	4. 2200	4. 4000	2013 - 11 - 08	4. 2201	4. 4000
2013 - 08 - 13	4. 2198	4. 4000	2013 - 09 - 25	4. 2200	4. 4000	2013 - 11 - 11	4. 2200	4. 4000
2013 - 08 - 14	4. 2198	4. 4000	2013 - 09 - 26	4. 2200	4. 4000	2013 - 11 - 12	4. 2200	4. 4000
2013 - 08 - 15	4. 2198	4. 4000	2013 - 09 - 27	4. 2200	4. 4000	2013 - 11 - 13	4. 2200	4. 4000
2013 - 08 - 16	4. 2198	4. 4000	2013 - 09 - 29	4. 2200	4. 4000	2013 - 11 - 14	4. 2202	4. 4000
2013 - 08 - 19	4. 2198	4. 4000	2013 - 09 - 30	4. 2200	4. 4000	2013 - 11 - 15	4. 2207	4. 4000
2013 - 08 - 20	4. 2198	4. 4000	2013 - 10 - 08	4. 2200	4. 4000	2013 - 11 - 18	4. 2206	4. 4000
2013 - 08 - 21	4. 2198	4. 4000	2013 - 10 - 09	4. 2200	4. 4000	2013 - 11 - 19	4. 2206	4. 4000
2013 - 08 - 22	4. 2198	4. 4000	2013 - 10 - 10	4. 2200	4. 4000	2013 - 11 - 20	4. 2207	4. 4000
2013 - 08 - 23	4. 2198	4. 4000	2013 - 10 - 11	4. 2200	4. 4000	2013 - 11 - 21	4. 2207	4. 4000
2013 - 08 - 26	4. 2198	4. 4000	2013 - 10 - 12	4. 2200	4. 4000	2013 - 11 - 22	4. 2207	4. 4000
2013 - 08 - 27	4. 2198	4. 4000	2013 - 10 - 14	4. 2200	4. 4000	2013 - 11 - 25	4. 2207	4. 4000
2013 - 08 - 28	4. 2198	4. 4000	2013 - 10 - 15	4. 2200	4. 4000	2013 - 11 - 26	4. 2207	4. 4000

时间	6M	1Y	时间	6M	1Y	时间	6M	1Y
2013 – 11 – 27	4.2207	4.4000	2014 – 01 – 09	4.9640	4.9929	2014 – 02 – 25	5.0000	5.0001
2013 – 11 – 28	4.2207	4.4000	2014 – 01 – 10	4.9673	4.9934	2014 – 02 – 26	5.0000	5.0001
2013 – 11 – 29	4.2207	4.4000	2014 – 01 – 13	4.9715	4.9955	2014 – 02 – 27	5.0000	5.0001
2013 – 12 – 02	4.2207	4.4000	2014 – 01 – 14	4.9742	4.9977	2014 – 02 – 28	5.0000	5.0001
2013 – 12 – 03	4.2216	4.4000	2014 – 01 – 15	4.9757	4.9997	2014 – 03 – 03	5.0000	5.0001
2013 – 12 – 04	4.2320	4.4000	2014 – 01 – 16	4.9788	4.9999	2014 – 03 – 04	5.0000	5.0001
2013 – 12 – 05	4.2432	4.4000	2014 – 01 – 17	4.9821	5.0002	2014 – 03 – 05	5.0000	5.0001
2013 – 12 – 06	4.2513	4.4050	2014 – 01 – 20	4.9854	5.0001	2014 – 03 – 06	5.0000	5.0001
2013 – 12 – 09	4.3302	4.4689	2014 – 01 – 21	4.9873	5.0001	2014 – 03 – 07	5.0000	5.0001
2013 – 12 – 10	4.3995	4.5237	2014 – 01 – 22	4.9887	5.0001	2014 – 03 – 10	5.0000	5.0000
2013 – 12 – 11	4.4612	4.5771	2014 – 01 – 23	4.9904	5.0001	2014 – 03 – 11	5.0000	5.0000
2013 – 12 – 12	4.5197	4.6247	2014 – 01 – 24	4.9922	5.0001	2014 – 03 – 12	5.0000	5.0000
2013 – 12 – 13	4.5736	4.6657	2014 – 01 – 26	4.9929	5.0001	2014 – 03 – 13	5.0000	5.0000
2013 – 12 – 16	4.6207	4.7045	2014 – 01 – 27	4.9933	5.0001	2014 – 03 – 14	5.0000	5.0000
2013 – 12 – 17	4.6608	4.7335	2014 – 01 – 28	4.9931	5.0001	2014 – 03 – 17	5.0000	5.0000
2013 – 12 – 18	4.7054	4.7634	2014 – 01 – 29	4.9938	5.0001	2014 – 03 – 18	5.0000	5.0000
2013 – 12 – 19	4.7487	4.8013	2014 – 01 – 30	4.9941	5.0001	2014 – 03 – 19	5.0000	5.0000
2013 – 12 – 20	4.7818	4.8353	2014 – 02 – 07	4.9939	5.0001	2014 – 03 – 20	5.0000	5.0000
2013 – 12 – 23	4.8151	4.8656	2014 – 02 – 08	4.9936	5.0001	2014 – 03 – 21	5.0000	5.0000
2013 – 12 – 24	4.8369	4.8856	2014 – 02 – 10	4.9936	5.0001	2014 – 03 – 24	5.0000	5.0000
2013 – 12 – 25	4.8588	4.9034	2014 – 02 – 11	4.9936	5.0001	2014 – 03 – 25	5.0000	5.0000
2013 – 12 – 26	4.8763	4.9203	2014 – 02 – 12	4.9955	5.0001	2014 – 03 – 26	5.0000	5.0000
2013 – 12 – 27	4.8942	4.9361	2014 – 02 – 13	4.9963	5.0007	2014 – 03 – 27	5.0000	5.0000
2013 – 12 – 30	4.9068	4.9485	2014 – 02 – 14	4.9966	5.0001	2014 – 03 – 28	5.0000	5.0000
2013 – 12 – 31	4.9205	4.9606	2014 – 02 – 17	4.9984	5.0001	2014 – 03 – 31	5.0000	5.0000
2014 – 01 – 02	4.9306	4.9677	2014 – 02 – 18	4.9993	5.0001	2014 – 04 – 01	5.0000	5.0000
2014 – 01 – 03	4.9389	4.9757	2014 – 02 – 19	4.9998	5.0001	2014 – 04 – 02	5.0000	5.0000
2014 – 01 – 06	4.9476	4.9824	2014 – 02 – 20	4.9999	5.0001	2014 – 04 – 03	5.0000	5.0000
2014 – 01 – 07	4.9547	4.9869	2014 – 02 – 21	4.9996	5.0001	2014 – 04 – 04	5.0000	5.0000
2014 – 01 – 08	4.9585	4.9904	2014 – 02 – 24	5.0000	5.0001	2014 – 04 – 08	5.0000	5.0000

续表

时间	6M	1Y	时间	6M	1Y	时间	6M	1Y
2014－04－09	5.0000	5.0000	2014－05－22	5.0000	5.0014	2014－07－04	4.9000	5.0000
2014－04－10	5.0000	5.0000	2014－05－23	5.0000	5.0013	2014－07－07	4.9000	5.0000
2014－04－11	5.0000	5.0000	2014－05－26	5.0000	5.0012	2014－07－08	4.9000	5.0000
2014－04－14	5.0000	5.0000	2014－05－27	5.0000	5.0002	2014－07－09	4.9000	5.0000
2014－04－15	5.0000	5.0000	2014－05－28	5.0000	5.0001	2014－07－10	4.9000	5.0000
2014－04－16	5.0000	5.0000	2014－05－29	4.9990	5.0001	2014－07－11	4.9000	5.0000
2014－04－17	5.0000	5.0000	2014－05－30	4.9998	5.0000	2014－07－14	4.9001	5.0000
2014－04－18	5.0000	5.0000	2014－06－03	4.9958	5.0000	2014－07－15	4.9001	5.0000
2014－04－21	5.0000	5.0000	2014－06－04	4.9868	5.0000	2014－07－16	4.9000	5.0000
2014－04－22	5.0000	5.0000	2014－06－05	4.9733	5.0000	2014－07－17	4.9000	5.0000
2014－04－23	5.0000	5.0000	2014－06－06	4.9609	5.0000	2014－07－18	4.9000	5.0000
2014－04－24	5.0000	5.0000	2014－06－09	4.9603	5.0000	2014－07－21	4.9000	5.0000
2014－04－25	5.0000	5.0000	2014－06－10	4.9615	5.0000	2014－07－22	4.9000	5.0000
2014－04－28	5.0000	5.0000	2014－06－11	4.9606	5.0000	2014－07－23	4.9000	5.0000
2014－04－29	5.0000	5.0000	2014－06－12	4.9601	5.0000	2014－07－24	4.9000	5.0000
2014－04－30	5.0000	5.0000	2014－06－13	4.9600	5.0000	2014－07－25	4.9000	5.0000
2014－05－04	5.0000	5.0000	2014－06－16	4.9510	5.0000	2014－07－28	4.9000	5.0000
2014－05－05	5.0000	5.0000	2014－06－17	4.9347	5.0000	2014－07－29	4.9000	5.0000
2014－05－06	5.0000	5.0000	2014－06－18	4.9277	5.0000	2014－07－30	4.9000	5.0000
2014－05－07	5.0000	5.0000	2014－06－19	4.9216	5.0000	2014－07－31	4.9000	5.0000
2014－05－08	5.0000	5.0000	2014－06－20	4.9139	5.0000	2014－08－01	4.9000	5.0000
2014－05－09	5.0000	5.0000	2014－06－23	4.9136	5.0000	2014－08－04	4.9000	5.0000
2014－05－12	5.0000	5.0000	2014－06－24	4.9081	5.0000	2014－08－05	4.8990	5.0000
2014－05－13	5.0000	5.0000	2014－06－25	4.9059	5.0000	2014－08－06	4.8949	5.0000
2014－05－14	5.0000	5.0000	2014－06－26	4.9033	5.0000	2014－08－07	4.8901	5.0000
2014－05－15	5.0000	5.0000	2014－06－27	4.9010	5.0000	2014－08－08	4.8912	5.0000
2014－05－16	5.0000	5.0100	2014－06－30	4.9007	5.0000	2014－08－11	4.8914	5.0000
2014－05－19	5.0000	5.0110	2014－07－01	4.9004	5.0000	2014－08－12	4.8904	5.0000
2014－05－20	5.0000	5.0030	2014－07－02	4.9001	5.0000	2014－08－13	4.8871	5.0000
2014－05－21	5.0000	5.0026	2014－07－03	4.9001	5.0000	2014－08－14	4.8851	5.0000

续表

时间	6M	1Y	时间	6M	1Y	时间	6M	1Y
2014 – 08 – 15	4.8844	5.0000	2014 – 09 – 28	4.8000	4.9915	2014 – 11 – 13	4.5330	4.8910
2014 – 08 – 18	4.8810	5.0000	2014 – 09 – 29	4.8000	4.9905	2014 – 11 – 14	4.4890	4.8800
2014 – 08 – 19	4.8801	5.0000	2014 – 09 – 30	4.8000	4.9905	2014 – 11 – 17	4.4520	4.8712
2014 – 08 – 20	4.8800	5.0000	2014 – 10 – 08	4.8000	4.9893	2014 – 11 – 18	4.4300	4.8632
2014 – 08 – 21	4.8800	5.0000	2014 – 10 – 09	4.8000	4.9878	2014 – 11 – 19	4.4180	4.8565
2014 – 08 – 22	4.8800	5.0000	2014 – 10 – 10	4.8000	4.9850	2014 – 11 – 20	4.4097	4.8526
2014 – 08 – 25	4.8800	5.0000	2014 – 10 – 11	4.8000	4.9837	2014 – 11 – 21	4.4060	4.8513
2014 – 08 – 26	4.8730	5.0000	2014 – 10 – 13	4.8000	4.9825	2014 – 11 – 24	4.3803	4.8051
2014 – 08 – 27	4.8729	5.0000	2014 – 10 – 14	4.8000	4.9811	2014 – 11 – 25	4.3710	4.7560
2014 – 08 – 28	4.8727	5.0000	2014 – 10 – 15	4.7975	4.9783	2014 – 11 – 26	4.3628	4.7341
2014 – 08 – 29	4.8726	5.0000	2014 – 10 – 16	4.7946	4.9745	2014 – 11 – 27	4.3522	4.7144
2014 – 09 – 01	4.8716	5.0000	2014 – 10 – 17	4.7920	4.9707	2014 – 11 – 28	4.3471	4.6994
2014 – 09 – 02	4.8714	5.0000	2014 – 10 – 20	4.7905	4.9679	2014 – 12 – 01	4.3489	4.6881
2014 – 09 – 03	4.8608	5.0000	2014 – 10 – 21	4.7851	4.9633	2014 – 12 – 02	4.3489	4.6758
2014 – 09 – 04	4.8640	5.0000	2014 – 10 – 22	4.7868	4.9602	2014 – 12 – 03	4.3478	4.6666
2014 – 09 – 05	4.8631	5.0000	2014 – 10 – 23	4.7851	4.9588	2014 – 12 – 04	4.3467	4.6586
2014 – 09 – 09	4.8638	5.0000	2014 – 10 – 24	4.7835	4.9557	2014 – 10 – 24	4.7835	4.9557
2014 – 09 – 10	4.8564	5.0000	2014 – 10 – 27	4.7800	4.9517	2014 – 10 – 27	4.7800	4.9517
2014 – 09 – 11	4.8578	5.0000	2014 – 10 – 28	4.7788	4.9502	2014 – 10 – 28	4.7788	4.9502
2014 – 09 – 12	4.8548	5.0000	2014 – 10 – 29	4.7750	4.9500	2014 – 10 – 29	4.7750	4.9500
2014 – 09 – 15	4.8525	5.0000	2014 – 10 – 30	4.7739	4.9501	2014 – 10 – 30	4.7739	4.9501
2014 – 09 – 16	4.8533	5.0000	2014 – 10 – 31	4.7700	4.9500	2014 – 10 – 31	4.7700	4.9500
2014 – 09 – 17	4.8533	5.0000	2014 – 11 – 03	4.7678	4.9500	2014 – 11 – 03	4.7678	4.9500
2014 – 09 – 18	4.8463	4.9990	2014 – 11 – 04	4.7619	4.9500	2014 – 11 – 04	4.7619	4.9500
2014 – 09 – 19	4.8420	4.9975	2014 – 11 – 05	4.7600	4.9500	2014 – 11 – 05	4.7600	4.9500
2014 – 09 – 22	4.8324	4.9965	2014 – 11 – 06	4.7555	4.9498	2014 – 11 – 06	4.7555	4.9498
2014 – 09 – 23	4.8225	4.9925	2014 – 11 – 07	4.7471	4.9483	2014 – 12 – 05	4.3460	4.6487
2014 – 09 – 24	4.8184	4.9915	2014 – 11 – 10	4.7344	4.9459	2014 – 12 – 08	4.3472	4.6418
2014 – 09 – 25	4.8074	4.9915	2014 – 11 – 11	4.7240	4.9373	2014 – 12 – 09	4.3500	4.6421
2014 – 09 – 26	4.8015	4.9905	2014 – 11 – 12	4.6080	4.9080	2014 – 12 – 10	4.3541	4.6443

续表

时间	6M	1Y	时间	6M	1Y	时间	6M	1Y
2014 - 12 - 11	4.3609	4.6448	2015 - 01 - 23	4.7745	4.7738	2015 - 03 - 11	4.7799	4.7801
2014 - 12 - 12	4.3666	4.6491	2015 - 01 - 26	4.7741	4.7748	2015 - 03 - 12	4.7800	4.7801
2014 - 12 - 15	4.3758	4.6500	2015 - 01 - 27	4.7771	4.7758	2015 - 03 - 13	4.7801	4.7800
2014 - 12 - 16	4.4149	4.6552	2015 - 01 - 28	4.7829	4.7788	2015 - 03 - 16	4.7811	4.7801
2014 - 12 - 17	4.4669	4.6649	2015 - 01 - 29	4.7878	4.7790	2015 - 03 - 17	4.7812	4.7801
2014 - 12 - 18	4.5060	4.6726	2015 - 01 - 30	4.7920	4.7830	2015 - 03 - 18	4.7802	4.7801
2014 - 12 - 19	4.5762	4.6823	2015 - 02 - 02	4.7960	4.7848	2015 - 03 - 19	4.7812	4.7801
2014 - 12 - 22	4.6486	4.6873	2015 - 02 - 03	4.7989	4.7856	2015 - 03 - 20	4.7802	4.7800
2014 - 12 - 23	4.6885	4.6993	2015 - 02 - 04	4.7990	4.7886	2015 - 03 - 23	4.7800	4.7800
2014 - 12 - 24	4.7233	4.7045	2015 - 02 - 05	4.7880	4.7830	2015 - 03 - 24	4.7790	4.7800
2014 - 12 - 25	4.7455	4.7059	2015 - 02 - 06	4.7841	4.7793	2015 - 03 - 25	4.7796	4.7801
2014 - 12 - 26	4.7538	4.7088	2015 - 02 - 09	4.7796	4.7790	2015 - 03 - 26	4.7795	4.7800
2014 - 12 - 29	4.7508	4.7109	2015 - 02 - 10	4.7791	4.7790	2015 - 03 - 27	4.7796	4.7800
2014 - 12 - 30	4.7450	4.7182	2015 - 02 - 11	4.7765	4.7800	2015 - 03 - 30	4.7795	4.7800
2014 - 12 - 31	4.7442	4.7304	2015 - 02 - 12	4.7780	4.7834	2015 - 03 - 31	4.7795	4.7800
2015 - 01 - 04	4.7537	4.7385	2015 - 02 - 13	4.7803	4.7855	2015 - 04 - 01	4.7795	4.7800
2015 - 01 - 05	4.7478	4.7429	2015 - 02 - 15	4.7803	4.7876	2015 - 04 - 02	4.7785	4.7800
2015 - 01 - 06	4.7482	4.7455	2015 - 02 - 16	4.7821	4.7888	2015 - 04 - 03	4.7794	4.7800
2015 - 01 - 07	4.7501	4.7476	2015 - 02 - 17	4.7853	4.7868	2015 - 04 - 07	4.7784	4.7800
2015 - 01 - 08	4.7480	4.7488	2015 - 02 - 25	4.7856	4.7886	2015 - 04 - 08	4.7773	4.7800
2015 - 01 - 09	4.7470	4.7490	2015 - 02 - 26	4.7846	4.7878	2015 - 04 - 09	4.7762	4.7798
2015 - 01 - 12	4.7479	4.7500	2015 - 02 - 27	4.7846	4.7888	2015 - 04 - 10	4.7755	4.7785
2015 - 01 - 13	4.7539	4.7500	2015 - 02 - 28	4.7825	4.7879	2015 - 04 - 13	4.7733	4.7774
2015 - 01 - 14	4.7509	4.7500	2015 - 03 - 02	4.7795	4.7829	2015 - 04 - 14	4.7700	4.7773
2015 - 01 - 15	4.7543	4.7521	2015 - 03 - 03	4.7801	4.7805	2015 - 04 - 15	4.7690	4.7773
2015 - 01 - 16	4.7612	4.7521	2015 - 03 - 04	4.7791	4.7812	2015 - 04 - 16	4.7585	4.7753
2015 - 01 - 19	4.7655	4.7555	2015 - 03 - 05	4.7800	4.7802	2015 - 04 - 17	4.7485	4.7758
2015 - 01 - 20	4.7707	4.7635	2015 - 03 - 06	4.7791	4.7821	2015 - 04 - 20	4.6978	4.7553
2015 - 01 - 21	4.7757	4.7680	2015 - 03 - 09	4.7781	4.7803	2015 - 04 - 21	4.6461	4.7265
2015 - 01 - 22	4.7730	4.7720	2015 - 03 - 10	4.7789	4.7801	2015 - 04 - 22	4.5960	4.6935

时间	6M	1Y	时间	6M	1Y	时间	6M	1Y
2015－04－23	4.5390	4.6688	2015－06－05	3.1970	3.4000	2015－07－20	3.1601	3.3912
2015－04－24	4.5085	4.6430	2015－06－08	3.1970	3.4000	2015－07－21	3.1611	3.3912
2015－04－27	4.4676	4.6278	2015－06－09	3.1970	3.4000	2015－07－22	3.1642	3.3912
2015－04－28	4.4035	4.6075	2015－06－10	3.1900	3.4000	2015－07－23	3.1647	3.3912
2015－04－29	4.3553	4.5965	2015－06－11	3.1860	3.4000	2015－07－24	3.1656	3.3922
2015－04－30	4.3240	4.5816	2015－06－12	3.1840	3.4000	2015－07－27	3.1708	3.3923
2015－05－04	4.2940	4.5628	2015－06－15	3.1815	3.4000	2015－07－28	3.1753	3.3924
2015－05－05	4.2565	4.5455	2015－06－16	3.1823	3.4000	2015－07－29	3.1767	3.3923
2015－05－06	4.2300	4.5330	2015－06－17	3.1823	3.4000	2015－07－30	3.1768	3.3924
2015－05－07	4.2120	4.5150	2015－06－18	3.1853	3.4000	2015－07－31	3.1758	3.3924
2015－05－08	4.1831	4.5000	2015－06－19	3.1896	3.4000	2015－08－03	3.1807	3.3924
2015－05－11	4.1250	4.4530	2015－06－23	3.1930	3.4000	2015－08－04	3.1845	3.3924
2015－05－12	4.0900	4.4150	2015－06－24	3.1970	3.4000	2015－08－05	3.1927	3.3934
2015－05－13	4.0460	4.3845	2015－06－25	3.1990	3.4000	2015－08－06	3.1990	3.3935
2015－05－14	3.9620	4.3115	2015－06－26	3.1990	3.4000	2015－08－07	3.2042	3.3935
2015－05－15	3.8750	4.2410	2015－06－29	3.1840	3.3920	2015－08－10	3.2010	3.3935
2015－05－18	3.7720	4.1710	2015－06－30	3.1800	3.3920	2015－08－11	3.2006	3.3935
2015－05－19	3.7000	4.1150	2015－07－01	3.1740	3.3865	2015－08－12	3.2003	3.3925
2015－05－20	3.6480	4.0240	2015－07－02	3.1696	3.3870	2015－08－13	3.2003	3.3925
2015－05－21	3.5950	3.9480	2015－07－03	3.1681	3.3870	2015－08－14	3.2003	3.3925
2015－05－22	3.5610	3.8660	2015－07－06	3.1660	3.3870	2015－08－17	3.2052	3.3925
2015－05－25	3.4450	3.6920	2015－07－07	3.1638	3.3860	2015－08－18	3.2037	3.3945
2015－05－26	3.3440	3.5740	2015－07－08	3.1635	3.3858	2015－08－19	3.2070	3.3947
2015－05－27	3.2770	3.5110	2015－07－09	3.1615	3.3867	2015－08－20	3.2135	3.3957
2015－05－28	3.2320	3.4630	2015－07－10	3.1602	3.3868	2015－08－21	3.2235	3.3987
2015－05－29	3.2110	3.4440	2015－07－13	3.1601	3.3897	2015－08－24	3.2330	3.4000
2015－06－01	3.1970	3.4300	2015－07－14	3.1601	3.3901	2015－08－25	3.2430	3.4000
2015－06－02	3.1890	3.4175	2015－07－15	3.1601	3.3911	2015－08－26	3.2575	3.4000
2015－06－03	3.1910	3.4080	2015－07－16	3.1601	3.3912	2015－08－27	3.2590	3.4000
2015－06－04	3.1953	3.4020	2015－07－17	3.1601	3.3912	2015－08－28	3.2595	3.4000

时间	6M	1Y	时间	6M	1Y	时间	6M	1Y
2015－08－31	3.2645	3.4010	2015－10－15	3.3525	3.4150	2015－11－24	3.2000	3.3503
2015－09－01	3.2710	3.4040	2015－10－16	3.3460	3.4150	2015－11－25	3.2000	3.3500
2015－09－02	3.2715	3.4010	2015－10－19	3.3500	3.4160	2015－11－26	3.2000	3.3503
2015－09－06	3.2738	3.4010	2015－10－20	3.3510	3.4180	2015－11－27	3.2000	3.3500
2015－09－07	3.2739	3.4010	2015－10－21	3.3510	3.4190	2015－11－30	3.2000	3.3500
2015－09－08	3.2880	3.4090	2015－10－22	3.3510	3.4180	2015－12－01	3.2000	3.3500
2015－09－09	3.3010	3.4143	2015－10－23	3.3510	3.4180	2015－12－02	3.2000	3.3500
2015－09－10	3.3020	3.4100	2015－10－26	3.2980	3.3920	2015－12－03	3.2000	3.3500
2015－09－11	3.3110	3.4110	2015－10－27	3.2720	3.3840	2015－12－04	3.2000	3.3500
2015－09－14	3.3105	3.4110	2015－10－28	3.2490	3.3710	2015－12－07	3.2000	3.3500
2015－09－15	3.3190	3.4120	2015－10－29	3.2380	3.3640	2015－12－08	3.2000	3.3500
2015－09－16	3.3240	3.4130	2015－10－30	3.2265	3.3575	2015－12－09	3.2000	3.3500
2015－09－17	3.3242	3.4130	2015－11－02	3.2220	3.3550	2015－12－10	3.2000	3.3500
2015－09－18	3.3257	3.4130	2015－11－03	3.2170	3.3540	2015－12－11	3.2000	3.3500
2015－09－21	3.3270	3.4130	2015－11－04	3.2130	3.3510	2015－12－14	3.2000	3.3500
2015－09－22	3.3320	3.4130	2015－11－05	3.2050	3.3500	2015－12－15	3.2000	3.3500
2015－09－23	3.3360	3.4130	2015－11－06	3.2000	3.3500	2015－12－16	3.2000	3.3500
2015－09－24	3.3405	3.4130	2015－11－09	3.1980	3.3500	2015－12－17	3.2000	3.3500
2015－09－25	3.3418	3.4130	2015－11－10	3.1990	3.3510	2015－12－18	3.2000	3.3500
2015－09－28	3.3398	3.4130	2015－11－11	3.2000	3.3500	2015－12－21	3.2000	3.3503
2015－09－29	3.3436	3.4130	2015－11－12	3.2000	3.3500	2015－12－22	3.2000	3.3500
2015－09－30	3.3410	3.4130	2015－11－13	3.2000	3.3508	2015－12－23	3.2000	3.3500
2015－10－08	3.3408	3.4140	2015－11－16	3.2000	3.3508	2015－12－24	3.2000	3.3500
2015－10－09	3.3458	3.4140	2015－11－17	3.1980	3.3500	2015－12－25	3.2000	3.3500
2015－10－10	3.3509	3.4140	2015－11－18	3.1980	3.3500	2015－12－28	3.2000	3.3500
2015－10－12	3.3526	3.4140	2015－11－19	3.1970	3.3500	2015－12－29	3.2000	3.3500
2015－10－13	3.3481	3.4130	2015－11－20	3.1980	3.3500	2015－12－30	3.2000	3.3500
2015－10－14	3.3530	3.4140	2015－11－23	3.2000	3.3503	2015－12－31	3.2000	3.3500

资料来源：上海银行间同业拆放利率网站。

附录 7：2004 年第一季度～2015 年第四季度
货币政策感受指数

年份	季度	货币政策感受指数	年份	季度	货币政策感受指数
2004	第一季度	64.80	2010	第一季度	60.50
2004	第二季度	40.30	2010	第二季度	57.90
2004	第三季度	48.70	2010	第三季度	69.40
2004	第四季度	61.40	2010	第四季度	52.40
2005	第一季度	71.30	2011	第一季度	39.40
2005	第二季度	70.00	2011	第二季度	35.60
2005	第三季度	75.60	2011	第三季度	35.70
2005	第四季度	77.40	2011	第四季度	42.70
2006	第一季度	82.00	2012	第一季度	59.30
2006	第二季度	68.90	2012	第二季度	67.90
2006	第三季度	57.00	2012	第三季度	72.60
2006	第四季度	63.00	2012	第四季度	75.00
2007	第一季度	68.00	2013	第一季度	78.20
2007	第二季度	55.80	2013	第二季度	79.30
2007	第三季度	49.70	2013	第三季度	71.20
2007	第四季度	37.50	2013	第四季度	73.30
2008	第一季度	31.70	2014	第一季度	66.20
2008	第二季度	31.20	2014	第二季度	72.00
2008	第三季度	44.90	2014	第三季度	79.50
2008	第四季度	56.50	2014	第四季度	77.20
2009	第一季度	50.00	2015	第一季度	74.80
2009	第二季度	47.60	2015	第二季度	64.20
2009	第三季度	55.90	2015	第三季度	70.90
2009	第四季度	66.40	2015	第四季度	63.40

注：货币政策感受指数来自每个季度中国人民银行发布的《银行家问卷调查报告》。货币政策感受指数是反映银行家对货币政策感受程度的指数。该指数的计算方法是在全部接受调查的银行家中，先分别计算认为本季度货币政策"偏松"和"适度"的占比，再分别赋予权重 1 和 0.5 后求和得出。

参 考 文 献

[1] 白俊、连立帅：《信贷资金配置差异：所有制歧视抑或禀赋差异?》，载于《管理世界》2012 年第 6 期，第 30～42 页。

[2] 蔡卫星、增诚、胡志颖：《企业集团、货币政策与现金持有》，载于《金融研究》2015 年第 2 期，第 114～130 页。

[3] 曹龙骐、郑建明：《我国利率政策有效性研究》，载于《金融研究》2000 年第 4 期，第 23～33 页。

[4] 陈创练、郑挺国、姚树洁：《时变参数泰勒规则及央行货币政策取向研究》，载于《经济研究》2016 年第 8 期，第 43～56 页。

[5] 仇子明：《影子银行浙江踪迹》，载于《经济观察报》，2011 年 9 月 5 日第 017 版。

[6] 樊纲、王小鲁、朱恒鹏：《中国市场化指数——各地区市场化相对进程 2011 年报告》，经济科学出版社 2011 年版。

[7] 方军雄：《所有制、环境制度与信贷资金配置》，载于《经济研究》2007 年第 12 期，第 82～92 页。

[8] 方先明、熊鹏：《我国利率政策调控的时滞效应研究——基于交叉数据的实证检验》，载于《财经研究》2005 年第 8 期，第 5～17 页。

[9] 方意、方明：《中国货币市场基准利率的确立及其动态关系研究》，载于《金融研究》2012 年第 7 期，第 84～97 页。

[10] 冯科、何理：《我国银行上市融资、信贷扩张对货币政策传导机制的影响》，载于《经济研究》2011 年第 S2 期，第 51～62 页。

[11] 郭娜：《政府? 市场? 谁更有效——中小企业融资解决机制有效性研究》，载于《金融研究》2013 年第 3 期，第 194～206 页。

[12] 郭豫媚、陈彦斌：《中国潜在经济增长率的估算及其政策含义：

1979 - 2020》，载于《经济学动态》2015 年第 2 期，第 12 ~ 18 页。

[13] 胡利琴、陈锐、班若愚：《货币政策、影子银行发展与风险承担渠道的非对称效应分析》，载于《金融研究》2016 年第 2 期，第 154 ~ 162 页。

[14] 胡志鹏：《"影子银行"对中国主要经济变量的影响》，载于《世界经济》2016 年第 1 期，第 152 ~ 170 页。

[15] 黄达：《货币银行学》，中国人民大学出版社 2000 年版，第 360 页。

[16] 黄俊、张天舒：《制度环境、企业集团与经济增长》，载于《金融研究》2010 年第 6 期，第 91 ~ 102 页。

[17] 黄宪、王旭东：《我国央行货币政策实施力度和节奏的规律及效果研究——基于历史演进和时变分析的视角》，载于《金融研究》2015 年第 11 期，第 15 ~ 32 页。

[18] 黄志忠、谢军：《宏观货币政策、区域金融发展和企业融资约束——货币政策传导机制的微观证据》，载于《会计研究》2013 年第 1 期，第 63 ~ 69 页。

[19] 姜再勇、钟正生：《我国货币政策利率传导渠道的体制转换特征——利率市场化改革进程中的考察》，载于《数量经济技术经济研究》2010 年第 4 期，第 62 ~ 77 页。

[20] 蒋瑛琨、刘艳武、赵振全：《货币渠道与信贷渠道传导机制有效性的实证分析——兼论货币政策中介目标的选择》，载于《金融研究》2005 年第 5 期，第 70 ~ 79 页。

[21] 康书隆、王志强：《中国国债利率期限结构的风险特征及其内含信息研究》，载于《世界经济》2010 年第 7 期，第 121 ~ 143 页。

[22] 黎来芳、黄磊、李焰：《企业集团化运作与融资约束——基于静态和动态视角的分析》，载于《中国软科学》2009 年第 4 期，第 98 ~ 106 页。

[23] 李波、伍戈：《影子银行的信用创造功能及其对货币政策的挑战》，载于《金融研究》，2011 年第 12 期，第 77 ~ 84 页。

[24] 李成、高智贤：《货币政策立场与银行信贷的异质性反应——基于信贷传导渠道的理论解读与实证检验》，载于《财贸经济》2014 年第 12 期，第 51 ~ 63 页。

［25］李建军、薛莹：《中国影子银行部门系统性风险的形成、影响与应对》，载于《数量经济技术经济研究》2014 年第 8 期，第 117～130 页。

［26］李连发、辛晓岱：《银行信贷、经济周期与货币政策调控：1984－2011》，载于《经济研究》2012 年第 3 期，第 102～114 页。

［27］李良松、柳永明：《新魏克赛尔主义下我国基准利率的比较与定位》，载于《财经研究》2009 年第 6 期，第 52～64 页。

［28］李增泉、辛显刚、于旭辉：《金融发展、债务融资约束与金字塔结构——来自民营企业集团的证据》，载于《管理世界》2008 年第 1 期，第 123～135 页。

［29］林晶、张昆：《"影子银行"体系的风险特征与监管体系催生》，载于《改革》2013 年第 7 期，第 51～57 页。

［30］林毅夫、李永军：《中小金融机构发展与中小企业融资》，载于《经济研究》2001 年第 1 期，第 10～18 页。

［31］林毅夫、李志赟：《中国的国有企业与金融体制改革》，载于《经济学》（季刊）2005 年第 4 期，第 913～936 页。

［32］刘星、计方、付强：《货币政策、集团内部资本市场运作与资本投资》，载于《经济科学》2013 年第 3 期，第 18～33 页。

［33］鲁晓东：《金融资源错配阻碍了中国的经济增长吗》，载于《金融研究》2008 年第 4 期，第 55～68 页。

［34］陆晓明：《中美影子银行系统比较分析和启示》，载于《国际金融研究》2014 年第 1 期，第 55～63 页。

［35］陆正飞、杨德明：《商业信用：替代性融资，还是买方市场》，载于《管理世界》2011 年第 4 期，第 6～14 页。

［36］马骏、施康、王红林等：《利率传导机制的动态研究》，载于《金融研究》2016 年第 1 期，第 31～49 页。

［37］马骏、王红林：《政策利率传导机制的理论模型》，载于《金融研究》2014 年第 12 期，第 1～22 页。

［38］潘敏：《经济发展新常态下完善我国货币政策体系面临的挑战》，载于《金融研究》2016 年第 2 期，第 106～112 页。

［39］彭方平、王少平：《我国货币政策的微观效应——基于非线性

光滑转换面板模型的实证研究》，载于《金融研究》2007a 年第 9 期，第 31 ~ 41 页。

[40] 彭方平、王少平：《我国利率政策的微观效应——基于动态面板数据模型研究》，载于《管理世界》2007b 年第 1 期，第 24 ~ 29 页。

[41] 平新乔、杨慕云：《信贷市场信息不对称的实证研究——来自中国国有商业银行的证据》，载于《金融研究》2009 年第 3 期，第 1 ~ 18 页。

[42] 钱雪松：《企业内部资本配置效率问题研究》，载于《会计研究》2013 年第 10 期，第 43 ~ 50 页。

[43] 钱雪松、袁梦婷、孔东民：《股权关联影响了企业间信贷价格吗——基于我国上市公司委托贷款数据的经验分析》，载于《金融研究》2013 年第 9 期，第 165 ~ 179 页。

[44] 钱雪松、杜立、马文涛：《中国货币政策利率传导有效性研究：中介效应和体制内外差异》，载于《管理世界》2015 年第 11 期，第 11 ~ 28 页。

[45] 裘翔、周强龙：《影子银行与货币政策传导》，载于《经济研究》2014 年第 5 期，第 91 ~ 105 页。

[46] 饶品贵、姜国华：《货币政策对银行信贷与商业信用互动关系影响研究》，载于《经济研究》2013a 年第 1 期，第 68 ~ 82 年。

[47] 饶品贵、姜国华：《货币政策、信贷资源配置与企业业绩》，载于《管理世界》2013b 年第 3 期，第 12 ~ 22 页。

[48] 邵军、刘志远：《"系族企业"内部资本市场有效率吗——基于鸿仪系的案例研究》，载于《管理世界》2007 年第 6 期，第 114 ~ 121 页。

[49] 盛朝晖《中国货币政策传导渠道效应分析：1994 - 2004》，载于《金融研究》2006 年第 7 期，第 22 ~ 29 页。

[50] 盛松成、吴培新：《中国货币政策的二元传导机制——"两中介目标，两调控对象"模式研究》，载于《经济研究》2008 年第 10 期，第 37 ~ 51 页。

[51] 宋全云、吴雨、钱龙：《存款准备金率与中小企业贷款成本——基于某地级市中小企业信贷数据的实证研究》，载于《金融研究》2016 年第 10 期，第 64 ~ 78 页。

[52] 孙国峰、段志明：《中期政策利率传导机制研究——基于商业银

行两部门决策模型的分析》，载于《经济学》（季刊）2016 年第 10 期，第 349～370 页。

[53] 孙国峰、贾君怡：《中国影子银行界定及其规模测算——基于信用货币创造的视角》，载于《中国社会科学》2015 年第 11 期，第 92～110 页。

[54] 谭劲松、简宇寅、陈颖：《政府干预与不良贷款——以某国有商业银行 1988–2005 年的数据为例》，载于《管理世界》2012 年第 7 期，第 29～43 页。

[55] 唐齐鸣、熊杰敏：《中国资产价格与货币政策反应函数模拟》，载于《数量经济技术经济研究》2009 年第 11 期，第 104～115 页。

[56] 唐曜华：《银行委托贷款利率显著回落》，载于《证券时报》，2012 年 2 月 1 日第 A06 版。

[57] 王永钦、刘紫寒、李嫦等：《识别中国非金融企业的影子银行活动——来自合并资产负债表的证据》，载于《管理世界》2015 年第 12 期，第 24～40 页。

[58] 王召：《对中国货币政策利率传导机制的探讨》，载于《经济科学》2001 年第 5 期，第 75～84 页。

[59] 温忠麟、张雷、侯杰泰等：《中介效应检验程序及其应用》，载于《心理学报》2004 年第 9 期，第 614～620 页。

[60] 项卫星、李宏瑾：《货币市场基准利率的性质及对 Shibor 的实证研究》，载于《经济评论》2014 年第 1 期，第 107～117 页。

[61] 谢静：《房企与政策博弈加剧》，载于《证券日报》，2011 年 5 月 31 日第 D01 版。

[62] 谢平：《中国货币政策分析：1998–2002》，载于《金融研究》2004 年第 8 期，第 1～20 页。

[63] 谢平、袁沁敔：《我国近年利率政策的效果分析》，载于《金融研究》2003 年第 5 期，第 1～13 页。

[64] 辛清泉、郑国坚、杨德明：《企业集团、政府控制与投资效率》，载于《金融研究》2007 年第 10 期，第 123～142 页。

[65] 徐寒飞：《利率非对称传导关系与利率政策的效率》，载于《世界经济》2004 年第 8 期，第 26～33 页。

［66］徐锐：《融资遇堵房地产公司借道委托贷款》，载于《上海证券报》，2008 年 8 月 14 日第 B03 版

［67］杨丽：《1998 年以来我国货币政策有效性评析》，载于《金融研究》2004 年第 11 期，第 98～103 页。

［68］姚耀军、董钢锋：《中小企业融资约束缓解：金融发展水平重要抑或金融结构重要——来自中小企业板上市公司的经验证据》，载于《金融研究》2015 年第 4 期，第 148～161 页。

［69］姚余栋、李宏瑾：《中国货币政策传导信贷渠道的经验研究：总量融资结构的新证据》，载于《世界经济》2013 年第 3 期，第 3～32 页。

［70］叶永刚、陈勃特：《中国政策利率调控对市场基准利率的影响研究》，载于《管理世界》2012 年第 4 期，第 169～170 页。

［71］易纲：《进一步确立 Shibor 的基准性地位》，载于《中国货币市场》2008 年第 1 期，第 7～12 页。

［72］易纲：《中国改革开放三十年的利率市场化进程》，载于《金融研究》2009 年第 1 期，第 1～14 页。

［73］尹志超、甘犁：《信息不对称、企业异质性与信贷风险》，载于《经济研究》2011 年第 9 期，第 121～132 页。

［74］于建忠、刘海飞、宋素荣：《中国影子银行的行为模型》，载于《金融研究》2016 年第 2 期，第 163～171 页。

［75］余明桂、潘洪波：《政府干预、法治、金融发展与国有企业银行贷款》，载于《金融研究》2008 年第 9 期，第 1～22 页。

［76］余明桂、回雅甫、潘洪波：《政治联系、寻租与地方政府财政补贴有效性》，载于《经济研究》2010 年第 3 期，第 65～77 页。

［77］袁淳、荆新、廖冠民：《国有公司的信贷优惠：信贷干预还是隐性担保——基于信用贷款的实证检验》，载于《会计研究》2010 年第 8 期，第 49～54 页。

［78］战明华、应诚炜：《利率市场化改革、企业产权异质与货币政策广义信贷渠道的效应》，载于《经济研究》2015 年第 9 期，第 114～126 页。

［79］张辉、黄泽华：《我国货币政策利率传导机制的实证研究》，载于《经济学动态》2011 年第 3 期，第 54～58 页。

［80］张敏、张胜、王成方等:《政治关联与信贷资源配置效率——来自我国民营上市公司的经验证据》,载于《管理世界》2010 年第 11 期,第 143～153 页。

［81］张祥建、王东静、徐晋:《关联交易与控制性股东的"隧道行为"》,载于《南方经济》2007 年第 5 期,第 53～64 页。

［82］张雪莹:《存款准备金率调节对市场利率的影响研究》,载于《数量经济技术经济研究》2012 年第 12 期,第 136～146 页。

［83］赵振全、于震、刘淼:《金融加速器效应在中国存在吗?》,载于《经济研究》2007 年第 6 期,第 27～38 页。

［84］郑曙光:《民营中小企业融资新政:金融创新的制度基础与法制化路径》,载于《中国软科学》2012 年第 6 期,第 184～192 页。

［85］郑振龙、莫天瑜:《政策利率引导市场利率的走势吗——发行利率与央票市场利率双向互动关系研究》,载于《财贸经济》2011 年第 1 期,第 49～55 页。

［86］周建、况明:《中国宏观经济动态传导、可靠性及货币政策机制》,载于《经济研究》2015 年第 2 期,第 31～46 页。

［87］周莉萍:《论影子银行体系国际监管的进展、不足、出路》,载于《国际金融研究》2012 年第 1 期,第 44～53 页。

［88］周小川:《金融政策对金融危机的响应——宏观审慎政策框架的形成背景、内在逻辑和主要内容》,载于《金融研究》2011 年第 1 期,第 1～14 页。

［89］周英章、蒋振声:《货币渠道、信用渠道与货币政策有效性——中国 1993－2001 年的实证分析和政策含义》,载于《金融研究》2002 年第 9 期,第 34～43 页。

［90］祝继高、陆正飞:《融资需求、产权性质与股权融资歧视——基于企业上市问题的研究》,载于《南开管理评论》2012 年第 4 期,第 141～150 页。

［91］邹运:《中国开放过程中的利率政策》,载于《世界经济》2000 年第 11 期,第 53～58 页。

［92］Ahn S., D. J. Denis, D. K. Denis. Leverage and Investment in Diversified Firms. *Journal of Financial Economics*, 2006, 79 (2): 317 - 337.

[93] Allen F. , J. Qian, M. Qian. Law, Finance, and Economic Growth in China. *Journal of Financial Economics*, 2005, 77 (1): 57 - 116.

[94] Altunbaş Y. , O. Fazylov, P. Molyneux. Evidence on the bank lending channel in Europe. *Journal of Banking & Finance*, 2002, 26 (11): 2093 - 2110.

[95] Azariadis C. , B. Smith. Financial Intermediation and Regime Switching in Business Cycles. *The American Economic Review*, 1998, 88 (3): 516 - 536.

[96] Baron R. M. , D. A. Kenny. The Moderator - Mediator Variable Distinction in Social Psychological Research: Conceptual, Strategic, and Statistical Considerations. *Journal of Personality and Social Psychology*, 1986, 51 (6): 1173 - 1182.

[97] Berger A. N. , G. F. Udell. Collateral, Loan Quality, and Bank Risk. *Journal of Monetary Economics*, 1990, 25 (1): 21 - 42.

[98] Berger A. N. , L. F. Klapper, G. F. Udell. The Ability of Banks to Lend to Informationally Opaque Small Businesses. *Journal of Banking & Finance*, 2001, 25 (12): 2127 - 2167.

[99] Berger A. N. , M. A. Espinosa - Vega, W. S. Frame et al. . Debt Maturity, Risk, and Asymmetric Information. *The Journal of Finance*, 2005, 60 (6): 2895 - 2923.

[100] Bernanke B. S. , A. S. Blinder. Credit, Monetary, and Aggregate Demand. *The American Economic Review*, 1988, 78 (2): 435 - 439.

[101] Bernanke B. S. , A. S. Blinder. The Federal Funds Rate and the Channels of Monetary Transmission. *The American Economic Review*, 1992, 84 (4): 901 - 921.

[102] Bernanke B. S. , M. Gertler. Agency Cost, Net Worth, and Business Fluctuations. *The American Economic Review*, 1989, 79 (1): 14 - 31.

[103] Bernanke B. S. , M. Gertler. Inside the Black Box: The Credit Channel of Monetary Policy Transmission. *Journal of Economic Perspectives*, 1995, 9 (4): 27 - 48.

[104] Bernanke B. S. , M. Gertler, S. Gilchrist. The Financial Accelerate

in a Quantitative Business Cycle Framework. *Handbook of Macroeconomics*, 1999, 1: 1341 – 1393.

[105] Bernanke B. S. , M. Gertler. S. Gilchrist. The Financial Accelerator and the Flight to Quality. *The Review of Economics and Statistics*, 1996, 78 (1): 1 – 15.

[106] Bernanke B. S. . Nonmonetary Effects of the Financial Crisis in Propagation of Great Depression. *The American Economic Review*, 1983, 73 (3): 257 – 276.

[107] Bester H. . Screening vs. Rationing in Credit Markets with Imperfect Information. *The American Economic Review*, 1985, 75 (4): 850 – 855.

[108] Boivin J. , M. T. Kiley, F. S. Mishkin. *How Has the Monetary Transmission Mechanism Evolved Over Time?* NBER Working Paper, 2010, NO. 15879.

[109] Bougheas S. , P. Mizen, C. Yalcin. Access to external finance: Theory and evidence on the impact of monetary policy and firm-specific characteristics. *Journal of Banking & Finance*, 2006, 30 (1): 199 – 227.

[110] Brainard W. C. . *Financial Intermediaries and a Theory of Monetary Control*. Yale Economic Essays, 1964 Fall.

[111] Brandt L. , H. Li. Bank Discrimination in Transition Economies: Ideology, Information, or Incentives? *Journal of Comparative Economics*, 2003, 31 (3): 387 – 413.

[112] Chan Y. C. , A. V. Thakor. Collateral and Competitive Equilibria with Moral Hazard and Private Information. *The Journal of Finance*, 1987, 42 (2): 345 – 363.

[113] Chan Y. C. , G. Kanatas. Asymmetric Valuations and the Role of Collateral in Loan Agreements. *Journal of Money, Credit and Banking*, 1985, 17 (1): 84 – 95.

[114] Chemmanur T. J. , P. Fulghieri. Investment Bank Reputation, Information Production, and Financial Intermediation. *The Journal of Finance*, 1994, 49 (1): 57 – 79.

［115］ Christensen I. , A. Dib. The Financial Accelerator in an Estimated New Keynesian Model. *Review of Economic Dynamics*, 2008, 11 (1): 155 – 178.

［116］ Christiano L. J. , M. Eichenbaum, C. L. Evans. Nominal Rigidities and the Dynamic Effects of a Shock to Monetary Policy. *Journal of Political Economy*, 2005, 113 (1): 1 – 45.

［117］ Clarida R. , J. Gali, M. Gertler. Monetary Policy Rules and Macroeconomic Stability: Evidence and Some Theory. *The Quarterly Journal of Economics*, 2000, 115 (1): 147 – 180.

［118］ Cook T. , T. Hahn. The Effect of Changes in the Federal Funds Rate Target on Market Interest Rates in the 1970s. *Journal of Monetary Economics*, 1989, 24 (3): 331 – 351.

［119］ Coricelli F. , B. Égert, R. Macdonald. Monetary Transmission in Central and Eastern Europe: Gliding on a Wind of Change. *Focus on European Economic Integration*, 2006, 1: 44 – 87.

［120］ Davig T. , E. M. Leeper. Generalizing the Taylor Principle. *The American Economic Review*, 2007, 97 (3): 607 – 635.

［121］ De Bondt G. . Retail Bank Interest Rate Pass – Through: New Evidence at the Euro Area Level. *European Central Bank Working Paper Series*, 2002, April, NO. 136.

［122］ Dell'Ariccia G. , P. Garibaldi. *Bank Lending and Interest Rate Changes in a Dynamic Matching Model*. IMF Working Paper, 1998, June.

［123］ Els P. , L. Alberto, B. Mojon. New Macroeconomic Evidence on Monetary Policy Transmission in the Euro Area. *Journal of the European Economic Association*, 2003, 1 (2 – 3): 720 – 730.

［124］ Estrella A. , F. S. Mishkin. The Yield Curve as a Predictor of U. S. Recessions. *Current Issues in Economics and Finance*, 1996, 2 (7): 1 – 6.

［125］ Farmer R. E. A. , D. F. Waggoner, T. Zha. Generalizing the Taylor Principle: Comment. *The American Economic Review*, 2010, 100 (1): 608 – 617.

［126］ Friedman B. M. , K. N. Kuttner. Money, Income, Prices, and Interest Rates. *The American Economic Review*, 1992, 82 (3): 472 – 492.

［127］ Fuhrer J. C. , G. R. Moore. Monetary Policy Trade-offs and the Cor-relation between Nominal Interest Rates and Real Output. *The American Economic Review*, 1995, 85 (1): 219 – 239.

［128］ Gambacorta L. . Inside the bank lending channel. *European Economic Review*, 2005, 49 (7): 1737 – 1759.

［129］ Gertler M. , P. Karadi. Qe 1 VS. 2 VS. 3…: A Framework for Ana-lyzing Large – Scale Asset Purchases as A Monetary Policy Tool. *International Journal of Central Banking*, 2013, 9 (3): 5 – 53.

［130］ Gertler M. , S. Gilchrist, F. M. Natalucci. External Constraints on Monetary Policy and the Financial Accelerator. *Journal of Money, Credit and Banking*, 2007, 39 (2/3): 295 – 330.

［131］ Gertler M. , S. Gilchrist. Monetary Policy, Business Cycles, and the Behavior of Small Manufacturing Firms. *The Quarterly Journal of Economics*, 1994, 109 (2): 309 – 340.

［132］ Gopalan S. , R. S. Rajan. *Does Foreign Bank Entry Affect Monetary Policy Effectiveness? Exploring the Interest Rate Pass – Through Channel.* HKUST IEMS Working Paper, 2015, NO. 6.

［133］ Gorton G. , A. Metrick. *Regulating the Shadow Banking System.* Brookings Papers on Economic Activity, 2010, 41 (2): 261 – 312.

［134］ Guttentag J. . Credit Availability, Interest Rates and Monetary Policy. *Southern Economic Journal*, 1960, 26 (3): 219 – 228.

［135］ Haan L. D. . Microdata Evidence on the Bank Lending Channel in the Netherlands. *De Economist*, 2003, 151 (3): 293 – 315.

［136］ Hansen A. H. . *A Guide to Keynes.* 1953, New York: McGraw – Hill edition.

［137］ Haselmann R. , K. Pistor, V. Vig. How Law Affects Lending. *Review of Financial Studies*, 2010, 23 (2): 549 – 580.

［138］ Hicks J. R. . Mr. Keynes and the "Classic": A Suggested Interpre-tation, *Econometrica*, 1937, 5 (2): 147 – 159.

［139］ Hoshi T. , A. Kashyap, D. Scharfstein. Corporate Structure, Liquidity, and Investment: Evidence from Japanese Industrial Groups. *The Quarterly Journal of Economics*, 1991, 106 (1): 33 – 60.

[140] Illes A. , M. J. Lombardi. Interest Rate Pass – Through Since the Financial Crisis. *BIS Quarterly Review*, 2013, September: 57 – 66.

[141] Jia N. , J. Shi, Y. Wang. Coinsurance within Business Groups: Evidence from Related Party Transactions in an Emerging Market. *Management Science*, 2013, 59 (10): 2295 – 2313.

[142] Jorgenson D. W.. Capital Theory and Investment Behavior. *The American Economic Review*, 1963, 53 (2): 247 – 259.

[143] Judd C. M. , D. A. Kenny. Process analysis: Estimating Mediation in Treatment Evaluation. *Evaluation Review*, 1981, 5 (5): 602 – 619.

[144] Kaplan S. N. , P. Strömberg. Financial Contracting Theory Meets the Real World: An Empirical Analysis of Venture Capital Contracts. *The Review of Economic Studies*, 2003, 70 (2): 281 – 315.

[145] Kashyap A. K. , J. C. Stein, D. W. Wilcox. Monetary Policy and Credit Conditions: Evidence from the Composition of External Finance. *The American Economic Review*, 1993, 83 (1): 78 – 98.

[146] Kashyap A. K. , J. C. Stein. The impact of monetary policy on bank balance sheets. *Carnegie – Rochester Conference Series on Public Policy*, 1995, 42 (1): 151 – 195.

[147] Kashyap A. K. , J. C. Stein. What do a Million Observations on Banks Say About the Transmission of Monetary Policy? *The American Economic Review*, 2000, 90 (3): 407 – 428.

[148] Khanna T. , K. Palepu. Why Focused Strategies may be Wrong for Emerging Markets. *Harvard Business Review*, 1997, 75 (4): 41 – 51.

[149] Kirschenmann K. , L. Norden. *The Relationship between Borrower Risk and Loan Maturity in Small Business Lending.* 2012, 39 (5 – 6): 730 – 757.

[150] Kishan R. P. , T. P. Opiela. Bank Capital and Loan Asymmetry in the Transmission of Monetary Policy. *Journal of Banking & Finance*, 2006, 30 (1): 259 – 285.

[151] Kishan R. P. , T. P. Opiela. Bank Size, Bank Capital, and the Bank Lending Channel. *Journal of Monetary, Credit, and Banking*, 2000, 32 (1): 121 – 141.

[152] Kiyotaki N. , J. Moore. Credit Cycles. *Journal of Political Economy*, 1997, 105 (2): 211 – 248.

[153] Koivu T. . Has the Chinese Economy Become More Sensitive to Interest Rates? Studying Credit Demand in China. *China Economic Review*, 2009, 20 (3): 455 – 470.

[154] La Porta R. , F. Lopez – de – Silanes, A. Shleifer. Government Ownership of Banks. *The Journal of Finance*, 2002, 57 (1): 265 – 301.

[155] Lang W. W. , L. I. Nakamura. 'Flight to Quality' in Banking and Economic Activity. *Journal of Monetary Economics*, 1995, 36 (1): 145 – 164.

[156] Ludvigson S. . The Channel of Monetary Transmission to Demand: Evidence from the Market for Automobile Credit. *Journal of Money, Credit and Banking*, 1998, 30 (3): 365 – 383.

[157] Mackinnon D. P. , C. M. Lockwood, J. M. Hoffman et al. . Comparison of Methods to Test Mediation and Other Intervening Variable Effects. *Psychological Methods*, 2002, 7 (1): 83 – 104.

[158] Magri S. . Debt Maturity Choice of Nonpublic Italian Firms. *Journal of Money*, Credit and Banking, 2010, 42 (2 – 3): 443 – 463.

[159] Manove M. , A. J. Padilla. Banking (Conservatively) with Optimists. *The RAND Journal of Economics*, 1999, 30 (2): 324 – 350.

[160] Manove M. , A. J. Padilla, M. Pagano. Collateral versus Project Screening: A Model of Lazy Banks. *The RAND Journal of Economics*, 2001, 32 (4): 726 – 744.

[161] Meeks R. , B. Nelson, P. Alessandri. *Shadow Banks and Macroeconomic Instability*. European Economic Association 2012 Parallel Meetings, 2012.

[162] Mehrotra A. N. . Exchange and Interest Rate Channels During a Deflationary Era – Evidence from Japan, Hong Kong and China. *Journal of Comparative Economics*, 2007, 35 (1): 188 – 210.

［163］Menkhoff L. , D. Neuberger, C. Suwanaporn. Collateral-based Lending in Emerging Markets: Evidence from Thailand. *Journal of Banking & Finance*, 2006, 30 (1): 1 – 21.

［164］Modigliani F. , L. Papademos. Money, Credit and the Monetary Mechanism. *Monetary Theory and Economic Institution*, 1987: 121 – 160.

［165］Morgan D. P. . The Credit Effects of Monetary Policy: Evidence Using Loan Commitments. *Journal of Money, Credit and Banking*, 1998, 30 (1): 102 – 118.

［166］Morris C. , G. H. Sellon Jr. *Bank Lending and Monetary Policy: Evidence on a Credit Channel*. Economic Review – Federal Reserve Bank of Kansa City, 1995, 80 (Second Quarter): 59 – 75.

［167］Nilsen J. H. . Trade Credit and the Bank Lending Channel, Journal of Money. *Credit and Banking*, 1999, 34 (1): 226 – 253.

［168］Ogawa K. . Monetary Transmission and Inventory: Evidence from Japanese Balance – Sheet Data by Firm Size. *Japanese Economic Review*, 2002, 53 (4): 425 – 443.

［169］Oliner S. D. , G. D. Rudebusch. Is There a Bank Lending Channel for Monetary Policy? *Economic Review*, 1995, 2: 1 – 20.

［170］Oliner S. D. , G. D. Rudebusch. Is There a Broad Credit Channel for Monetary Policy? *Federal Reserve Bank of San Francisco Economic Review*, 1996, 1 (1): 4 – 13.

［171］Ortiz – Molina H. , M. F. Penas. Lending to Small Businesses: The Role of Loan Maturity in Addressing Information Problems. *Small Business Economics*, 2008, 30 (4): 361 – 383.

［172］Park A. , M. Shen. Joint Liability Lending and the Rise and Fall of China's Township and Village Enterprises. *Journal of Development Economics*, 2003, 71 (2): 497 – 531.

［173］Petersen M. A. , R. G. Rajan. The Benefits of Lending Relationships: Evidence from Small Business Data. *The Journal of Finance*, 1994, 49 (1): 3 – 37.

［174］ Pozsar Z. , T. Adrian, A. Ashcraft, H. Boesky. Shadow Bank-ing. *Federal Reserve Bank of New York Staff Report*, 2010, No. 458.

［175］ Ramey V. . How Important is the Credit Channel in the Transmission of Monetary Policy? *Carnegie – Rochester Series on Public Policy*, 1993, 39 (93): 1 –45.

［176］ Romer C. D. , D. H. Romer. New Evidence on the Monetary Trans-mission Mechanism. *Brookings Papers on Economic Activity*, 1990, 1990 (1): 149 –213.

［177］ Rousseas S. . A Markup Theory of Bank Loan Rate. *Journal of Post Keynesian Economics*, 1985, 8 (1): 135 –144.

［178］ Ruthenberg D. , Y. Landskroner. Loan Pricing under Basel II in an Imperfectly Competitive Banking Market. *Journal of Banking & Finance*, 2008, 32 (12): 2725 –2733.

［179］ Sander H. , S. Kleimeier. *Interest Rate Pass – Through in an En-larged Europe: The Role of Banking Market Structure for Monetary Policy Trans-mission in Transition Countries.* METEOR Research Memoranda, 2004, NO. 045.

［180］ Sobel M. E. . Asymptotic Confidence Intervals for Indirect Effects in Structural Equation Models. *Sociological Methodology*, 1982, 13 (13): 290 –312.

［181］ Stiglitz J. E. , A. Weiss. Credit Rationing in Markets with Imperfect Information. *The American Economic Review*, 1981, 71 (3): 393 –410.

［182］ Stiglitz J. E. , A. Weiss. Incentive Effects of Terminations: Applica-tions to the Credit and Labor Markets. *The American Economic Review*, 1983, 73 (5): 912 –927.

［183］ Taylor J. B. . Discretion Versus Policy Rules in Practice, Carnegie – Rochester Conference Series on Public Policy. *North – Holland*, 1993, 39 (1): 195 –214.

［184］ Taylor J. B. . The Monetary Transmission Mechanism: An Empirical Framework. *Journal of Economic Perspectives*, 1995, 9 (4): 11 –26.

［185］ Thakor A. , H. Hong, S. I. Greenbaum. Bank Loan Commitments and Interest Rate Volatility. *Journal of Banking & Finance*, 1981, 5 (4): 497 –510.

[186] Tobin J. A.. A General Equilibrium Approach to Monetary Theory. *Journal of Monetary, Credit and Banking*, 1969, 1 (1): 15 – 29.

[187] Tobin J., W. C. Brainard. Financial Intermediaries and the Effectiveness of Monetary Controls. *The American Economic Review*, 1963, 53 (2): 383 – 400.

[188] Verona F., M. F. Martins, I. Drumond. *Monetary Policy Shocks in a DSGE Model with a Shadow Banking System*. CEF. UP Working Paper, 2011, No. 1101.

[189] Yu Y., Y. T. Lee, C. W. Fok. *Speculative Motive for Holding Cash and High-interest Entrusted Loans*. SSRN Working Paper, 2015, No. 2649970.